[增订版]

快刀文章可下酒

邝海炎　著

九州出版社
JIUZHOUPRESS｜全国百佳图书出版单位

图书在版编目（CIP）数据

快刀文章可下酒 / 邝海炎著. -- 北京 ：九州出版社，2017.5

ISBN 978-7-5108-5266-4

Ⅰ．①快… Ⅱ．①邝… Ⅲ．①史评－中国 Ⅳ．①K207

中国版本图书馆CIP数据核字(2017)第091083号

快刀文章可下酒

作　　者	邝海炎
丛书策划	李黎明
责任编辑	李黎明
封面设计	吕彦秋
出版发行	九州出版社
地　　址	北京市西城区阜外大街甲 35 号 （100037）
发行电话	（010）68992190/3/5/6
网　　址	www.jiuzhoupress.com
电子信箱	jiuzhou@jiuzhoupress.com
印　　刷	三河市东方印刷有限公司
开　　本	880 毫米 ×1230 毫米　32 开
印　　张	11.5
字　　数	268 千字
版　　次	2017 年 6 月第 1 版
印　　次	2017 年 6 月第 1 次印刷
书　　号	ISBN 978-7-5108-5266-4
定　　价	49.80 元

博采雅集，文苑英华
——《大观丛书》缘起

作为知识的一种载体，延续千年之久的印刷图书正面临挑战，甚至有夕阳之忧，越来越多的人正在疏远纸书。然而，我们相信，纸书是不会消亡的，精品总会留下来。当前出版界看似繁荣，却多为低质量重复，好书仍然缺乏，原创的有分量的作品更少。因此，我们逆流而上，披沙拣金，竭诚出版优质图书，为读书人提供一种选择，遂有此《大观丛书》。

这是一套开放式丛书，于作者和作品不拘一格。

作者可以是作家、学者、撰稿人、读书人，可以是名家，也可以是名不见经传者，尤其欢迎跨界写作者。但求文字流畅，无学术腔，拒绝无病呻吟，表达必须精彩。

体裁以随笔为主，不拘泥于题材和内容，包罗文学、历史、思想、艺术……可以观自我，观有情，观世界；只要有内涵，有见地，言之有物，举凡优秀之作，皆文苑英华，即博采雅集。清人周中孚《郑堂札记》云："博采群书，洋洋乎大观哉！"

冀望这套丛书，能给读者提供新知识、新思想，以及看问题的新角度，惟愿您在愉快的阅读中，得到新的收获。王羲之《兰亭集序》称颂的境界，也是我们的追求："仰观宇宙之大，俯察品类之盛，所以游目骋怀，足以极视听之娱，信可乐也。"

亲爱的读者，期待您与这套丛书相遇！

本书作者

邝海炎，1982年生，湖南郴州人。毕业于河南师范大学历史系，曾供职于南方都市报评论部，在多家媒体开有专栏。吃货一枚，性喜宋儒格物之法，文章独尊周氏兄弟。

目　录

第二辑　读史早知今日事

第三辑　自由共道文人笔

第四辑 吾侪所学关天意

附 录

孤独者上路

李文凯

　　海炎邀我为他的文集写序，我顿感压力。作为天生就是要说话发言的评论部评论员，既然无法将满腹热情与锦绣付诸公共表达，那可以想象，他会有多少时间用来阅读和思考。我离开文字工作已经多年，对于如此积累而成的作品，还能有什么指点评价呢？

　　那就先来说说我所认识的邝海炎吧。初相识时，我们都唤他作"矿工"，具体缘由并不可考，海炎也并没有一副白牙黑脸兼筋骨体格。但反正码字为生者，也无异于在矿井里摸黑卖力。倒是后来，大家风流云散，邝海炎却依然还能守住一方书桌，常有数昼夜狂读的纪录。尽管已经不再在报章上看他署名"狂飞"的专栏，但朋友圈里总是会被他寥寥数语的犀利文字所吸引。渐渐地，"矿工"的称谓变成了"邝公"——他的博闻与笔力不仅让他自得，也为我们这些朋友所喜。

　　海炎是历史系科班出身，他对于历史有着天然的喜爱。关于这段情结，在他《需要像保护大熊猫一样保护历史专业吗？》一文中有很有趣的自陈。同时他又对公共言说饱有热望。这让我想起基佐的一段话：

"哲学学派的优点是无论在什么地方都承认权利的原则，并将之作为判断事实的不可更改的法则。其错误在于它对事实的认识是微不足道的、不完全的和轻率的；在于它不承认事实所拥有的不可分割的力量以及它们永远具有的某种程度的合法性。历史学派对事实的了解更多一些，也能够更加平等地来认识它们的起因和结果，对其元素的分析更可靠，对某种权利的认识更准确，以及对可行性改革的估价更公正。但总的来说它缺乏固定的原则，它的判断变动不已；因此它几乎总是不愿下结论，从未能满足人的愿望。相反，哲学学派冒着误入歧途的危险，在这方面总是引人注目。"

　　这个论断，对于我自己是相当有解剖力的。但以我所接触过的师友而论，却又相当不确。事实上，我以为对于当下中国的现状最有解释力、最有评价原则、最敢于下结论的，往往就是有着深厚历史功底的学者，如秦晖、朱学勤。抑或这是因为他们作为历史学家而又愿意面对中国的现状问题并面向公众发言？海炎的路子，大抵也是如此。因而读者可以在这本集子里读到论证绵密的《"鲁迅风"的传统渊源》、《"掉书袋"与周作人文章的"涩味"》，也能感受到手起刀落大快朵颐的《自由与闲暇》、《"丑星"的现代兴起》。

　　海炎与我同事之前，是在天涯网站。在那个 BBS 最能抒怀议事的年代，天涯的经历也是他一笔宝贵的财富。这使得他下笔行文，常能带有草根的视野与互联网精神。前者，使得他相信启蒙但也质疑启蒙的姿态；后者，更令他深谙互联互通的传播价值。这些要素，在他的这本集子里比比皆是，这是他后浪推前浪，比之其前辈而能行之更远的一条线索。

　　记得他曾经论说，电子书必定将会在简单的阅读功能之外，衍生出诸多模拟纸质书特质的功能来，例如墨香，例如摩擦感。这真是一个不可逆转的潮流！2015年我离开报社东去杭州，将满书柜的藏书悉数赠人。如今的这部书稿，也是我用手机断断续续看完的。在某种意义上，这是一次难得的重温。时间过去得并不久远，那时候我们还可以欢呼"不再孤独的喧嚣"；现今四周依然"喧嚣"，却不再"不再孤独"。

按说好的文字总是稀缺的，但似乎好的文字并不再被那么需要。这也许是因为注意力经济使然，也许是因为娱乐化文本使然。但我们还不得不承认一点，文字，作为内容的载体，不再唯一，不再垄断，甚至不再有优势。自古文以载道成为传统，但作为形式与内容的关系，文与道之间发生过多次的分离，对于国人来说，书法成为艺术是一次。书法不再与载道之文构成灵肉之合，而是在现代书写技术的发展之下，渐渐变成少数人掌握的技能与小众能够欣赏的对象。

如今，在信息技术高速发展的背景下，文字更被淹没。因为表达内容、表达一种态度和意向，影像明显更具有张力。连微信沟通都懒得打字了，直接语音过去了事，这是便捷性选择；以"罗辑思维"为代表的说书节目乃至说书软件大行其道，这是生活场景的变化；视频随处可见、电影市场火爆、美剧甚至可以成为"21世纪的长篇小说"（陈丹青语），这是移动互联网时代下表达形式的行业变迁。

是不是可以大胆地推测：就像书法从知识人的基本功演变为少数人掌握的艺术技能，"好的文章文字"也将如此。那些精巧的遣词造句、修辞比赋、旁征博引、妙趣横生，大众一定还能见到，但未必都能通晓了。

在一片喧嚣中，还愿呕沥心血化为墨痕的，注定要成为孤独者。我们并不需要急于去证明时代与自己的关系，因为所有的一切，都源于个体审美观对人生的设定。春花秋月、佳人胜景，是一重审美；求知论道，逻辑严密，也是一重审美；自我坚持，正大光明，还是一重审美。

就像海炎在集子最后留给读者的一个小惊喜，对100部书做了阅读推荐。那些精短可观的文字，令我一见如故、摩挲难舍。他的努力，证明了孤独者终究要独自上路；我的品叹，说明了孤独者一定会相逢。

互联网时代的"纸书遗民"

高一时，我特崇拜李敖，心想如果以后自己出书了，序也要像他一样写得"浓缩"、"奔放"、"像广告词"、"敲锣打鼓又放鞭炮"。所以，在酝酿"自序"时，我本来是要高调标榜"萨德式写作"——

"读书人本该是社会的'牛虻'，可历来坟场多谀墓，文场多屁精，邝公的批评就是要杀杀这股歪风，他追求盐酸一样的溶解力、镭一样的放射力，他是要把词语的钢筋拉直、把文本的银器擦亮、把魑魅魍魉放倒后吹着口哨离开。

"有人认为我语言过火，这不就是我一直宣称的'萨德式写作'吗？在网络时代，冷静是没有说服力的，只有用闪电般的语言去劈、去爆破，把愚蠢者和邪恶者打得哇哇叫，打得落花流水，善良的人才会倍受鼓舞，坚持善念和善行；愚蠢和邪恶的人才会因为敬畏收起蠢言和恶念，谨言慎行起来。"

可当黎明兄告知我，一些言论比较激烈的文章要拿掉时，我有些傻眼了，书名《快刀文章可下酒》，最痛快的几篇拿掉，还有什么劲？

但我回头想了想，觉得他的话还是有道理的，毕竟印刷书与网络文章不一样。且不说名誉权的问题，有些网文恨不得用"道德炸药"在别人身上炸个窟窿出来，不正是我自己厌恶的"道德控"吗？当年邵洵美被鲁迅恶骂多冤枉，我的道德感和看人眼光难道比鲁迅还强？论断公共事件时"真理在手""口诛笔伐"的架势，不也正是我自己反感的"启蒙主义"立场吗？网络的"段子化时评"，不也正是我鄙视的吗？既如此，拿掉那些属于传达某种社会情绪的"浪漫批判"，而保留澄清某种社会规则的"理性批判"，不正好吗？

这么说来，本书是以"互联网时代的'纸书遗民'"的姿态进行写作喽？美国传播学家沃尔特·翁认为，媒介对人的思维有着潜移默化的影响。文字出现之前，人们用口语交流，口语文化的特点是——注重与他人的交往互动、顾及人情味和情境的共鸣。而文字的产生，则把认识对象分开，并由此确定"客观性"条件，使得人类可以用精细的、或多或少科学的抽象范畴来管理知识。小说要求对细节精细化的描写，因此，现代小说是印刷术兴起后的结果。与此相应，印刷时代推崇的文学风格是典雅、精致、凝练，而不像时下网文这样口水化。

老实说，我对"印刷时代的书写美学"确实更有好感。时下不少专栏作家的文章网上读还不错，一旦印刷出书，就不忍卒读，缺乏节制、意境和韵味。以我自己的文章为例，《过于聪明的吴晓波》这类文章写得快意，网络转发也多，打印下来读，总感觉粗鄙不文。而像《"鲁迅风"的传统渊源》、《"掉书袋"与周作人文章的"涩味"》，尽管网络转发少，但打印后读来却津津有味。麦克卢汉说，每一种技术都延伸或增强了用户的某一器官或功能。但因为敏感性是守恒的，"所以当某一区域的体验增强或加剧时，另一区域的体验将减弱或失去知觉。"互联网时代的"屏阅读"鼓励我们蜻蜓点水般地从多种信息来源中广泛采集碎片化的信息，其伦理规范就是工业主义，这是一套速度至上、效率至上的伦理，也是一套产量最大化、消费最大化的伦理。久而久之，我们变得对扫描和略读越来越得心应手，但是，我们正在丧失的却是"纸阅读"时代的专注能力、沉思能力和反省能力。

但反过来想，我对"印刷时代的书写美学"的坚持受到冷落，不正应了文凯的描述："按说好的文字总是稀缺的，但似乎好的文字并不再被那么需要。这也许是因为注意力经济使然，也许是因为娱乐化文本使然。"文凯还大胆地推测："就像书法从知识人的基本功演变为少数人掌握的艺术技能，'好的文章文字'也将如此。那些精巧的遣词造句、修辞比赋、旁征博引、妙趣横生，大众一定还能见到，但未必都能通晓了。在一片喧嚣中，还愿呕沥心血化为墨痕的，注定要成为孤独者。"这一观察让我确实有些尴尬，乃至沮丧。

对文章的经营真的会跟书法一样落寞为"艺术技能"吗？我想寻找一个抗辩的理由。沃尔特·翁在"口语文化"、"书写文化"后，还提出了"次生口语文化"的概念，也就是到了电影广播电视互联网兴起的时候，移情的、参与的、贴近人生世界的口语就又回来了，只不过与"原生口语文化"相比，"次生口语文化"是经过书写文化洗礼的，因此已具有一定的理性内省特质，比如，电视剧类似于古代的说书，但电视剧也显然能承载更多的思想内涵。

正因为次生口语时代保留了书写时代的内省特质，也就同时保留了通过文字返回"原初之思"的"还乡冲动"。本雅明认为，艺术品的光韵来自即时即地的独一无二性，胡文辉兄反驳："光韵来自消逝的心理时空，来自层累的文化包浆，来自投射的历史想象。""试看中国古代的拓本刻本书，本也属复制技术的产物，但若能跨越千古，那它们就可能变得独一无二，价值连城。"古籍的魅力，只有时间能解释。在某种程度上，古籍跟艺术品一样，是凝固的、上锁的时间经验，等待观者的"意识钥匙"来开启。

人为什么会怀恋老朋友？因为他们跟普洱茶一样能打开陈酽、暖润的回忆。余秋雨说，普洱核心秘密是"发酵"，"青春芳香的绿茶只能浅笑一年，老练一点的乌龙茶和红茶也只能挺立三年，反倒看似蓬头垢面的普洱越发光鲜，原来让人担心的不洁不净，经过微生物菌群多年的吞食、转化、分泌、释放，反而变成了大洁大净。"你看清代宫廷里库存的其他茶都化为尘土，唯有普洱筋骨疏朗，历久弥香。以前还见过一位经济学者质疑《资本论》："为什么酒放酒窖里，你不对它做出什么劳动就会升值呢？"这都是发酵的秘密，也就是事物的"陈化"。所以，陈年老友跟这陈年普洱、陈年老酒类似，那是因为"最初感动"（没有世俗算计）在时间中发酵而变得弥足珍贵。

作为一种凝固"最初感动"、"原初之思"的符码，文字系统显然比普洱更复杂、更精细，因而更具有互联网产品不可替代的地方。图像语言对于文字语言的优势，复旦大学文学教授严锋曾有深刻揭示："设想朱自清活在 21 世纪，有一天晚上院子里坐着乘凉，忽然想起家边荷塘，悄悄地披了大衫，带上门出去。看到月光淡淡的，忍不住拿出锤子／粗粮／华强北手机，咔嚓一下发到朋友圈／微博：写了句'今天的荷塘很美。'然后就木有了。文字木有了，《荷塘月色》木有了，散文木有了。技术就是这样把文学干掉的。"但《荷塘月色》写景太绕，其想象不如图片瓷实，才被秒杀。可有些文字却不容易被图片扼杀，比如《红楼梦》里凤姐向刘姥姥讲解茄鲞，"把才下来的茄子，把皮刨了，只要净肉，切成碎丁子，用鸡油炸了，再用鸡肉脯子合香菌、新笋、蘑菇、五香豆腐干子、各色干果子，都切成丁儿，拿鸡汤煨干，将香油一收，外加糟油一拌，盛在磁罐子里封严，要吃时拿出来，用炒的鸡瓜子一拌就是了。"文字就比图片更馋人。

图像语言只是传达视觉，味觉是传达不了，传达带心理描写的画面更蹩脚，比如，冒辟疆《影梅庵忆语》写董小宛："姬最爱月，每以身随升沉为去住。夏纳凉小苑，与幼儿诵唐人咏月及流萤纨扇诗。半榻小几，恒屡移以领月之四面。"你若从动画图中看到一个美妇不停地在庭院换位置，不当她是神经病或思春才怪，哪会想到是"爱月"。

可见，对文章的经营还具有"存在论"意义，当他人因为读你的文章而打开了某个凝固的"美好过去的瞬间"，好文章就不只是审美愉悦，而是"存在"的召唤——是"最初感动"的再现，是"原初之思"的闪光，是同学粤得所说："读了你的东西，感觉自己又活了一遍。"

可尽管有这个充足的理由来雕章琢句，我还是有些发怵。在黎明兄和文凯兄的双击下，不但"岂有文章觉天下"变得有些可笑，"只剩文字娱小我"也有点可怜了。

我不是一个技术悲观主义者，我对互联网这个神赐的礼物一直感激。《张小龙比马云更具"产品哲学家"气质》一文凝聚了我对互联网最真切的理解，"互联网产品的本质是什么？就是——技术与人共同进化；敉平时间焦虑；身体与自然共融。从目前看，马云与他的阿里巴巴更像是互联网时代的'罗马帝国'，他总是在'挑起'（比起史玉柱那种掠夺性开发，练太极拳的马云还不算太过分）；而张小龙则像是'希腊城邦'的修道者，他只是'带出'。因此，后者更接近海德格尔、梅洛 - 庞蒂的哲学，更靠近'原初之思'，也就更具有'产品哲学家'气质。"

有网友读后留言："对于普通人来说，还是更愿意生活在罗马"。这就注定了张小龙的孤独！但孤独是因为内容独特而不能交流……"越是丰盈的灵魂，往往越能敏锐地意识到残缺，有越强烈的孤独感，在内在丰盈的衬照下，方见出人生的缺憾。反之，不谙孤独也许正意味着内在的贫乏。"（周国平语）雪莉·特克在《群体性孤独》一书里不无忧虑地指出，互联网的丰裕和拥挤使人丧失了独处的能力。

所以，"孤独不是可怜，而是自矜"，但愿我也能走进这种孤独里，领略孤独的美好吧。

是为序。

第一辑

千古文章有孤愤

"鲁迅风"的传统渊源

关于鲁迅的文风，历来有这么些形容词——简练，干净，厚朴，沉郁，孤傲，苍劲，清刚，冷峻，峭拔，晦暗，幽深，深沉，苦闷，凌厉，肃杀。如果要用一种动物形容他，那自然是狼；如果要用一样器物形容他，那应该是青铜器。

我以为，在这些形容词里，"简练"、"厚朴"是底色，其他的美学感受在不同文体里各有侧重。比如，鲁迅的散文，给人厚重、蕴藉感，像青铜器里的酒爵；鲁迅的散文诗，浑凝却流转，苦闷又焦灼，像青铜器里的毛公鼎；鲁迅的旧体诗，在给人浩茫、深邃的同时，一股苍劲、郁勃之气，喷薄欲出，像青铜器里的鸮尊；鲁迅的小说，文字凝练而开掘深刻，行文舒展而情思沉郁，像青铜器里鬼斧神工的四羊方尊；鲁迅的杂文则凌厉肃杀，像一把带着斑驳铜锈的青铜匕首。

一、魏晋文章

鲁迅的文风有什么渊源吗？一般的说法是来自"魏晋文章"。20世纪20年代的时候，北大由桐城派主宰文科局面，他们推崇唐宋八大家古文，以林纾为宗盟；直至章太炎弟子鲁迅、周作人、钱玄同与之相争才被打破局面。章门弟子继承师说，崇尚魏晋文章，称太炎为大师。章太炎在《自述学术次第》一文中回顾自己少年时学韩愈文章，"慕退之造词之则，为文奥衍不驯"，但"三十四岁以后，欲以清和流美自化，读三国两晋文辞，以为至美，由是体裁初变"，并认为"吴魏之文，仪容穆若，气自卷舒，未有辞不逮意，窘于步伐之内者也"，而"晚唐变以谲诡，两宋济以浮夸，斯皆不足劭也"。又在《菿汉闲话》里说："观晋人文字，任意舒卷，不加雕饰，真如飘风涌泉，绝非人力！"后来，周作人明确表示："八大家的古文在我感觉也是八股文的长亲"，"我对于韩退之整个的觉得不喜欢，器识文章都无足取。"（《我的杂学》）据其回忆，鲁迅也是"看重魏晋六朝的作品，过于唐宋，更不必说'八大家'和桐城派了"。（《鲁迅的国学与西学》、《鲁迅与中学知识》、《鲁迅的文学修养》、《鲁迅读古书》）鲁迅自己也有一篇《魏晋风度及文章与药及酒之关系》的名文，他把魏晋文章的特点概括为四点："清峻、通脱、华丽、壮大"。"清峻"就是简约严明，"通脱"就是随便。总的意思，即自然随意，简洁洒脱。

二、治古学或汉学的传统

章太炎学问精深，十分看重以学问为基础的文章，尤其论体文，强调"擅其学"，"夫持论之难，不在出入风议，臧否人群，独持理议礼为剧。出入风议，臧否人群，文士所优为也；持理议礼，非擅其学莫能至。"（《国故论衡·论式》）不知是否受太炎的启发，鲁迅门生徐梵澄对"鲁迅风"有了一番"体出于学"的高见。他说鲁迅的杂文"文章简短，专论一事，意思不蔓不枝，用字精当；而多出之以诙谐、讽刺，读之从来不会使人生厌。"这渊源并非唐宋八大家和桐城等派，而是出自"治古学或汉学的传统"——"治古学，如编目录、作校刊、加案语、为注解等，皆须简单明白，有其体例之范限，用不着多言。此在用文言与白话皆同，文章技巧，已操持到异常熟练了，有感触便如弹丸脱手，下笔即成。即可谓此体出于治学。"此即鲁迅文章的精审的奥秘。

"治古学或汉学的传统"对作文的影响还有——增强语言的"及物性"，语言与表达的意思联系紧密，也就是我们常说的"言之有物"。语言—精神分析学大师拉康在《罗马报告》里区分了"空洞语言"和"充实语言"，前者联系于语言的"想象维度"，后者联系于语言的"象征维度"，他进而认为，充实语言是一种述行性的言说，它承载着主体欲望的真理，尽管并非全部的真理；而在空洞语言中，"主体似乎在徒劳地讲述一个与之相似的人，但是这个人却从不承担起他的欲望"。形象点说，写文章好比汽车在路面前行，语言就是文章的轮子，"空洞语言"就仿佛"语言轮子的打滑、空转"。有人称鲁迅的文章是"血书"，盖因为里面有精确的热望，这也是"充实语言"的魅力。

此外，就是对心气的影响。我们知道，鲁迅是受钱玄同鼓动才写小说的。《〈呐喊〉自序》里说，某日钱玄同来看住在 S 会馆正在抄古碑的鲁迅，说，你可以做点文章……接着二人之间便有一番对话——鲁说，假如一间铁屋子，里面的人熟睡着，闷死了倒也不觉得。你大嚷起来，把他们惊醒了，使这些不幸者感到临终的痛苦，你对得起他们么？钱说，既然有人惊醒，难道就没有毁坏铁屋的希望？！钱的劝说，最终使鲁迅同意，"我终于答应他也做文章了，这便是最初的一篇《狂人日记》。从此以后，便一发而不可收。"为了叫醒熟睡者以毁坏铁屋，鲁迅遂将自己的第一本小说集取名《呐喊》。这"铁屋中抄古书"环境，不正是鲁迅文风苦闷、沉郁的重要发源吗？

三、汉书笔法

　　章太炎对青年鲁迅还有另一隐秘影响，即推崇《汉书》，因而文风与"汉书笔法"若合符契。太炎在日本给鲁迅他们几个讲学时，史书里只开了《汉书》课，可见对《汉书》的重视。据传，他对《汉书》颜师古注，亦如数家珍。我的朋友史杰鹏说："班固虽没有司马迁的学养，但他的《汉书》为文雍容、不徐不疾，没有《史记》缠复围绕的毛病，太炎文字就属班固一路。"（参见史杰鹏《旧时天气旧时衣》）在这之前，钱穆也赞过太炎之文"最有轨辙，言无虚发，绝不枝蔓，但坦然直下，不故意曲折摇曳"，缺憾在"多用僻字、古字"。（参见余英时《钱穆与中国文化》）

　　关于《史记》和《汉书》笔法的比较，历来的说法还有"唐人喜好《文选》，宋人嗜读《汉书》"，"《汉书》语言庄严工整，多用排偶、古字古词，遣词造句典雅远奥，恰与《史记》平畅之口语化文字形成鲜明对照。""迁文直而事核，固文赡而事详。若固之序事，不激诡，不抑抗，赡而不秽，详而有体，使读之者亹亹而不猒，信哉其能成名也。"

　　今人吴崇明在《班固文学思想研究》一书里也比较了史记笔法和汉书笔法的不同，他以《史记·高祖本纪》和《汉书·高祖本纪》所记秦二世二年发生的历史事件为例，发现《汉书》比《史记》更重视叙事的时间，叙事更有条理，比如，"项氏起吴"的时间司马迁没有交待；班固交待了秦二世二年十二月，楚王陈涉已为其御所杀；而司马迁还说"陈王使魏人周市略地，"这让人产生疑惑。或许"陈王使魏人周市略地"是被杀前的决定，还是应该交待时间。……司马迁为什么叙事时往往不著年月？鲁迅《汉文学史纲要》的解释是"不拘于史法，不囿于字句，发于情，肆于心而为文。"钱基博《中国文学史》的解释是："马迁文字，一二百言作一句下，更点不断；惟长句中转得意出，所以为豪。'而学无所不窥'，'善指事类情'，太史公以是传《庄子》，亦自况也。文如云龙雾豹，出没隐现，变化无方，此庄、骚、太史所同。""文字贵炼贵净，而迁此书全不炼不净，粗枝大叶，任意写去，而矫健磊落，笔力真如走蛟龙，挟风雨，而且峭句险字，往往不乏，读之但见其奇肆而不得其结构。"吴崇明也就得出结论：司马迁"不愿意受时间的约束或是觉得时时点明时间，显得繁琐而板滞"；而班固则恰恰相反，"他就是要处处注明时间，这样才能做到严谨规范，体例整齐。"

但分析最完整的还属潘定武的《试论〈汉书〉的文学个性》一文，他认为，"与司马迁相比，班固更具有严谨笃实的个性，创作上追求一种稳重平实的风格。《汉书》叙事追求的是一种典正无华的风格，无论写人述事，都不以铺张扬厉、跌宕雄肆见长。""由于政治的高压和班固自身个性的醇谨，形成了《汉书》特殊的情感表达方式，除了个别篇章，如《王莽传》情感表露直接鲜明外，总体而言，显得相对平和内敛，与《史记》的激烈外扬形成了鲜明的对照。""与雄肆豪放的《史记》相比，《汉书》的美学风格则是娴雅蕴藉，同时在典重之中又不乏灵动之美。《汉书》对《史记》文字的改造尽管受到种种批评，但从史学角度观之，不能不说要较《史记》更加严谨。其语言较《史记》为雅洁，其情感较《史记》为含蓄，特有一种文质彬彬之美。如果说《史记》以夺人的气势胜，《汉书》则以沉稳的风度胜。《史记》如浪漫热情之少年，《汉书》如成熟有味之中年；《史记》如挥毫泼墨之写意，《汉书》如精雕细刻之工笔。《史记》如龙门黄河，恣肆腾跃，束缚不住；《汉书》如石雕卧虎，内敛沉静，活力深藏。二书可谓各逞其能，各具特色，各臻其妙，相对于《史记》的纵横疏宕与浪漫奔放，《汉书》最突出的文学个性则是典雅雍容、平整精密，同时又不乏多样的风格。内敛而不滞重，沉静而有活力，谨严之法度凸现，感情之波澜深藏，《汉书》可以当之。"

总而言之，相比《史记》的缠复围绕，《汉书》是简洁朴实的；相比《史记》的纵横疏宕，《汉书》是平整精密的；相比《史记》的浪漫热情，《汉书》是内敛沉静的；相比《史记》的雄肆豪放，《汉书》是娴雅蕴藉的。鲁迅常给人一种"横眉冷对千夫指"的愤青印象，但除了《斯巴达之魂》、《友邦惊诧论》等少部分激扬愤慨之作，多数作品还是简洁、内敛、沉郁、蕴藉的，因此更接近"汉书笔法"。

四、碑拓书法

如果说文体风格的溯源有些抽象，那还有一个更直观的比较，就是书法。鲁迅的藏书现存一万多册，经史子集，无不涉及，其中金石书法占相当大的比重。据统计，鲁迅收藏的拓片有六千多件，其中碑拓有四千多种，魏晋南北朝时期的碑刻、墓志及造像数量最大。这就导致鲁迅书法的首要特点是——大部分行书都有隶意，明显有碑派特点。清代朴学大师阮元指出北碑的特点是，"笔法劲正遒秀，往往化不出锋，尤带汉隶。"（阮元《南北书派论》）萧振鸣先生认为，鲁迅的书法正合于这个特点，"笔力强劲，遒正飘逸，结体宽博，篆隶之势浓郁，笔画不露锋芒，蕴藉而含蓄，朴茂而沉稳。"

第二个特点就是简练，鲁迅书法"极少繁复的诸如藏锋、回锋和复杂的提按，也没有令人羡慕的草法的缠绕、连带，即如他的文章'有真意，去粉饰，少做作，勿卖弄'（鲁迅《作文秘诀》）"对笔画的处理常常是用草书合并、省略的方法，笔画短促有力，字形宽博萧疏，像是短刀匕首，短横短竖常缩短为长点，转折多为圆转，韵味十足，富于情趣。"（萧振鸣《鲁迅的书法艺术》）

鲁迅的书法当然还有其他不同的审美角度，比如"古雅"和"冲淡"，但那只是着眼整体布局才能感受到，而不像"简练"和"厚朴"是能从细部和整体都能强烈感受到的。

五、木刻的线条与明暗

既然谈到书法，就不能不说到美术。鲁迅不是专业画家，但他是美术发烧友，他不但与著名画家陈师曾亲密无间，临终前看的书还是苏联木刻家毕柯夫的《波斯诗人哈斐诗集》的首页。

鲁迅为什么钟情木刻？他自己反复申说，木刻的两个要领是：线条和明暗。所以，学者韩南说："对鲁迅来说，视觉艺术和文学差不多具有同等意义。如果说他对这两个领域的趣味毫无联系，那倒是奇怪的事。他对漫画、动画、木刻的提倡肯定超过了它们的实际效果。他的短篇小说的深刻的单纯和表现方法的曲折也许正可以和这些艺术形式单纯的线条及表现的曲折相比美。"（韩南《鲁迅小说的技巧》）画家陈丹青更是一语破的："鲁迅终生偏爱版画，尤其木刻。鲁迅的天性，鲁迅的文学笔调，这种笔调的黑白质地，从来是木刻性的，出于他天然的禀赋：简约，精练，短小，在平面范围内追求纵深感。"（陈丹青《草草集》）

我们不妨看看，小说《药》的结尾"枯草支支直立，有如铜丝";《伤逝》的开头写紫白色藤花"铁似的老干";《风筝》里"灰黑色的秃树枝丫叉于晴朗的天空中";《死火》中"上升如铁线蛇"。鲁迅对瘦硬苍劲线条的偏爱渊源何处呢？还不就是中国书画传统。1934年4月，鲁迅致青年美术家魏猛克的信写道："毛笔作画之有趣，我想在于笔融；而用软笔画得有劲，也算中国画中之一种本领。粗笔写画有劲易，工细之笔有劲难，所以古有所谓'铁线描'，是细而有劲的画法，早已无人作了，因为一笔也含糊不得。"

木刻的明暗对比则会造成"流动又凝固"的意象，这对鲁迅文风的影响也是很明显的，比如，《故乡》里的"苍黄的天底下，远近横着几个萧索的荒村，没有一些活气"。《补天》里的"粉红的天空中，曲曲折折的漂着许多条石绿色的浮云，星便在那后面忽明忽灭的眨眼。天边的血红的云彩里有一个光芒四射的太阳，如流动的金球包在荒古的熔岩中；那一边，却是一个生铁一般的冷而且白的月亮。"夏济安形容鲁迅散文诗《野草》的风格是，"带着浓烈沉郁的感情意象，行止于幽幽放光，但形式奇特的字行间，宛如找不着铸模的熔融的金属一般。"（参见《夏济安选集》）这又有什么美学渊源呢？鲁迅说他年轻时爱读李贺的诗，江弱水由此断言："鲁迅引为同调的，是长吉时时宣诸笔端的那种牢落不平之气"（江弱水《文本的肉身》），文风也就染上了长吉的烙印——"变轻清者为凝重，使流易者具锋芒"（钱钟书《谈艺录》）。

结语

综上，"鲁迅风"至少有五个传统渊源：一是"魏晋文章"，取其自然、通脱；二是"治古学或汉学的传统"，取其沉郁、精当；三是"汉书笔法"，取其内敛、蕴藉；四是"碑派书法"，取其简练、厚朴；五是"木刻的线条与明暗"，取其凝练、苦闷。

曾有人问"多少本书才能喂养一个人"？要多少精神食粮才能喂养出一个鲁迅呢？鲁迅熔铸出独树一帜的"鲁迅风"，除了天分奇高、因缘际会外，更因为他深入了解中国文化"传统"，取其精华。可见，五四先贤的一些反传统言论后人要"具体问题具体分析"才行，他们实质反的是"专制主义"，只是囿于保守势力顽固故意偏激罢了。

李欧梵认为，鲁迅一直在一己和广袤的社会需求之间挣扎。这里面有"个人主义"和"庸众"的矛盾，也有鲁迅自己天性的"鬼气"、"虚无感"与启蒙主义的矛盾。在这些矛盾网中煎熬的鲁迅是靠什么支撑下来的？我们之前只看到人道主义和启蒙精神，其实还有更隐秘的一面——传统里让鲁迅亲切的东西，比如"魏晋文章"、"治古学或汉学的传统"、"汉书笔法"、"碑派书法"、"中国书画"，以及颓废的李贺等等。

1929 年，鲁迅回京探亲，《两地书》记载了鲁迅与许广平的鸿雁之情，内有一段关于花笺的故事——5 月 17 日，许广平在信中提醒鲁迅："你如经过琉璃厂，不要忘掉了买你写日记用的红格纸，因为已经所余无几了。你也许不会忘记，不过我提起一下，较放心。"5 月 23 日，鲁迅日记载："从静文斋、宝晋斋、淳菁阁蒐罗信笺数十种。共泉七元。"在这天鲁迅致信许广平："走了三家纸铺，集得中国纸印的信笺数十种，化钱约七元，也并无什么妙品。如这信所用的一种，要算是很漂亮的了。还有两三家未去，便中当再去走一趟，大约再用四五元，即将琉璃厂略佳之笺收备了。"28 日，"往松古斋及清閟阁买信笺五种，共泉四元。"许广平非常喜爱鲁迅用花笺写的手札，回信说："打开信来，首先看见的自然是那三个通红的枇杷。这是我所喜欢的东西……你却首先选了那种花样的纸寄来了。其次是那两个莲蓬，并题着的几句，都很好，我也读熟了。你是十分精细的，那两张纸必不是随手检起就用的。"鲁迅回复道："我十五日信所用的笺纸，确也选了一下，觉得这两张很有思想的，尤其是第二张。但后来各笺，却大抵随手取用，并非幅幅含有义理，你不要求之过深，百思而不得其解，以致无端受苦为要。"

当鲁迅在夜间用花笺给许广平写情书时，那古雅冲淡的毛笔字流露出的既是一个斗士对爱人的蜜意，也是一个古老文化传统对其"逆子"的柔情。一个古老文化传统还能给他的"逆子"提供如此之多的身体安抚和心灵滋养，不也说明这个文化传统不息的生命力吗？

看来，是到了回归艾略特的"传统"定义的时候了，传统不是消极传递的，而是不断在添加中；传统不是石头般的遗产，而是水流一样的东西；传统不是祖先的无偿馈赠，要想获得"传统"的好处必须付出艰辛劳动。所以，传统是文学创作的活水源头，鲁迅的深刻与复杂，测试出的恰恰是中国文化传统的活力。

"掉书袋"与周作人文章的"涩味"

"掉书袋"这话，出自《南唐书·彭利用传》："对家人稚子，下逮奴隶，言必据书史，断章破句，以代常谈，俗谓之掉书袋。"一般的理解就是，引经据典，卖弄学问。

但后来连文章高手周作人、董桥也被人批评"掉书袋"，其内涵外延就需要厘清、界定了。我认为，狭义的"掉书袋"是指"所引书名和内容与整段文意的语境不匹配，给人违和感"；而广义的"掉书袋"则泛指"引用东西多"，这就要看掉得好不好了。

一、陈寅恪文章写得不高明？

我们都知道，陈寅恪是史学大师，其学问得到了几乎众口一辞的高度评价，然而关于恪老文章的好坏，却颇有一些争议。胡适就说："读陈寅恪先生的论文若干篇。寅恪治史学，当然是今日最渊博，最有识见，最能用材料的人。但他的文章实在写的不高明，标点尤懒，不足为法。"(《胡适日记》)后来，钱钟书也表示，陈氏的文章写得不高明。胡适是白话文主帅，对陈寅恪的文言写作不满可以理解；但钱钟书是文言高手，也说"陈氏的文章写得不高明"，就值得思量了。

替陈寅恪辩护的人（如罗志田），确实可以举出陈寅恪漂亮的短文章（如《金明馆丛稿初编》、《金明馆丛稿二编》里的文章，尤其给冯友兰《中国哲学史》的审读报告和纪念王国维碑文）进行反驳。但陈老比较长的论著（如《论再生缘》、《柳如是别传》）"拖泥带水"、"考证繁冗"、"令人难以卒读"也是实情，譬如韦庄《秦妇吟》"一斗黄金一升粟"句，有的本子作"一斗黄金一斗粟"，为了计较这一字的是非，陈寅恪在《韦庄〈秦妇吟〉校笺》中，一口气列举出十六条史料，以证明"斗粟"、"斗米"是唐人习称，而后又引宋人记载，说明"斗"、"升"二字隶书相似，因此很容易误"斗"为"升"，可末了却以巴黎图书馆馆藏敦煌卷子为据，肯定这句诗还是应该作"一升粟"才对，因为"一斗黄金一斗粟"是唐人习语，不足为奇，韦庄用"升"字，乃是"故甚其词，特意形容之笔"。对此，北大史学教授刘浦江就直言："看了这段考证，你不觉得他绕的弯子太大了么？果真有必要浪费那么多笔墨吗？"（《正视陈寅恪》）

但刘教授也承认"繁琐考证是实证史学的一大痼疾"。因为史学研究多用归纳法，一般要靠排炮般的史料来增加说服力。也就是说，陈寅恪的繁琐考证（广义上的"掉书袋"）是有学术原因的，这点从钱穆对他的批评看更有趣。1960 年 5 月 21 日，钱穆致函时在美国求学的高足余英时信的后一半论及近代学者之文章，对陈寅恪的文章下语严苛："又如陈寅恪，则文不如王，冗沓而多枝节，每一篇若能删去其十之三四始为可诵，且多临深为高，故作摇曳，此大非论学文字所宜。"紧接在此段文字后，钱穆说陈寅恪《论再生缘》一文有"回环往复之情味"。但仍认为，用陈寅恪此种文字"施于讨论《再生缘》《红楼梦》一类，不失为绝妙之文，而移以为严正之学术论文"则"体各有当，殊觉不适"。（参见余英时《钱穆与中国文化》）

陈寅恪真的不知道如何写"严正之学术论文"吗？非也。钱穆的《师友杂忆》里说："《国史大纲》稿既成，写一引论载之报端，一时议者哄然……后此书印出，余特函寅恪，恐书中多误，幸直告。寅恪答书，惟恨书中所引未详出处，难以遍检。余意作一教科书，宜力求简净，惜篇幅，所引材料多略去出处，今乃无可补矣，亦一憾也。"这段话说明，陈寅恪写论文受西方现代学术影响，主张注明出处，便于检阅，所以，列举证据和参考文献时将各方意见都平举而出，是不免影响主题；而钱穆还是传统的方法，将前人观点成果熔铸一炉，没有什么版权概念，加之钱未到西方留学，著述体例本土化，往往述、论一体。

就"寅老之文不工"的问题，程千帆在《闲堂书简》明确断定"其实这是一种误解"。为什么呢？程先生说："现代文献学或考据学要求文章细密周衍、网罗详尽的文献，这就使文章无法简明扼要。加上文献中文言白话古今中外无所不有，都引在一篇文章之内，其风格自然无法统一，按照古人传统的办法，引文可以节要，可以概括，也可以改写。这就可以使之与作者的文笔形成一体，从而避免上述之病。前人名作，如汪容甫的《荀卿子通论》、章太炎先生的《五朝学》……黄季刚先生的《汉唐玄学论》即是如此。这些文章都条理细密，证据确凿，文风雅健，兼有思辨与艺术之长。王、陈重在考据，所以在资料的引用方面，宁可使文章拖沓，而不愿有所遗漏，即风格不纯，亦所不顾。即宁可失其美，必须求其真。因为王、陈更加接近，或者已经入资本主义学术之流，而距离传统的义理、考据、辞章并重的标准，更远些了。"也就是说，陈寅恪的治学方法已和西方近代学术接轨，他为了科学之真，情愿舍弃文学之美。

更有意思的是，恪老说"寅恪平生为不古不今之学"。汪荣祖认为这是指他专攻中古史，即魏晋六朝、隋唐五代。程千帆则认为，"这不但与事实不合，也完全不解陈先生的微旨。'不今不古'这句话是出在《太玄经》，另外有句话同它相配的是'童牛角马'，意思是自我嘲讽，觉得自己的学问既不完全符合中国的传统，也不是完全跟着现代学术走，而是斟酌古今，自成一家。表面上是自嘲，其实是自负。"考究陈寅恪的论著，确实如此，一方面，他熟悉现代学术规则，材料要有出处，不能剪裁失真；另一方面，他又总是习惯于先引上若干条史料，再加上一段按语的做法。给人的感觉，他的文章是没有经过加工的读书札记。

恪老行文的缺点自然是"繁冗枝蔓"，但优点也不少：一是，尽量保证了史料的原汁原味，便于其他学者检验；二是，通过原始史料营造氛围，引导读者走进历史情境，确定事件在"时·地·人"坐标系中的位置；三是，原始资料在，有兴趣、有基础、有毅力的读者可以借此复原恪老作文运思的过程，细致体验他"了解之同情"、回旋往复的论证之妙。（网友"-aller-"说："看严复批注的 John Morley 所写 Burke，批注连连，作者一个句子藏有四五个知识点，还喜欢用人家本名，害得严不得不勤查韦氏词典，一一给注出来，现名，干什么的，生卒年月。都是一唱三叹，文字摇曳生姿，很有气势，其知人论世和熟谙历史与政治的修为，让严老先生佩服不已，这就是英国老式文人的行文特色。"）

二、脚注化解"科学性"与"文学性"的矛盾

对陈寅恪论著风格的争议，暴露了历史著述"科学性"与"文学性"的矛盾，有没有办法解决呢？有，那就是脚注的出现。

上大学写过论文的都知道，现代学术论著里的"脚注"既标

明了一手证据——这保证文章在本质上的创新性，也指出二手材料——避免这些材料在形式和论点上破坏文章的创新性。这种文献类型的出现其实是一种现代现象，据美国学者安东尼·格拉夫敦在《脚注趣史》中的介绍——在17世纪，古人的科学权威被培根、笛卡尔等摧毁。笛卡尔又把历史学和人文学科贬低为消遣，说它们都只展示人类意见和风俗是无尽的多样，并不比旅行更增广见闻、更严谨。而数学就不一样了，它论证的形式特质赋予其人文论证所缺乏的严谨和普遍性，一些历史学知识的捍卫者因此开始努力将其历史学考证，塑造成笛卡尔或牛顿那种准几何式演绎链形式证明。他们创制了脚注这一双重叙事形式，使每个论点都清清楚楚地紧随相关论据而生。到了17世纪晚期和18世纪，书籍设计也发生了革命，它力图让书籍既从其知识上来说，也从其本身面貌来说，变得更容易把握，例如给古典文本每一卷或每一节从头至尾标明其字行序数。吉本等人在长篇叙事中复制了培尔此前在每个条目中小规模确立起来的结构，心中也想起勒克莱尔对博学编纂作品使用者的指示以及几代历史学家和古物研究者的习惯做法。就这样，现代样式的考证史学成为了可能。到了19世纪，兰克通过脚注将叙事性的史学与分析性的史学结合了起来，凸显了考证方法的威力，就像他运用此一方法所重构的那些事情一样震撼人心。从此，"每一部严肃的史学著作都配以装甲、无坚不摧的页脚前进，很像一辆坦克。"

因此，脚注及相关的论著结构，如引证性的和考证性的附录，它们的出现将现代史学与传统史学分开。"脚注是现代史著优雅内涵的外在可视性标志——自从史学从雄辩的叙事转化成批判性学科起，这种优雅就注入史著当中。从此，系统性的仔细查验、对原始证据的引用、对某条史料优于其他史料的正规论证，这些成了历史学家们必须也乐此不疲的追求。现代历史学之所以是现代的，正是因为它试图给这项历史学事业的两个部分赋予融贯的文本层面的形式……历史学家一直试图在寻找新办法，在两个不同的层面，以两种相异的节奏分别讲述关于其研究和对象的故事。将史学研究的历史和史学修辞的历史割裂开来是没有用的……历史学文本并不像其他文本那样只是叙事而已：它来自脚注所记录的诸种研究和考证性论证。"（安东尼·格拉夫敦《脚注趣史》）

陈寅恪既然是兰克的学生，为什么不采用脚注这种形式克服论著"科学性"与"文学性"的矛盾呢？一方面，那时现代学术规则刚引进来，脚注形式大家可能还不习惯吧；另一方面，可能是陈寅恪故意为之，他或许觉得"材料＋按语"体，更有"回旋往复"的中国文学之美吧？

三、"掉书袋"缓解科层化知识的焦虑

在治学时，行文的"科学性"与"文学性"可以通过脚注兼顾，但那是奔着一个论点去的"论文"。可我们平常生活里，写文章未必是为了传达一个"科学的知识点"，更多的时候是表达一种情趣，传播一点闲思罢了。这时候，如果有大段引文，效果会怎样？

有人批评董桥"掉书袋"，比如，《记忆的脚注》里这段话——"梁先生说他那时候也读遍 Roland Barthes 的书，也迷 Susan Sontag，我想起 Walter Benjamin 的 'The Work of Art in the Age of Mechanical Reproduction'。梁先生听了拉我到他的书房去看初版 *Illuminations* 的封面，放大了镶在塑料框子里。……'我最喜欢这本书，你说的那篇长文也在里头。'他说。'还有 Unpacking

My Library！'我说。我们相对大笑，一起走回伦敦的寒夜。"北京师范大学文学教授赵勇认为，这样"掉书袋"破了汉语表达之"相"，给人云里雾里之感，董桥则辩解说，我没有办法只能如此，摆在中文文章里英文有英文的味道，译成中文就变调了，失去音乐感了。即使是写给中国读者看的文字，他也要含"英"咀"华"，绝不放过同时呈现两种文字之美的可能。这种书袋我也觉得掉得不好，因为破坏了汉语本身的美感。

　　但董桥的有些书袋掉得漂亮极了，比如，"周作人给俞平伯的信有一封说：'陶渊明说读书不求甚解，他本来大约是说不求很懂，我想可以改变一点意义来提倡它，盖欲甚解便多故意穿凿，反失却原来浅显之意了。'这是知堂一生盘桓心头的偏爱，做人为文从来不屑穿凿，不屑甚解。"（董桥《记得》）

　　比董桥"掉书袋"更甚的是周作人，他把"抄书体"说成"夜读抄"，就是直接将别人的文字有选择地抄在自己的文章中，只加上自己的开头、引文间的连缀点染和结尾，并加以有机的整合，目的是以他人之章，抒一己之胸臆，其《萤火》、《虱子》、《谈养鸟》等，大抵如是。这其实跟陈寅恪的"史料＋按语"体如出一辙。但与恪老文章遭到批评不同，周作人的这类文章，一直粉丝不断。

　　原来，周作人、董桥写的不是论文，而是随笔，也就是类似西方蒙田的"essay"，其特点："一是亲切亲密的语气，二是不拘形式的自由，三是高度主观的判断，四是热闹活泼上天下地的知识内容。"反正，"随笔"不是有明确主旨、目的的论文。他是身处文艺复兴时期的知识人出于对世界的好奇，而谈一些"个人化的主观知识"。因此，"随笔"不会有野心去穷究与这个主题的相关文献资料，也不会有耐心去比对校勘讯息资料的代表性与正确性。……"因为随性，所以'随笔'才有办法去因应许多不同学科不同来历的知识，将这些在别的地方泾渭分明、不随便往来的东西，兴味盎然地杂混在一起。""从历史发展的程序看，也许因果要倒过来。近代初期，突然之间在生活里多了那么多稀奇古怪的知识，看得人目眩神迷，于是迫切需要一种文体，帮助自己帮助别人解除这种知识爆炸带来的陌生与焦虑。'随笔'的一大功能，的确就是把看来很奇怪、听来很恐怖的事物，经过巧妙转化，变得跟我们那么亲切，跟我们原本熟悉的事物，东拉西扯全带上了关系。"（杨照《华丽而高贵的偏见——读董桥散文》）

追求知识是人的好奇心使然，然而"现代科层化的知识"是客体化的"知识"，切断了知识与人的自然联系，导致现代人的焦虑和紧张。因此，"随笔"的出现，是既能满足现代人探索知识的好奇心，也能避免"现代科层化知识"对人的压迫。打个比喻，通过论文获取知识就好比跟着导游旅游，单位时间内游览的效率是高，但却失去了沿途走走停停、东张西望的乐趣；而通过随笔获取知识就好比自驾游，尽管可能时间效率不高，但所看的都是自己想看的，既避免了时间压迫的焦虑，又避免了单一目的论的枯燥，让自己的身体真正放松起来。

四、古诗"用典"的作用

"掉书袋"之于随笔，类似"用典"之于诗歌。以典入诗，是历代诗人常用的表现手法。凡诗文中引用过去有关人、地、事、物之史实，或有来历有出处的词语、佳句，来表达诗人的某种愿望或情感，而增加词句之形象、含蓄与典雅，或意境的内涵与深度，即称"用典。"

在中国古典诗词里，用典的好处有：1.诗词的语言要求用最少的字表达最丰富的思想感情，使用一般的词，说少了可能不达意；说多了可能啰唆，况且诗词的字数有限。用典是利用大家熟知的材料，使读者联想，就可以节省语言，使句子精练。2.诗词要含蓄，要"含不尽之意，见于言外"，好的用典，能避免一览无余的直白，还可给读者在诗行间留下联想和思索的余地。3.诗词的语言要多用形象，少用抽象概念。典故多数是古人具体的事物，可以避免抽象概念，却仍然言近旨远。比如，杜牧的"商女不知亡国恨，隔江犹唱《后庭花》"(《泊秦淮》)。诗中的《后庭花》歌曲名，是引用的一个典故，南朝陈后主所作的《玉树后庭花》，被后人称为"亡国之音"，诗人所处的晚唐，正值国运衰微，而这些统治者不以国事为重，反而饭醉于酒楼靡靡之音中，怎能不使诗人产生历史可能重演的隐忧？典故这么一用，就仿佛"竹板这么一打呀"，意境就深远多了，回味就来了。

但新文化运动以后，"用典"遭到了非议。1917年，胡适在《文学改良刍议》里倡导"不用典"，钱玄同也说："后世文人无铸造新词之材，乃力竞趋于用典，以欺世人；不学者从而震惊之，以渊博相称誉；于是习非成是，一若文不用典，即为俭学之征。"在胡适一派看来，有些明明可以用自己的话说，却一定要用典故，以致读者只看到这些典故在对仗和色彩上的工整和美观，而不能通过这些典故很好地体会作者的思想感情，反使诗意晦涩。比如李商隐的诗，鲁迅说"玉谿生清词丽句，何敢比肩"。但也同时指出"用典太多，则为我所不满"。例如大家所熟知的《锦瑟》："锦瑟无端五十弦，一弦一柱思华年。庄生晓梦迷蝴蝶，望帝春心托杜鹃。沧海月明珠有泪，蓝田日暖玉生烟。此情可待成追忆，只是当时已惘然。"中间两联全用典故，通过这些典故表达的是恋爱、悼亡，还是咏物？众说纷纭，莫衷一是。有人点赞，也有人拍砖，黄子云更是舌毒："'庄生晓梦'二语，更又不知何所指，原其意亦不自解……欲以欺后世之人。"胡适本人也因李商隐的诗典故多，看不懂，称"只是笨谜而已"。

胡适一派文学观当时就遭到了《东方杂志》和《学衡》一派的驳斥。胡先骕认为胡适主张的"不用典、不对仗、不模仿古人"存在不合理性，外国诗也一样用典，荷马史诗中的神话故事，被文艺复兴以后的诗人几乎用滥了。关键要看用得是否恰到好处，用得好则可起到暗喻、含蓄、耐人寻味的效果。（参见《中国文学改良论》）

到了20世纪30年代，中国的现代派作家出现，胡适"反对用典"的观点遭到了普遍批评。对于废名小说的用典，当时从法国留学回来的李健吾评论说："废名先生爱用典，无论来源是诗词、戏曲或者散文。然而，使用的时节，他往往加以引申，或者赋以新义，结局用典已然是通常读者的一种隔阂，何况节外生枝，更其形成一种障碍。无论如何，一般人视为隐晦的，有时正相反，却是少数人的星光。"

废名自己更是反对胡适高举的"白居易道路"，特别推崇起温庭筠、李商隐来，理由是：一、温李的诗歌在逻辑外而代之以"自由联想"，从而造成语言的断裂与晦涩，显得深美闳约；二、李商隐的诗歌具有互文性，"温庭筠的词，可以不用典故，驰骋作者的幻想。反之，李商隐的诗，都是借典故来驰骋他的幻想。因此，温词给我们一个立体的感觉，而李诗则是一个平面的。实在李诗是'人间从到海，天上莫为河'，'星沉海底当窗见，雨过河源隔座看'，天上人间什么都想到了。他的眼光要比温庭筠高得多，然而因为诗体的不同，一则引我们到空间去，一则仿佛只在故纸堆

中。"（废名《已往的诗文学与新诗》）

废名论诗，也处处要拿胡适的意见"重新商量"。单就诗的用典来说，废名的长篇大论简直就是要与胡适赤膊PK。比如，胡适说杜甫的《咏怀古迹》如何算不得好诗，"三峡楼台淹日月，五溪衣服共云山"如何不成话，"一去紫台连朔漠，独留青冢向黄昏"如何杂凑。废名却说："杜甫有时也拿典故来写想象。他咏明妃诗句：'一去紫台连朔漠，独留青冢向黄昏'，便很见功夫见想象。紫台是汉宫名，'一去紫台连朔漠'意思是由汉宫出发到匈奴那里去，这么大的距离给他一句写了……比李白的'千里江陵一日还'还要快过多少倍了，比我们现在坐飞机还要快。一句还不自然，接有'独留青冢向黄昏'句则文章是天生的，非常之自然。而事实杜甫是'语不惊人死不休'的，他费了很大的气力。妙处在青冢这个故事，相传明妃冢草独青，而这个美的故事只当作一个典故用，'向黄昏'是诗人的想象，是文生情，也正是情生文，于是这两句真是活的了，而且是从典故的死灰里复燃的。"（废名《再谈用典故》）废名认为，新诗未来的方向，非但不是胡适珍爱的白话诗家，反而是胡适所丑诋的温李，因为后者有典故，有辞藻，有跳动的想象，有敏锐的感觉。所以他戏称："新诗的发展出来与当初提倡新诗者的意思不同，好像哥伦布发现西半球，他以为西半球是东半球，是印度，而其实是美洲，出乎发现者的意外了！"（废名《十四行集》）

"用典"造成了文本的断续，从而衍生出互文性。对此，李健吾在评论废名的小说《桥》时有着深刻认识："我不妨请读者注意他的句与句之间的空白。唯其他用心思索每一句子的完美，而每一完美的句子便各自成为一个世界，所以他有句与句间最长的空白。他的空白最长，也最耐人寻味。……废名先生的空白，往往是句与句间缺乏一道明显的'桥'的结果。他从观念出发，每一个观念凝成一个结晶的句子。读者不得不在这里逗留，因为它供你过长的思维。"（李健吾《咀华集》）

胡适的文学观主张"言之有物"，语言的"及物性"相当重要，与"能指"对应的"所指"要比较清晰、透明、固定，能在现实世界找到对应物。而废名等现代派作家却认为，骈文律诗是人工化的自然，词句相互间的抽象关系，比现实世界与心灵的对应更为重要。用索绪尔、罗兰·巴尔特、德里达的语言观就是说——"能指"与其说对应的是一个固定"所指"，毋宁说对应的是一群"能指"。诸"能指"之间互相指涉、交织、覆盖，甚至冲突，"能指"在到达"所指"前就已经转向了其他"能指"，这种词句间的漂移、断续、延异反而加深了文学性。

五、周作人语言的"涩味"

我们再回过头来看周作人的散文，他在 1928 年给俞平伯《燕知草》写的跋中阐明了自己的"文体观"——"我也看见有些纯粹口语体的文章，在受过新式中学教育的学生手里写得很是细腻流丽，觉得有造成新文体的可能，使小说戏剧有一种新发展，但是在论文——不，或者不如说小品文，不专说理叙事而以抒情分子为主的，有人称他为'絮语'的那种散文上，我想必须有涩味与简单味，这才耐读。所以他的文词还得变化一点，以口语为基本，再加上欧化语、古文、方言等分子，杂糅调和，适宜地或咨啬地安排起来，有知识与趣味的两重的统制，才可以造出有雅致的俗语文来。"

"涩味与简单味"是周作人散文的首要特色。简单味好理解，就是自然、不雕琢、不做作，不油滑。（简单也是一切好文章的基础，王鼎钧《昨天的云》里说，他的小学语文老师推崇简洁文风，将他得意写出的"金风玉露的中秋已过，天高气爽的重阳未至"改为"今年八月"，王氏文章近年来风行海内外，也与文风简洁有关；阿城在《孩子王》里也借主人公之口说出了自己对简单的推崇："你们自己写，就写一件事，随便写什么，字不在多，但一定要把这件事老老实实，清清楚楚地写出来。别给我写些花样，什么'红旗飘扬，战鼓震天'，你们见过几面红旗？你们谁听过打仗的鼓？分场那一只破鼓，哪里会震天？把这些都给我去掉，没用！清清楚楚地写一件事，比如，写上学，那你就写：早上几点起来，干些什么，怎么走到学校来，路上见到些什么——"）

那"涩味"怎么理解呢？刘绪源在《解读周作人》中着眼的是知堂思想和情感上的"苦涩"，他举的例子是："有些事情固然我本不要说，然而也有些是想说的，而现在实在无从说起。不必说到政治大事上去，即使偶然谈谈儿童或妇女身上的事情，也难保不被看出反动的痕迹，其次是落伍的证据来，得到古人所谓笔祸。……我在此刻还觉得有许多事不想说，或是不好说，只可挑选一下再说，现在便姑且择定了草木虫鱼，为什么呢？第一，这是我所喜欢，第二，他们也是生物，与我们很有关系，但又到底是异类，由得我们说话。万一讲草木虫鱼还有不行的时候，那么这也不是没有办法，我们可以讲讲天气吧。"（周作人《看云集》）这种思想上的"苦涩"确实贯彻了知堂的一生。

但"涩味"还是从文章本身品起最地道，尤其是语言。这点郜元宝的分析挺精彩的，他认为，《国语改造的意见》是周作人对现代白话文建设的纲领性文件，该纲领的方法有三：采纳方言（但保持国语地位）；采纳外来新名词和新语法而和本有的杂糅（欧化却非同化）；采纳古语使之成为现在的新古语。那周作人散文有没有达到自己要求的标准呢？先说"欧化"，"拿他的散文和理想中的欧化白话文即《圣经》中译本相比，差距一目了然。知堂说《圣经》白话文译本'真是经过多少眼睛与试验的欧化的文学的国语……现今是少见的好的白话文……'"再说"方言口语"，"虽然知堂体认定白话文也是文言，是写在纸上的文章，不是照直记录说话……但他自己的文章实在太迁就说话，很不经济和简练，同样的意思往往就像日常说话的场合一样叮咛再三……影响篇章结构逻辑上的整严与递进转换……絮叨重叠到了令人不堪忍受的地步。唯一的好处，或许是以重叠反复遮掩过于明显的层次递进而收含蓄谦让之功，但其失也大，可谓得不偿失。之所以陷入这个窘境，原因乃在于他未能有力地把握说话与今古文辞的隐秘联系，未能使两者相与为济，相得益彰。"也就是，太迁就"说话的腔调"。（参见《汉语别史》）

从对文言的吸收看，周作人散文观的内在矛盾就更大了。知堂1930年所作的《论八股文》一文写道："八股文……简直可以大胆一点说是中国文化的结晶……自韩退之文起八代之衰，化骈为散之后，骈文似乎已交末运，然而不然：八股文生于宋，至明而少长，至清而大成，实行散文的骈文化，结果造成一种比六朝的骈文还要圆熟的散文诗，真令人有观止之叹。……八股文里含有重量的音乐分子……中国人的戏迷是实在的事，他们不但在戏园子里迷，就是平常一个人走夜路，觉得有点害怕，或是闲着无事的时候，便不知不觉高声朗诵起来，是《空城计》的一节呢，还是《四郎探母》……从这里我就联想到中国人的读诗，读古文，尤其是读八股的上面去。他们读这些文章时的那副情形大家想必还记得，摇头摆脑，简直和听梅畹华先生唱戏时差不多，有人见了要诧异地问，哼一篇烂如泥的烂时文，何至于如此快乐呢？我知道，他是麻醉于音乐里哩。"

　　摆在知堂面前的难题是，古文的最高代表"八股文"思想上是一堆垃圾，但在运用语言的艺术上却"不但是集合古今骈散的精华，凡是从汉字的特别性质演出的一切微妙的游艺也都包括在内。"怎么办？知堂的办法是将从韩愈到桐城派的古文称为"选学妖孽"，而推崇起晚明"公安竟陵"的小品文来。郜元宝认为，虽然知堂觉得"骈偶不妨利用，以增加白话文的丰富性"，但事实上，"他并没有像鲁迅那样因着年轻时代'对对子'的积习而真的向骈文学习，多用骈偶句式和骈文所独具的丰赡词汇。""知堂讨厌中国文学传统上的腔调，相信一有腔调，思想就会完结，因为腔调容易让作者和读者哼得舒服，忘记思想道德的问题。"即使对他推崇的六朝与晚明散文，他也是将其中容易使读者重声调而轻意义的麻醉的"音乐性"剔除出来，"这就无怪乎'知堂体'不仅完全不见留学日本和蛰居绍兴时的骈散夹杂的声调句式，也很少《国语改造的意见》里主张的从文言中学习的'形容词'——文言形容词，大多属于双声叠韵，极易产生腔调。知堂在理论上有心提倡，自己作文却极力回避。结果，他的白话散文就变成具有'欧化'骨骼、纯粹'写话'、'至多理说得圆'的说理文，往往篇少分行，文不加点，一拖到底……叮咛絮叨、拖沓臃肿，兼之好用与白话显得格格不入的化不开来的文言旧字面，以及许多纯粹交代性的絮语，很容易使人昏昏欲睡，难以卒读——倘若不是对潜含的知识思想情趣具有深切领会而独得其妙的话。"（参见《汉语别史》，第175-215页）

　　郜元宝还比较了鲁迅与周作人的差异，"鲁迅作文不仅骈散结合，单独散句也讲究抑扬顿挫的节奏感。如文章标题《魏晋风度及文章与药及酒之关系》，其实并不拗口，分上下两段就好读好记，因为暗含着七律、七绝那样典型的两个七字句……周作人似乎毫无文采的笨拙文句则通篇皆是……为了思想的明晰刻意回避声调之美。"周作人不只是反音乐性的声调之美，还反绘画性的色泽之美，"鲁迅的小说和散文，允许虚构、夸张和漫画式描写（比如《朝花夕拾》里对临终的父亲大叫的场面），周作人则反之……鲁迅杂文的特殊理趣在于将一切思想问题都情景化、故事（叙述）化、描写化甚至漫画化（如《五论文人相轻》），周作人则追求说理的缜密明晰，追求一般的教训，较少诉诸故事、情景和比喻描写，更特别地避免抒情因素。"

对周作人文章缺乏小说描写手法这点，孙郁在《革命时代的士大夫：汪曾祺闲录》里也谈到过："周作人一生喜谈鬼神、岁时、野趣，学问大而广，惜乎不谙小说笔法，人物与图景感弱，是学问家言。""不过张爱玲对周作人也有不满的地方，比如谈吃食，总是一个路子，缺少变化，那是因为不懂小说家的笔法，想象力匮乏。周作人太讲学理，张爱玲汪曾祺欣赏学识与诗意，且以一种虚构的方式连缀它们，灵动的意味就浓了。"可不是嘛，周作人的文章是雅的、清淡的，即使写野菜这般普通俗常的物什，亦无改其气质，如"日本称为'御形'，与荠菜同为春天的七草之一，也采来做点心用，状如艾饺，名曰'草饼'，春分前后多食之，在北京也有，但吃去总是日本风味，不复是儿时的黄花麦果糕了"。汪曾祺的散文，思想的历练不及苦雨斋远甚，但其特出之处在于文字的灵动鲜活，多小说的笔法。如"枸杞头带着雨水，女孩子的声音也带着雨水。枸杞头不值什么钱，也从不用秤约，给几个钱，她们就能把整篮子倒给你。女孩子也不把这当做正经买卖，卖一点钱，够打一瓶梳头油就行了"，语调温婉，且极具画面感。

六、"涩味"的大反转

周作人的散文似乎既反汉语的音乐性，也反汉语的绘画性，简直一无是处喽？可为什么钱玄同还称其"作风颇觉可爱"呢？针对周作人 1931 年后备受争议的"文抄公体"，郁达夫在 1939 年还夸赞说："近几年来，一变而为枯涩苍老，炉火纯青，归入古雅遒劲的一途了。"（《中国新文学大系·散文二集·序》）这里面，一定是周作人文章里有某种东西弥补了他音乐性和绘画性的缺憾。那到底是什么呢？就是上面说的"涩"。

知堂文章，犹如陈年普洱，"苦不叮嘴，涩不挂舌"。刚刚入口时有一点苦，但马上回甘；有一点涩，但马上化开，生津出韵——口腔里感觉风生水起但层次分明，变化丰富却自然流畅如行云流水。茶道里面说，心脏好苦味，所以，苦是五味里的至味，苦是香气的骨架，一如梁柱之于房屋，抽离了苦味，游离于空气中的香气将显得抽象而恍惚。涩则是"初相的刻度"，"适度地在行茶时展现一定的涩度，像蓄墨饱满的毫笔在纸上运行时，最后以一笔减速的拖墨留在字间，形成比起笔更有精神的力量。"（李曙韵《茶味的初相》）赵孟頫的运笔比王羲之还精致，为什么却不如王？盖因为王的书法里很不少破笔、贼毫，甚至戛然而止，恰恰增加了整个空间的想象力，迸发出艺术和生命光芒。

"涩"首先表现在词语上，目的是——反对音乐性的麻醉和绘画性的添油加醋，避免它们妨碍思想的清明，淡化人生的悲剧感。

在我看来，唐诗更讲究韵律和对仗，这种"音乐性"更能表现情怀气韵之类，比如杜甫的"却看妻子愁何在，漫卷诗书喜欲狂"，多有气势！但再悲的事，被唐人强大的宇宙意识和历史感一升华，悲剧感就不如宋人瓷实了，比如苏东坡"家童鼻已雷鸣，敲门都不应，倚杖听江声"。又比如辛弃疾的"大儿锄豆溪东，中儿正织鸡笼。最喜小儿无赖，溪头卧剥莲蓬"。有人认为，在写中秋的诗词里，王建的"中庭地白树栖鸦，冷露无声湿桂花。今夜月明人尽望，不知秋思落谁家？"要比苏东坡的"明月几时有，把酒问青天……"强，我也承认，王诗的心理白描水平直追卡夫卡。但想来想去，苏词更经典更流行，恐怕也与宋词韵律更自由、意象更亲民、所表达的情感更普适有关。

文言文写作也是一样，你比如一个混混，如果犯事在外躲避时，碰上他爸爸去世，当地有头有脸的人主动代他主丧，送葬的那天，来了数百辆豪车，本没有什么自豪的。但假如，放在秦汉时代，这混混纠集起一帮小兄弟打天下，或者投奔某大人物，混了个将军当当。那文人就会吹捧："将军意豁达，好狗马，不事家人生产作业，喜交游……家贫，以席为门，父脑溢血死，时将军避吏事，在外不敢归。乡里长者亲赴其家为主丧，殡日，自远方而来会葬者，豪车无虑百余辆，其得人心如此。"有没有觉得一下子高贵冷艳起来了？（参见史杰鹏《文言的功用》）所以，语言的"音乐性"这东西，往往会放大大人物、大场面、大概念的戏剧性美感，却挤压了普通人日常生活中的情理，淡化了人生的悲剧感，显得不够瓷实。知堂忌此，实在出于苦心。

仅有语言的"涩"，知堂还够不上"文体家"的美誉。他必须让句子"涩"起来，缓解现代线性时间观的焦虑，也避免单一目的论的枯燥和科层化知识的压迫；他更需要让段落也"涩"起来，这样才能拓展开文本的意义空间。而"掉书袋"正是知堂增加文章段落之间"涩味"的法门。

对于"掉书袋"，周作人是这样辩解的，"不佞之抄却亦不易，夫天下之书多矣，不能一一抄之，则自然只能选取其一二，又从而录取其一二而已，此乃甚难事也。""我的标准是那样的宽而且窄，窄时网不进去，宽时又漏出去了，结果很难抓住看了中意，也就是可以抄的书。不问古今中外，我只喜欢兼具健全的物理与深厚的人情之思想，混和散文的朴实与骈文的华美之文章，理想固难达到，少少具体者也就不肯轻易放过。然而其事甚难。孤陋寡闻，一也。沙多金少，二也。若百中得一，又于其百中抄一，则已大喜悦，抄之不容易亦已可以不说矣。故不佞抄书并不比自己作文为不苦，然其甘苦则又非他人所能知耳。"(《苦竹杂记·后记》) 多年以后，他又补充说："没有意见怎么抄法，如关于《游山日记》或傅青主，都是褒贬显然，不过我不愿意直说。"(1965年 4 月 21 日《致鲍耀明的信》) 这话说明两点：一是，知堂抄书是有选择标准的，即"兼具健全的物理与深厚的人情之思想，混和散文的朴实与骈文的华美之文章"；二是，知堂抄书是因为他不愿意直说。一般认为，这是知堂散文"间接表达"、含蓄典雅的特色。殊不知，这正是知堂洞悉了文本的"互文性"玄机也。

为什么要抄"兼具健全的物理与深厚的人情之思想，混和散文的朴实与骈文的华美之文章"？因为普通读者可能读不到，知堂就引用过来与大家分享。可为什么不用自己的话转述呢？这就是跟注解中国古典诗词一样，"以诗解诗"比把古诗翻译为白话，更能保持诗歌的美感。

更重要的是，或许在知堂眼中，文体就该是爱因斯坦式的开放体系，而不是牛顿式的封闭体系，他性喜翻书抄书，喜欢松散结构，"文本都只不过是一个铺天盖地的巨大意义网络的一个扭结"，"文本是无法追根寻源的、无从考据的文间引语以及典故、格言、谚语等构成的编织物，文本总在指涉着其他文本。"这种抄书＋按语点评的方式，能让他享受"句式的统治，来源的颠倒，让前文本来自后文本的随意。""任何事情总是发生在某一特定时刻，思想和文字不可能对其作'实况直播'，事物在头脑中产生印迹总是延迟的。文字总是指涉不在场的符号，这样就具有了指涉他者的性质，符号一开始就以偏移的方式运动，它总是偏离本身、漂移的能指，这样文本表现为歧义、派生、转义和互文。"（参见赵渭绒《西方互文性理论对中国的影响》）

所以，周作人"掉书袋"跟李商隐"用典"、废名营造"空白"一样，客观上造成了文本的断续，衍生出了互文性。互文性意味着"任何文本都联系着别的好些文本，同时对它们进行复读、强调、浓缩、移置和深化"。索莱尔斯这话也可看作对知堂抄书的精妙解读。

比如，《一岁货声》，开头就说自己从友人处借来闲步庵所藏一册抄本，记录一年中北京市上叫卖的各种词句与声音，序文"颇有意思"，"可以辨乡味，知勤苦，纪风土，存节令，自食乎其力，而益人于常行日用间者固非浅鲜也。"然后，就介绍了"凡例六则"，算是律诗中的"首联"，起到引子的作用。

接下来引"其五则云"："凡货声之从口旁诸字者，用以叶其土音助语而已，其字下叠点者，是重其音，像其长声与余韵耳"，特意举了不少叫卖声，"又如卖硬面饽饽者，书中记其唱声曰：'硬面唵，饽啊饽……'，则与现今完全相同，在寒夜深更，常闻此种悲凉之声，令人抚然，有百感交集之慨。卖花生者曰：'脆瓤儿的落花生啊，芝麻酱的一个味来，抓半空儿的——多给。'这种呼声至今也时常听到，特别是单卖那所谓半空儿的……大约因为应允多给的缘故罢，永远为小儿女辈所爱好。昔有今无，固可叹慨，若今昔同然，亦未尝无今昔之感，正不必待风景不殊举目有山河之异也。"还感慨，"自来纪风物者大都止于描写形状，差不多是谱录一类，不大有注意社会生活。"这就相当于律诗中的颔联，是从个人生活经验作出的兴发。

紧接着就是对音乐性的一通议论："我看了这些货声又想到一件事，这是歌唱与吆喝的问题。中国现在似乎已没有歌诗与唱曲的技术，山野间男女的唱和，妓女的小调，或者还是唱曲罢，但在读书人中间总可以说不曾歌唱了，每逢无论什么聚会在余兴里只听见有人高唱皮黄或是昆腔，决没有鼓起喉咙来吟一段什么的了。现在的文人只会读诗词歌赋，会听或哼几句戏文，想去创出新格调的新诗，那是十分难能的难事。中国的诗仿佛总是不能不重韵律，可是这从哪里去找新的根苗，那些戏文老是那么叫唤，我从前生怕那戏子会回不过气来真是'气闭'而死，即使不然也总很不卫生的，假如新诗要那样的唱才好，亦难乎其为诗人矣哉。卖东西的在街上吆喝，要使得屋内的人知道，声音非很响亮不可，可是并不至于不自然，发声遣词都有特殊的地方，我们不能说这里有诗歌发生的可能，总之比戏文却要更与歌唱相近一点罢。"这就是相当于律诗中的颈联，是将个体兴发升华为社会性的议论。

随后又引用了几百字的叫卖声，最后说："倘得有熟悉北京社会今昔情形如于君闲人者为之订补，刊印行世，不特存录一方风物可以作志乘之一部分，抑亦间接有益于艺文，当不在刘同人之《景物略》下也。"就相当于律诗中的尾联，结尾留下了余情和余韵。

而到了《〈一岁货声〉之余》里，知堂则将素材瞄准了国外，引用了《小普利尼时代的罗马生活》和《爱迪生时代的伦敦生活》两篇，谈国外的叫卖声，结尾也很棒，"我不知道中国谁的日记或笔记里曾经说起过这些事情，平日读书太少实在说不出来，但如《越缦堂日记》《病榻梦痕录》等书里记得似乎都不曾有，大约他们对于这种市声不很留意，说不上有什么好恶罢。我只记得章太炎先生居东京的时候，每早听外边卖鲜豆豉的呼声，对弟子们说，'这是卖什么的？natto，natto，叫的那么凄凉？'我记不清这事是钱德潜君还是龚未生君所说的了，但章先生的批评实在不错，那卖'纳豆'的在清早冷风中在小巷里叫唤，等候吃早饭的人出来买她一两把，而一把草苞的纳豆也就只值一个半铜元罢了，所以这确是很寒苦的生意，而且做这生意的多是女人，往往背上背着一个小儿，假如真是言为心声，那么其愁苦之音也正是无怪的了。"

从这两篇关于"货声"的文章，我们不难发觉，周作人并非一概反对语言的"音乐性"，而是认为声音首先要自然、真切。在他的《夜读抄》里，文本似乎不再是产品，而是一种生产力，它体现的不再是静止的清晰的意义，而是各种话语意义的对话和冲突组成的交响乐。

对话性恰恰也是包括文学艺术在内的整个人文思想的重要特点。"单一的声音，什么也结束不了，什么也解决不了。两个声音才是生命的最低条件。"他性与差异的存在也被巴赫金看作对话的基本条件，在巴赫金看来，文学艺术完全是一个杂语的世界，对话的世界，任何文本都是对先前文本的应答，并且天然地要求后续文本对它作出回答，"文本只是在与其他文本（语境）的相互关联中才有生命。只有在诸文本间的这一接触点上，才能迸发出火花，她会烛照过去和未来，使该文本进入对话之中。"（参见《巴赫金全集》第4卷，河北教育出版社，1998年，第380页）

换成中国话说，知堂的"抄书体"，就像从"单口相声"发展成了"对口相声"，所引材料像"捧哏"，用来叙述和当"包袱"；

知堂自己则像"逗哏"，在三翻四抖中逗出高潮。只不过，他的文章意不在逗笑，而在思想和余情罢了。

余话

彭利用的故事，一般人理解成对"掉书袋"的否定。准确的理解应该是，"掉书袋"可以，但不能对"家人稚子，下逮奴隶"掉，也就是不能掉错对象。

《世说新语》文学篇记载了另一个故事："郑玄家奴婢皆读书。尝使一婢，不称旨，将挞之。方自陈说，玄怒，使人曳着泥中。须臾，复有一婢来，问曰：'胡为乎泥中？'答曰：'薄言往愬，逢彼之怒。'"大意就是，郑玄家的佣人都喜欢读书。有一次，郑玄觉得他的奴婢干事不称心，准备用"家法"惩罚。这位婢女认为自己冤枉，想加以解释说明；但恰逢此时郑玄盛怒，于是就叫人把她拽到院中的泥地里。这时，恰好另外一位婢女走来，见此而问：你为什么站在泥地里？她问话时引用了《诗经·邶风·式微》中的"胡为乎泥中"一句。被斥责的这位回答时则引用了《诗经·邶风·柏舟》中的"薄言往愬，逢彼之怒"，用来解释说：我本来是要向他（郑玄）说明清楚的，谁知正好赶在他生气的火头上。后来，"郑玄诗婢"这一典故，用来形容诗礼传家，家风儒雅，可见，"掉书袋"也要看掉得好不好，不能一概棒杀。

有些人讨厌掉书袋，说白了，也是一种文学类型的洁癖。文学史家陈平原指出："所谓类型纯净，从共时看，要求严格遵守已有的类型规则，不准越界，鄙薄不同类型间的混合与杂交；从历时看，认定类型规则万古不变，拿老黄历衡量新事物，反对一切可能出现的类型扩张与变异。"（《小说类型与小说史研究》）既然互文性理论为散文类型的变异和扩张提供了理论奥援，我们自可将周作人的"夜读抄"当作散文类型的变异和创新。

为什么学者陈寅恪"掉书袋"让人晕头转向，作家周作人"掉书袋"却让人津津有味呢？盖因为，互文性在科学中的作用远不如文学，"科学文本中的互文性现象几乎都是消极互文性。这是因为科学追求共性，科学实验要求可以重复，科学定理要求具有普泛性，在科学看来'永久的、普遍的和统一的东西，在任何情况下，逻辑上都高于那些暂时的、个别的和多样的事物。'科学家把世界看作是一个被剥夺任何历史涵义的概念的信号系统，所以他们操作和运用的是不模棱两可的、准确的概念和定义。用巴赫金的话说，科学是独白的世界，要求毫厘不差地转达他人思想。因此，科学著作和学术论文的互文性就要去尽可能完整准确地再现他人意愿，不能有丝毫的增加、缩减和改变。"（李玉平《互文性：文学理论研究的新视野》）

知堂文章的"掉书袋"则是一种"积极互文性"，所引材料对文意和作者的性情都起到了复读、强调、浓缩、移置和深化的作用，也就不会给人獭祭鱼的"罗列感"，这就跟他的博学一样。

钱钟书在评价钱仲联著《韩昌黎诗系年集释》时指出："集释真不容易写。你不但要伺候韩愈本人，还得一一对付那些笺注家、批点家、评论家、考订家，他们给你许多帮助，可是也添你不少麻烦。他们本来各归各的个体活动，现在聚集一起，貌合心离，七张八嘴，你有责任去调停他们的争执，折中他们的分歧，综括他们的智慧或者驳斥他们的错误——终得像韩愈所谓'分'个'白黑'。"（《钱钟书论学文选》）

知堂"抄书体"恐怕比起集释来就更不容易写吧，先是要有识断，否则就是"邀请了大家来出席，却不肯主持他们的会议"，就会凌乱。更重要的是，要有余情，否则枯燥的知识就会窒息性情。知堂博学的厉害之处，不但在于跨好几个不同的文明传统（尤其是古希腊罗马历史，以及日本的异俗故事），更表现在不忌小大、东拉西扯、上天下地，可以写很琐碎的日常生活，构成独特的、无法模仿也无法取代的趣味。他跟博尔赫斯一样，擅长于将极其形而上的话题，旁征博引地诉诸日常言说，不露丝毫的概念痕迹，从而给人审美的惊喜。

　　如果说，贬义的"掉书袋"像是死鱼漂浮在水面，那知堂的"掉书袋"则是："鱼戏莲叶东，鱼戏莲叶西，鱼戏莲叶南，鱼戏莲叶北。"这首乐府古辞《江南》，东南西北四个方位词和四个叠句的铺排运用，不但不使人感到重复累赘，反而更觉文情恣肆，节奏轻快，充分显出了民歌的特色，被人誉为"奇格"。这么说，知堂的"抄书体"也创造了一种散文的"奇格"呀——博学下的余情，简单里的深刻，苦涩中的互文性。

悼陈忠实：以"情欲"推动史诗叙事的作家

起来打开手机，看到陈忠实先生逝世的新闻，有些愕然。时间真是跑得比 papi 酱的嘴还快啊，当年《白鹿原》引起的争议感觉还在眼前，作者就像老农一样倒在了庄稼地里，只剩下箩筐和镰刀在述说他的故事。

一、史诗气质

我对陈忠实的好感，自然是从读他的小说《白鹿原》开始的。因为我是学历史的，所以打开该书就被扑面而来的史诗气质吸引了。比如，写到白鹿两家换地，说当地的地按照肥沃与否、浇灌方便与否等因素分成"天、时、地、利、人、和"六等，不同等级征收的皇粮不一样。

这就是中国土地制度史上的"拆亩制"，一般以最上等为一"足亩"计，其他的乘个百分比。海外史学霸才何炳棣先生遍览方志，却在《明初以降人口及其相关问题 1368-1953》里没有提到这种划分名头，陈忠实的记忆打捞恰好可以参证历史。

《白鹿原》还写到，河南兵到了陕西，任何土地都按"足亩"计，这就等于变相加税，势必对农村自治传统产生破坏。学者杜赞奇把这一"权力下县"的过程称为"政权的内卷化"，这一过程是从辛亥革命就开始的，内在逻辑就是打造现代民族国家，可惜权力肆虐导致农村资源被抽干。

更耐人寻味的是，白嘉轩为代表的农村传统乡绅并不是像我们以往教科书所说的，一味跟官府勾结盘剥乡民，他出于对乡民的责任，反与乡民一道抗拒政府的无理加税。这就与历史学家秦晖在《田园诗与狂想曲：关中模式与前近代社会的再认识》一书里的观点"合谋"共振了——以往认为，地主剥削农民，导致农民造反。可黄宗智、秦晖的历史实证研究表明，至少在华北、长江中下游、关中三地区，"租佃剥削并不严重，农民起义原因更多是官逼民反，即地主与农民联合造官府的反"。

二、情欲推动

当然，陈忠实肯定没有秦晖这样清醒的"问题意识"，我上面提到的何炳棣、杜赞奇，他估计也是不知道的。那陈忠实靠什么推动史诗叙事？以陈忠实的眼界，他本意自然是想写一部革命史，而且是以土地矛盾为主线。但我估计他写着写着，发觉这条主线hold 不住了，出于对文学的忠诚，也就掺入了"情欲"的副线。

2012 年，电影《白鹿原》演到田小娥死就戛然而止。有些观众抱怨电影不完整，殊不知，田小娥确实是小说精彩的关键人物，因为她跟几个男人的关系，既说明了中国传统女人权利的贫困，也说明了那个年代的蚁民必须依靠强力活着，谁势力大就只能跟谁，爱情啊伦理啊都得靠边站。

在推动历史方面，情欲是要战胜理念的。尤其是擅长利用情欲的理念操作者，比如革命干部，他们往往动员被地主欺负过的人起来革命，效果颇佳。而有传统价值坚守不愿意沾血的人，不管是朱先生这样的知识分子，还是白嘉轩这样的传统士绅，都要靠边站。

黄宗智的研究还指出，土改时强行要求一村村地斗地主而实际上当时可能有一半的村庄并没有地主。以丁玲的《太阳照在桑干河上》来说，故事围绕着南水屯村（河北涿鹿县）的地主和"恶霸"钱文贵而逐次展开。但实际上，钱只有十亩土地，按照土地改革法的标准只能算是家境较好的中农。导致把他当作地主的原因不是他的阶级地位，而是他与其他村民糟透了的人际关系。所以，"土改的实践并不是简单地依据村庄的客观结构……保持着阶级区分存在于每一个村庄的幻象。……动员所有的农民和城市知识分子来支持党的决定。党建立了一套用以塑造人们思想和行动的意识形态来实现这一目的。"（黄宗智《中国革命中的农村阶级斗争：从土改到文革时期的表达性现实与客观性现实》）

说白了，20世纪中国的革命，不仅仅是土地和经济利益的重新分配，还有借助身体"主—奴"关系转换展现的道德重建。一个人起来革命，固然有经济上活不下去的原因，也有情欲相关的"怨恨"问题。在小说《白鹿原》里，黑娃其实算不得很穷苦的人家，他爸类似白嘉轩的贴身家丁，白嘉轩也对他很好，还让他跟自己儿子一起去念书。黑娃走上革命道路的一个原因即因为与田小娥的情爱受阻。还有，黑娃始终对老东家白嘉轩腰杆太直耿耿于怀，以致多年后回来革命只用棍子打白老爷腰部，这就活生生说明了其"怨恨"本质。（有兴趣者可读读刘小枫《这一代人的怕和爱》与《沉重的肉身》书里《记恋冬妮娅》、《牛虻和他的父亲、情人和她的情人》两文，以及《现代性社会理论绪论》里关于"怨恨"的章节。本质上，黑娃跟保尔、牛虻、于连都有同一精神血型。）

三、有土地的亲缘性

也许有人会觉得，陈忠实写情欲的文字还不如贾平凹。确实，陈忠实跟老实巴交的农民一样，写性爱就感觉都是在吃面，比如写亲吻"他现在急切地寻找她的嘴唇，急切地要重新品尝她的舌头。……她噢哟一声呻唤，就趴在他的身上扭动起来呻吟起来，她又把另一只奶子递到他的嘴里让他吮咂，更加欢快地扭动着呻唤着。"

再看看人家贾平凹写的："借了月光，见一对热烘烘的奶子如白兔般脱跳而出，便一头扎下，噙着乳头呜咂起来。""一会儿，只见庄之蝶跪坐了，胳膊挽了唐宛儿双腿，开始轻轻浅浅的出入，似乎有了小猫舔水的声音。"怎么看贾平凹都像文士，而陈忠实只是老农。

但老农也有神来之笔，"她的嘴唇像蚯蚓翻耕土层一样吻遍他的身体"就是。这个比喻好在哪里？所谓比喻，通常看作是从一个"概念域"（或源喻）到另一个概念喻（或靶喻）的语义映射，借此来达到对后者的认识和理解。比如，在"时间就是金钱"这个比喻里，"金钱"是"源喻"，"时间"是"靶喻"，我们是用金钱来说明时间的价值。所以，比喻成功的关键是，"源喻"要引发人的通感，像赵树理在《小二黑结婚》里写一个女人四十五岁了，还涂脂抹粉老来俏，"看起来好像驴粪蛋上下了霜"，这在城里人看来有些无感，可在有农村生活经验的人来看，简直拍案叫绝。

同理，"蚯蚓翻耕土层"在城里人看来"脏"、"恶心"，可在对土地、庄稼有感情的农村人看来，这个感觉是很美好的，用来形容"吻遍他的身体"也是妙极。相比起来，贾平凹的描写太套路了，之前张爱玲也用过类似比喻（"他讲几句话又心不在焉的别过头来吻她一下，像只小兽在溪边顾盼着，时而低下头去啜口水"），文学水准反而就不如陈忠实。

木心说"《红楼梦》中的诗，如水草。取出水，即不好。放在水中，好看"，这话是很精妙的，但一般人只理解为"红楼梦中的诗不够好"，却忽略了另一层意思"红楼梦的结构太好了"。同理，陈忠实的性爱描写若从结构上欣赏，就别有风致了。如果说，贾平凹的性描写有文人的自恋，以及"破罐破摔"的颓废感，那陈忠实的性描写就像蜜蜂帮花朵交配，蚯蚓给土地松土，以及黄牛犁黑地一样自然亲切。

余话

近些年，农村衰败加速，对这场持续一个多世纪的中国农村变革的叙述，也就显得更为重要，因为这不止是几代人的记忆，也将决定"我们未来往何处去"。

尽管我们已经有了彼得·海斯勒、梁鸿以"非虚构写作"对农村进行的真实描写，也有了应星、刘绍华以社会学、人类学方法对农村族群与权力的细致剖析，但要孕育出更深刻的作品还需要文学催醒我们的知觉和问题意识，在这点上，鲁迅的故乡系列算是起了个"龙头"，陈忠实的《白鹿原》算是"猪肚"，那今后还会有"凤尾"吗？我们悼念陈忠实先生，并拭目以待。

巫风楚雨再招魂

——读野夫《乡关何处》

　　我最早知道野夫是在 2008 年，一位做出版的朋友传给我书名为《尘世·挽歌》的电子书，叫我一定要读。对中国文坛这些歪瓜裂枣早已失去信任的我，将信将疑地读了起来。从那以后，我便在网上追着野夫的文章读，像是夜路里追着一位长辈的火把。

　　总算是老天开眼，野夫的这本散文集在今年 5 月（2012 年）以《乡关何处》之名在内地出版了，尽管一些篇章被拿掉了，但能出来就是好事——于野夫，能扩大自己的影响力；于读者，能亲炙到当代中国最好的散文；于中国文坛，也算是挽回颜面。

　　这次买回书重读后，我喜不自禁地发了条微博："我一直认为，土家野夫、章诒和、高尔泰、陈丹青是当代散文最重要的收获。章老太的文字是贵族的幽怨，高老头的文字是自由鸟的啼血，陈教授的文字是猫头鹰的直视；而野夫的文字则有着青铜的质地、狼的孤独、厉鬼的哀号、楚辞的瑰丽想象，他是以文字完成了对狰狞庙堂，以及权力戏子们的复仇。"对于"青铜的质地、狼的孤独、厉鬼的哀号"，大家好理解；而对于"楚辞的瑰丽想象"则有争议，湖北大学文学院教授梁艳萍（网名"漫游者粒子"）就认为，"'楚辞的瑰丽想象'描述野夫的散文不够精准。野夫的散文基本都是写实的，他将诗歌的语言节奏浸入散文，伤痛惨烈、泣血哀歌是其文字的表征……"对此，我的解释是："楚辞的瑰丽想象"着眼的不是虚实，而是一种美学风格，乃至一种文化类型，即巫楚文化。

野夫是出生于湖北利川的土家族人，在《乡关何处》的后记中，他自己交代说："在古代，这里乃巴国的腹心，也因此民俗至今犹带巫风。""巴人（今土家族）的巫风传承由来已久，虽经历朝羁縻压制，但在我的童年，还能在乡下寻常感染到那些神秘民俗。"这些话其实透露了野夫散文最隐秘的精神来源（原书名《尘世·挽歌》也源自汉代宫廷好楚辞，"酒酣之后，继以挽歌"的传统，钱钟书云："奏乐以生悲为善音，听乐以能悲为知音。"）

李泽厚在《华夏美学》里写道："以屈原为最大代表的中国南方文化，开始就具有其独特的辉煌色彩。刘勰所称赞的'惊采绝艳'，是这一特征的准确描述。无论工艺、绘画、文学以及对世界的总体意识……想象总是那样的丰富多彩、浪漫不羁；官能感触是那样的强烈鲜明、缤纷五色；而情感又是那样的炽烈顽强、高昂执着……它们把远古童年期所具有的天真、忠实、热烈而稚气的种种精神，极好地保存和伸延下来了；正如北方的儒家以制度和观念的形式将'礼乐传统'保存下来一样。南国的保存更具有神话的活泼性质，它更加开放、更少约束，从而更具有热烈的情绪感染力量。"而到屈原的时代，巫楚文化与北方文化进行了交流、渗透、融合——"《离骚》把最为生动鲜艳、只有在原始神话中才能出现的那种无羁而多义的浪漫想象，与最为炽热深沉、只有在理性觉醒时刻才能有的个体人格和情操，最完满地溶化成了有机整体。"（《美的历程》）

古典语码的复活

以此衡之，巫楚文化在野夫的散文中有三层表现：第一层是在文字的使用上，他喜欢用"萦怀"、"冀望"、"命途"、"乜斜"、"枯澹"、"灰钝"、"芜野"之类生僻、奇怪的词语，由于镶嵌得恰到好处，不但没给人做作之感，反倒因陌生感而产生了诗意。这类词语在《诗经》、《楚辞》里却很常见，因此，这些词语遇到野夫，就好比明清器具遇到了王世襄，一下子便活了起来。中国古典世界已经离我们远去，但古典世界里的一些语码（比如词语、器具）仍然存在，如果你通晓这些语码，就能帮助现代人"想象出古典世界"，从而拓宽现代人的诗意空间，比如你说"发如雪"就比说"头发全是头皮屑"有质感，除了陌生化的功能外，这些符号本身就转化了某种古典的语码的提示功能。毫无疑问，野夫就属于拓宽了汉语诗意表达空间的人。

"情深而不诡"的真性情

当然，仅仅使用一些古典词汇，并不一定就能增加汉语的表现力，对于《离骚》以来的文学传统，老侠在《美人赠我蒙汗药》一书里就有批评："屈原的《离骚》是把楚文化的巫术性神秘性纳入儒家的世俗道德的开山之作，他的诗中的神话成分，全部服务于君子美人和昏君小人的道德划分……把远古的传说和神话中的有原始生命力的东西、神秘的东西都变成了一种泛政治化泛道德化的礼仪注释，结果丰富的象征变成了简单的比喻，男女的情爱变成了'后妃之德'，人与自然的搏斗变成了'三过家门而不入'的明君品德。……那些典故都被先秦的史官文化注释成统治者的意识形态，彻底阉割了开放的多重性。"不得不承认，这一批评是很中要害的，夸示过甚的汉赋和"文以载道"的古文运动且不说，光是 1949 年后的"散文新八股"就够让人受的。

以改革开放前流行的杨朔《荔枝蜜》为例，抒情就抒情，为什么要"用香山红叶来比喻老向导、用茶花来比喻孩子、用蜜蜂来比喻农民、用礁石来比喻老渔夫……""由荔枝蜜的香甜，联想到社会主义新生活的美好，再由蜜蜂辛勤的采花酿蜜，联想到劳动人民为创造新生活而进行的忘我劳动"呢？这种过滤后的情感有几分真实可言？怪不得有评论认为："由于杨朔习惯于在篇末点出的主题总是过于高亢伟大，读者层次不够，只能要么倍感惭愧，要么觉得怪诞，要么干脆直斥之为做作……"而流行于 90 年代的余秋雨散文也是一样，他在《苏东坡突围》里写道："人们有时也许会傻想，像苏东坡这样让中国人共享千年的大文豪，应该是他所处的时代的无上骄傲，他周围的人一定会小心地珍惜他，虔诚地仰望他，总不愿意去找他的麻烦吧？事实恰恰相反，越是超时代的文化名人，往往越不能相容于他所处的具体时代。中国世俗社会的机制非常奇特，它一方面愿意播扬和哄传一位文化名人的声誉，利用他、榨取他、引诱他，另一方面从本质上却把他视为异类，迟早会排拒他、糟践他、毁坏他。"这哪是为苏东坡发皇"心曲"啊，分明是余秋雨本人自言自语，使得他失去了丰厚和博大。

然而，野夫的散文却没有这种"为文造情"的毛病，因为他都是出自"真性情"。《文心雕龙·情采》说："文采所以饰言，而辩丽本于情性。故情者，文之经；辞者，理之纬。经正而后纬成，理定而后辞畅，此立文之本源也。"也就是说，有了"真性情"，才能有文质。比如，他写母亲："她艰难的一跃轰然划破默默秋江，那惨烈的涟漪却至今荡漾在我的心头。"他写父亲:"那时父亲刚刚离去半年,他在楼顶奇迹般地种植的一棵花椒树,正盛开着无数只'眼睛',一如死不瞑目的悬望。"他写外婆:"这些好人来到这个世界,就是来承担磨难的;他们像一粒糖抛进大海,永远无法改变那深重的苦涩,也许只有经过的鱼才会知道那一丝稀有的甜蜜。"他写瞎子哥:"他是后天的盲者,据说这样的人比先天的盲者远要痛苦——因为他见过这个世界,他知道每个词汇所代表的美丑。"……这些文字像是血滴出来的,自然够得上"情深而不诡"、"事信而不诞"的楚骚精髓。

相对于"史官文化"的"异端"风采

巫楚文化最深层次的表现是相对于齐鲁"史官文化"的"异端"风采。这种特质上可重启"天问",校正"伪道政治";下可如陈寅恪先生所言,以异族之生猛"注入于久远而陈腐之文化",繁荣我中华文化。巫能通神,连接天与人,野夫的文字就有着巫的魔力,他把薄幸浇漓的当下与民国、乃至古典中国连接了起来。"迷失于这个时代的同道,往往只能拿文章当接头暗号;仿佛前生的密约,注定我们要在今世抵掌,然后一起创世,或者再次站成人墙,慷慨赴死。"这似乎是野夫的"文学宣言",他表征着一种追求爱、自由与正义的文学在当代中国出现了。比如,他在《大伯的革命与爱情》里对"组织"进行批判:"组织中只有细胞,是不再有人的。发明组织的人,是按机器原理设计的这个怪物,个体的人在组织中,不过类似某个螺丝、刀片一般的部件而已。任何个人主义和自由主义,都是组织所不允许的;组织只会冠冕堂皇地提倡集体主义,会用无数教条来帮助你遗忘作为人的个性和人性。"他在《烈士王七婆》里对"宽恕"进行了辩驳:"在一个真相至今尚未呈现，罪恶不被清算的时代，我从来不屑于泛泛高谈什么宽恕。快意恩仇向来是男人的正业，一个淡仇的人，难免也是一个寡恩的人。同样，一个没有罪感的社会，也必然将是一个没有耻感的社会。"他在《地主之殇——土改与毁家纪事》里对"道德"进行了拷问:"两个地主的儿子在深山中展开了生死相搏，彼此都曾数次险遭敌手。……父亲无颜面对，他知道他只能失信于人，因为组织是不需要这些的。……一个民族的人伦天良，是如何在高压下破坏殆尽的，我们现在终于可以理解为什么在日后的历次运动中，有那么多的家人内部的揭发和互相残害。要恢复这些基本的人性底线，我们还有漫长的路要走啊。"

野夫的笔下，除了亲人外，多是墨客奇侠，人人拥有一番离奇身世，颓废高亢，低吟流连，以笔为剑，诗酒当歌，漂泊无迹。为什么要写他们?余世存说得没错，野夫的招魂意味是显然的。"一个个给过我少年养分的老人，似乎都在夕阳中列队，向一个叫着彼岸的地方出发。此岸的悲苦伴随了他们一世，我没有任何信心和能力，足以把他们留在尘世今生。"于是，野夫只能以笔纪念他们，纪念他们的善良、忠义、任侠、淡泊、执着、爱恋、自由，这是对古典中国的祭奠，也是对未来中国的深情召唤!

"冒蓝火"的陈丹青

    谈论陈丹青是危险的，因为他总拒绝别人对他的定义、分类与标签，说不准还会反击："以前有个傻×说我什么，他妈的根本不是那么回事！"这种直接和尖锐让当事人难堪。但陈丹青的这种风格却是媒体和观众喜欢的，所以，他才会由学者、画家蹿升为一系列更有话语权的身份——公共知识分子、文化明星、青年导师。

    既然拒绝标签，那我们不妨从抽象回到具体，先说说陈丹青的长相——对，长相！陈丹青说鲁迅长得"好看"，曾这样描述："这张脸非常不买账，又非常无所谓，非常酷，又非常慈悲，看上去一脸的清苦、刚直、坦然，骨子里却透着风流与俏皮……"那陈丹青自己好看吗？我的第一印象是，陈丹青的眼睛像尼采，沉静却警觉，深邃却锐利，孤高却盯紧人生。也就是我以前形容的"猫头鹰的直视"，这是陈丹青的影像定格，也是陈丹青的语言魅力之源。

    对，"语言"，而不是"文字"。有人不嫌肉麻地说陈丹青的文章"文字雅达，文风坦荡，文气奇崛"，弄得陈丹青自己挺难为情的。可不是吗？陈丹青几乎每本书里都有"他妈的"，怎么雅达了？说"文气奇崛"也怪怪的，倒是"文风坦荡"算靠谱。我觉得吧，陈丹青既缺乏深厚的古典文学修养，也没有坎坷丰富的人生阅历，他的文章像杂草一样疯长，缺乏节制和痛感，虚火倒是旺得很，要喝王老吉才行。但他的演讲、访谈就不一样了，这种即时性、口语化的文本，有火就着，尤其与高手对谈时，要是有蓝火扑哧扑哧地冒出来才好咧。所以，对陈丹青新出的三本书，我是舍弃游记，直奔杂文演讲集（《草草集》）和访谈集（《谈话的泥沼》）。幸运的是，哇，这里头果然有一个"冒蓝火的陈丹青"哟。

一、猫头鹰的直视

何谓"猫头鹰的直视"？当屠格涅夫将《战争与和平》第一册介绍给福楼拜，福楼拜叹道："啊，一流的画家。"陈丹青也说，他喜欢董其昌，"不是出于知识教养，而是无知而素面相对"。这就叫"艺术直觉"，而将这种直觉用于人生观察，就是陈丹青的独门绝技。

首先，"猫头鹰的直视"意味着说话的直接和尖锐。比如，对于鲁迅后人的处境，陈丹青曾写道："海婴笑道：绍兴城封我荣誉市民，赏一把钥匙，可是开得了哪扇门呢。我听了，当下开悟：对啊！南北五座鲁迅纪念馆全是国有产业，今时鲁迅走进绍兴故家百草园，可不许掀动泥砖捉蚯蚓，更别提将那长长的何首乌连根拔起了；海婴回到上海山阴路，又岂能开门进家上三楼，在他童年的房间睡午觉。"而在新书《草草集》里谈到20世纪上半叶知识分子的左转，他也灵心妙舌："左翼给当时的信息不全是政治，而是道德。人可以拒绝政治概念，但道德攻势一来，扛不住了。多少大知识分子，有产有业的资本者，都声援左翼。他们反感当时的国民党，巴望改变。解放军打进上海，市民第二天发现满大街睡满官兵，感动啊，这出戏太漂亮，现在玩儿什么行为艺术，小儿科啊！"

　　其次，则是指惊人的移情能力，陈丹青在《多余的素材》里怀念配音演员邱岳峰，"是他在压抑的年代替我们发怒、还嘴、嘲骂、耍赖、调戏，在出于常态的语音发作中，是他的声调引我们作虚拟的自我作践、自我扩张，便是我们日常话语中的虚伪造作也因他而获至声调之美，我们假借邱岳峰语调的变态、狂态、丑态获得自我治疗，异化为'外国人'，释放自己，在倾听中人我错置，想入非非。"在新书《谈话的泥沼》里，他解释为什么喜欢《花样年华》："电影是给眼睛看的，和读文字中的情节不一样。你譬如小过道邻居巷里每天轧来轧去，打招呼，讲闲话，那种日常逼仄，文字不好写，写好了也不如镜头准确、感性。又譬如女主角进了男主角房间，门外邻居在，不便出去，于是坐床上熬一夜，打扮齐整，衣鬓不乱，两人碰也不碰，这种急煞人的尴尬纯洁，文字效果出不来。"

二、遭遇鲁迅、伯林

　　在中国作者里，陈丹青最喜欢鲁迅；在外国作者里，陈丹青似乎最喜欢英国思想史家伯林，这绝不是偶然的。陈丹青多次谈鲁迅的切入点都不是人云亦云的"文采"、"洞察力"，而是视觉影像，比如，"鲁迅终生偏爱版画，尤其木刻……鲁迅的天性，鲁迅的文学笔调，这种笔调的黑白质地，从来是木刻性的，正合于他的禀赋：简约，精炼，短小，在平面范围内追求纵深感。""1904年，青年鲁迅即痛感于围观行刑的镜头，以至弃医从文：此事非仅关乎道德层面，更触及影像传播的文化命题……海婴的热衷摄影，承续了父亲敏于观看、富于同情的天性。"而陈丹青喜欢伯林，显然不仅仅是被伯林的"口才"和"移情能力"折服吧？伯林一辈子经历过很多重大事件，可却没有一部类似阿伦特《极权主义的起源》的大部头著作，只有几篇演讲文章，所以，有学者揶揄："英国王室封以·伯林勋爵头衔。他的一位女友写信祝贺他说，这个勋位是为了奖励他'对于谈话的贡献'，令他终生羞恼不已。"以表达对这个"生活在表层"的思想家的愤懑。可如果我们注意到，伯林发表《两种自由概念》等演讲是在 20 世纪 50 至 80 年代，正是广播电影电视兴起的年代，伯林"观看世界的方式"受大众媒体影响，就不得不考虑了。

美国传播学家沃尔特·翁认为，媒介对人的思维有着潜移默化的影响，他将人类历史划分为：原生口语时代、书写时代、次生口语时代。文字出现之前，人们用口语交流，口语文化的特点是——注重与他人的交往互动、顾及人情味和情境的共鸣。而文字的产生，则把认识对象分开，并由此确定"客观性"条件，使得人类可以用精细的、或多或少科学的抽象范畴来管理知识。到了电影广播电视互联网兴起的时候，移情的、参与的、贴近人生世界的口语就又回来了，只不过与"原生口语文化"相比，"次生口语文化"是经过书写文化洗礼的，因此已具有一定的理性内省特质。所以，伯林的"口才"和"移情能力"可以说是对"次生口语文化时代"的呼应，而陈丹青也经常做访谈演讲，他们"观看世界的方式"想必也有着更深层次的共鸣吧？

三、汉语口语化与社论语式歧途

不过，从西方历史总结出来的"原生口语时代——书写时代——次生口语时代"在中国却有着更复杂的演进。西哲黑格尔认为，汉语（尤其是古汉语）不适合思辨，中国学人钱钟书不服老黑对汉语的这种鄙夷，所以在白话文当道的 20 世纪下半叶还执意以古文写作《管锥编》等书。但有些中国学者则默认了老黑的批评，李劼就认为："中国人所习惯的话语方式就是意象的心领神会的方式，而不是逻辑的推理或求证的方式。""感性的直观，用可以触及的物象讲一个形而上道理。不是诉诸理性，而是诉诸经验。""这种语言不拘理性的规范，只追求表述的自由畅达。因此，语义造型和语词隐喻成为主要的表述方式。这种句式是隐喻性的，而不是阐述性的。在句子的语法构成上不显示深层语义，因为在主谓语两两平等的平面结构后面没有深层结构，或者说逻辑发展。在语义上是平面的，没有层次的转换和变化，其他语义靠读者自己去领会。""'五四'白话文的语言革命就是一种建立逻辑话语和理性思维的努力，可惜这种努力并没有在后来白话文的发展中得以完成，相反，其努力的方向被不知不觉地引到了某人话语上。"

社论语式"概念的含混、表述的直观、结构的单向，命题的先验、论证的随意"使整个汉语的非逻辑非理性程序达到了某某化的地步，但你也不得不承认，社论语式加速加深普及了现代白话文运动。换句话说，社论语式横空出世除了大人物统一思想、塑造现代民族国家的政治考量外，也有小人物渴望用口语表达生活经验的迫切需求。基于这一认识，我们才有可能在对 80 年代以来知识界大量引进西方文化以建立现代汉语的"逻辑结构"给予正面评价的同时，对那些修复汉语原有优点的努力也给予重视。学者申小龙认为，"汉语是一种非形态语言。由于语词及其组合不受形态成分的制约，汉语语词单位的大小和性质往往无一定规，有常有变，可常可变，随上下文的声气、逻辑环境而加以自由运用。语素粒子的随意碰撞可以组成丰富的语汇，词组块的随意堆迭、包孕，可以形成千变万化的句子格局。汉语这种富有弹性的组织方略，为主体意识的驰骋、意象的组合提供了充分的余地。它放弃了西方形态语言视为生命之躯的关系框架，把受冷漠的形态框架制约的基本语粒或语块解放出来，使它们能动地随表达意图穿插开合，随修辞语境增省显隐，体现出强烈的立言造句的主体意识。"而要发挥汉语这一特长，在现代汉语书写中引进口语，显然是一条不错的进路，在这方面，老舍、汪曾祺、王朔、李零等都做出了可贵的努力。

四、用口语说理反社论语式

与上述作家学者相比，陈丹青对口语文化的青睐更有广度和深度。比如，陈丹青谈到西域壁画时说："中东艺术似乎非得由西域道中的汉人过一道手，那妖媚繁华，那股中东的羊膻气这才去尽，干爽神秀，转成大汉气象。"用"羊膻气"形容中东胜过一打西化概念。再比如说阿炳，"所谓'灵魂'，'颓废'，也是西方词语，说中国的人事与音乐，这类词不好用。阿炳的《二泉映月》，句句到心，可你说他是'颓废'，是发自'灵魂'，就不知所云，他只是兀自在那里'苦'，苦得跟江南咸菜似的，碧森森暗沉沉……"这"苦得跟江南咸菜似的"形象直观，一语中的。而在新书《草草集》里，他念念不忘木心的临场戏谈，"卡夫卡命苦，肺痨，爱焚稿，该把林黛玉介绍给卡夫卡"。还说："眼下爱木心的青年写起他，十九理解成如何唯美、超然，我读了不舒服，太花枝招展了，是在讲年轻人自己的文学幻觉。木心的趣味，那种质直的、带咸味的、南货店式的，老辣皮实的一面，年轻人没反应。"这些对口语的引入和评论都是很精彩的。

而在《谈话的泥沼》里与王安忆对谈，两位高手围绕"故事"倾听、接话、反诘，乃至连环追咬，俨然有咏春拳的紧张和风采。陈丹青认为，现代小说是印刷术兴起后的结果……小说葬送了"说故事"的传统，"逐渐把叙述从活生生的口语领域剥离了出来"。故事与小说的区别，不在"材料"，而在"语言"。"说书的盛世，村妇野夫能说会道……故事传统的智慧、民间语言的泼辣，俯拾皆是。在古代中国，故事与小说从不打架，二者的语言是同源的，一体的。例子实在太多。你比如西门庆潘金莲初见勾搭，如何对话：不敢动问娘子青春？ 小人虚度二十三年。奴才痴长七岁。大人将天比地！——分明动问，却说'不敢'，也确有几分'不敢'之心；'虚度'、'痴长'，不但报过年龄，意思也已递到，何其自然；一句'将天比地'，则心思毕露，是自卑绝望，更是撩拨纵容——有什么不好吗？句句'发乎情，止乎礼'，字面好看，说来好听。我记得幼年时听周围大人说话，也是这样一进一退、一引一逗，多见言语的风流。"

　　我不知道当代作家里还有谁对口语有这么深刻尖锐的思考，如果说汪曾祺是用口语叙事反社论语式，陈丹青则是用口语说理反社论语式；如果说王小波丰富了现代汉语的理性说理能力，陈丹青则丰富了现代汉语的情境说理能力。陈丹青还记述过自己一次在台湾人开的店里买东西受歧视的事情，他当时是用"我——操——你——妈"冲老板娘怒吼，"可那么一瞬间，我瞪着她面无人色的脸忽然心里一闪发现被她的恐惧感动了"，"事后，我想起那年真的红卫兵一拥而进动手抄家，我的外婆也是这么坐在床上认真低头装出置身事外的那么一副可怜相"。这意象不只是红卫兵一代的反思，也是现代汉语告别社论语式、寻找新口语的开始。正是这点"感动"，拉开了陈丹青与李零的距离，打个粗俗点的比喻，李零的文章尽管引入口语也很漂亮，但他只是社论语式在当代中国的遗腹子，跟个驴粪蛋子似的，外面光（似乎是五四精神），里面却还是社论语式斗争哲学那套。而陈丹青的口语表达则经历过愧疚和内省，比起李零来，就多了同情、怜悯，以及对普世价值的认同。更难得的是，陈丹青看了不少当代传播学的书，他能分清楚电影与文学是两种媒介，对电视剧和互联网也持开放态度，所以，在这个视频、网络、广播全面铺开的"次生口语时代"，陈丹青又是预流者。他像猫头鹰一样矗立，为现代汉语守夜，启发我们探寻现代汉语发展的方向与可能。

参考文献：

陈丹青：《纽约琐记》、《外国音乐在外国》、《多余的素材》、《退步集续编》、《荒废集》、《笑谈大先生》、《跟陈丹青聊天》、《草草集》、《谈话的泥沼》、《无知的游历》

沃尔特·翁：《口语文化与书面文化：语词的技术化》

麦克卢汉：《谷登堡星汉璀璨：印刷文明的诞生》

伊丽莎白·爱森斯坦：《作为变革动因的印刷机》

罗伯特·洛根：《字母表效应：拼音文字与西方文明》

罗伯特·达恩顿：《启蒙运动的生意》

钱存训：《中国纸和印刷文化史》

李劼：《我们的文化个性和个性文化——论世纪现象》

申小龙：《汉语与中国文化》、《申小龙自选集》

此文压缩版发表于 2014 年 2 月 23 日《南都阅读周刊》

文学"性描写"琅琊榜

每年的 12 月 1 日，英国著名文学杂志《文学评论》(*Literary Review*) 都要颁发一年一度的"最差性描写奖"(Annual Bad Sex in Fiction Award) 了，这趣事跟《花花公子》不再登裸照一样，成为全球男性的热议话题。大抵这世上的事情，愈是禁忌愈有谈论的快感吧。

一、"情色描写"与"色情描写"

据媒体报道，该奖的设立初衷是"培养性情"，"致力于用文字呈现更好的'性'，警惕当代小说中那些浮皮潦草的性描写"，这里有必要先对"性描写"进行一下界定。

"性描写"有两个面向：一是情色描写，二是色情描写。它们的共同点是：都与性有关，并勾起性欲。差别在于："情色描写"将勾起的性欲与一种美好的感情或想象联系起来，给人陶冶和升华；而"色情描写"则只是激发起肉体欲望，给读者压力和缺失感，从而需要借助非文字手段来释放欲望。说白了，情色描写是间接的、高级的、高雅的、文明的、文艺的、精神的；而色情描写是直接的、低级的、粗俗的、野蛮的、商业的、物质的。用法国学者曼戈诺的话总结说："情色是在一定程度上，可以跟社会所主导的价值观兼容的表述性爱的一种方式，可以说，情色构成了社会关系对人性的压抑跟人性的自由表达之间的一种妥协。而这种妥协正是以呈现赤裸裸的性爱为目的的色情所没有的，因此，色情注定不会被主流价值观所接受。"

鉴于中国社会主流价值观的现状，我这里着重分析"情色描写"。那什么才是好的"情色描写"呢？"情色描写"的本质是——凭借着华丽的辞藻和语境中的移植吸引读者，试着把性暗示变成纯粹的性幻想。所以，一般来说，情色片段充斥着大量的"纱"，从而营造出朦胧的效果，这些"纱"有实景意义上的，也有借代、隐喻意义的，而最直接的就是比喻。（参见曼戈诺《欲望书写：色情文学话语分析》）

二、什么是好的比喻？

所谓"比喻"，就是"用跟甲事物有相似之点的乙事物来描写或说明甲事物"，这里面感觉和视角很重要。赵毅衡曾提出，感觉有级别次序，是触觉、温觉、味觉、嗅觉、听觉、视觉，通感往往用比较低级的感官来形容比较高级的，苏轼"小星闹若沸"是听觉修饰视觉；杜甫"晨钟云外湿"，是触觉修饰视觉；甜蜜的微笑，是味觉修饰视觉；柔和的嗓音，是触觉形容听觉；清凉的蓝色，是温觉修饰视觉……（参见赵毅衡《趣味符号学》）所以，好的比喻，首先要有独到的视角，让"喻体"帮助读者更准确、更有深度地感知"本体"。

说起性描写，有些人很快会想起民间黄色歌曲《十八摸》，但很显然，像"大姐的咯吱窝，好像喜鹊垒的窝"基本上都是在一个平面内以视觉形容视觉、以触觉形容触觉、以温觉形容温觉，

"喻体"并没有帮助读者感知"本体"的纵深。就拿"大腿上边，如同白藕一般般"这句看，它只是用藕的视觉（白色）形容了大腿的白，却浪费了藕的触觉。因为在民歌里面，更多的是用藕来形容美女的手臂，比如长诗《笼山曲》里就有"眼似晓星腕似藕"，评剧《花戏媒》里也有"十指尖如笋，腕似白莲藕"。如果要更准确地形容少女手臂的美，还应进一步说"如新出条的莲藕"，毕竟藕也有老藕嘛，就是外皮发黄里面很粉的那种，类似老黄瓜，你要说美女的手臂像那种藕，就不是夸人了，只有说像"新出条的莲藕"才切合视觉和触觉感受。所以，只有"喻体"的多维感觉聚焦于"本体"，比喻才会牛起来。

中级比喻则要加上——以动写静。比如，我湖南嘉禾县民歌《八看姐的美》里有一个版本是说"姐的头发梳得亮，亮得能当镜子照"（跟《十八摸》一个水平），但另一版本则说："头发梳得溜，梳得啊溜就，蚊子也站不稳"。这以动写静，事物不就鲜活多了吗？诺曼·梅勒的"每个孤独的精虫，都游走于子宫的汪洋，那卵子大得就像巡洋舰"，也算是中级比喻。

高级比喻则是：在"有独到的视角"和"鲜活的动景"外，再加上"细微的心理描写"，也就是——以形写意。比如，夏河评价电影《万物生长》里齐溪的表演："松弛有度，张力十足，就像一台刚调好的琴，每一个音符都精准地敲击在节拍上。"这比喻就很精彩。而本·奥克瑞那句"当他的手轻触她的乳头，就像打开了开关，她被点亮了"，尽管也是朝以形写意迈进，但步子迈得太大，掉进了"本体"与"喻体"的鸿沟里，联想到"被点亮"，实在过于夸张，超出常识。

总之，这"喻体"啊，套用齐白石的话说，不能太似"本体"，太似就媚俗了，比如用"草皮"比喻体毛，用"包子"比喻乳房，新意不多；但也不能不似，不似的话就是欺世了，比如这"开关说"，实在让人哭笑不得。

三、情色描写琅琊榜

用以上标准来衡量文学史上的性描写，我认为的琅琊榜首如下：

【中国古典文学琅琊榜首：白行简、兰陵笑笑生】

1. 白行简《天地阴阳交欢大乐赋》

片段：

女乃色变声颤，钗垂髻乱。慢眼而横波入鬓，梳低而半月临肩。

点评：

该句是写性高潮的女人，翻译过来就是："这时的女子，姿色更艳丽可爱，她声音变颤，首饰掉下，发髻散乱，眼神迷离，散乱的鬓发中露出半个脸来，犹如半月落在肩膀。"

真是千古第一绝句，在文学水平上，可以与冒辟疆《影梅庵忆语》写董小宛的句子媲美。

也许你会对白行简陌生，但他的哥哥白居易总不陌生吧？他这赋是敦煌残卷 P.2539，最早引起湖南名儒叶德辉的关注，随即被刊印出来。当时，茅盾怀疑这书的作者，"要说作《李娃传》的人同时会忽然色情狂起来，作一篇《大乐赋》，无论如何是不合理的。"这种冬烘之见当然不值一驳，比如，李白就有"玳瑁筵中怀里醉，芙蓉帐底奈君何"（《对酒》），还有"何由一相见，灭烛解罗衣"（《寄远》）；李商隐也有"紫凤放娇衔楚佩，赤鳞狂舞拨湘弦"（《碧城》），翻译过来就是："你像紫凤热烈奔放，衔住玉佩不松，我像赤龙奔腾放纵，疯狂地拨动你的琴弦。"（"琴弦"就是女性阴部，巴尔蒂尼有一幅著名的《吉他》就有点像李商隐"赤鳞狂舞拨湘弦"的西方图解：一位形容落魄的男子，把一位赤裸的少女像吉他一样抱在膝上，右手拨向"湘弦"位置。）甚至南宋女词人李清照也有"桃花深径一通津"。（出自《浪淘沙》）

2. 兰陵笑笑生《金瓶梅》

片段：

观其高堂大厦，云窗雾阁，何深沉也；金屏绣褥，何美丽也；鬓云斜軃满，何婵娟也；雄凤雌凰迭舞，何殷勤也；锦衣玉食，何侈费也；佳人才子，嘲风咏月，何绸缪也；鸡舌含香，唾圆流玉，何溢度也；一双玉腕绾复绾，两只金莲颠倒颠，何猛也。既其乐矣，然乐极必悲生。

点评：

《肉蒲团》的描写、比喻过于平面化，缺乏纵深感。而谈到《金瓶梅》里的性描写，一般人也喜欢举"一个气喑眼瞪，好似牛吼柳影；一个言骄语涩，浑如莺转花间。一个耳畔许雨意云情，一个枕边说山盟海誓。百花园内，翻为快活排场；主母房中，变作行乐世界。霎时一滴驴精髓，倾在金莲玉体中。"

殊不知，这"牛吼柳影"、"莺转花间"漂亮是漂亮，却不如"一双玉腕绾复绾，两只金莲颠倒颠"更有嚼头。原来，按台湾学者柯基生的观点，这小脚解开时，压力突然消失，就会充血红润起来，男人一摩挲，更会膨胀。（参见柯基生《千年小脚与中国性文化》）

我一直认为《金瓶梅》不是淫秽之书，而是慈悲之书，理由是，《红楼梦》对贾宝玉和他的女儿国是赞美有加，对赵姨娘、贾琏、贾芹、晴雯嫂子则未免下笔太狠，完全是反面典型，丝毫没有生存挣扎和人性光辉，而《金瓶梅》里写各色人物的人性挣扎显然慈悲多了。金书的慈悲还体现在讽世方面，书中谢希大在丽春院讲过一个笑话：一妓院老板请泥水匠打地平，因为怠慢，泥水匠暗在阴沟内堵块砖头。等到下雨满地是水，老鸨慌请来泥水匠，招待给钱，泥水匠吃了酒悄悄取出砖头，水登时流尽。老鸨请教原因，泥水匠说："这病与你老人家的病一样，有钱便流，无钱不流。"

【中国现当代文学琅琊榜首：冯唐、王小波】

1. 冯唐《不二》

片段：略

点评：

冯唐尽管因为"金线"被人嘲笑，还因为翻译泰戈尔被人调侃"随便在一张纸上写个'窦'字就能看着开始手淫的境界"。但在写黄书方面确实有一手。瞧人家那魁梧的身材、浓眉大眼的，又是高才生又是国企高管又离婚，天生就是情人胚子，他就是为女粉丝生的。

2. 王小波《黄金时代》

片段：

这时陈清扬的呻吟就像泛滥的洪水，在屋里蔓延。我为此所惊，伏下身不动。可是她说，快，混蛋，还拧我的腿。等我"快"

了以后，阵阵震颤就像从地心传来。

点评：

王小波的有力竞争者首先是贾平凹，但我感觉老贾的性描写有两点不靠谱：一是，对性爱有股"破罐子破摔"的感觉，羼杂着文人的失落感，不美；二是，很多是其他文学作品里偷学来的，原创性不够……这"从地心传来"的想象力真是理科生的骄傲啊。但王小波的性描写好在有童趣的干净，缺点则是不如冯唐那样狂野肆意。

【女作家琅琊榜首：张爱玲】

张爱玲《小团圆》

片段：

他……别过头来吻她，像山的阴影，黑下来的天，直罩下来，额前垂着一绺子头发。他讲几句话又心不在焉的别过头来吻她一下，像只小兽在溪边顾盼着，时而低下头去啜口水。

点评：性描写一般都被认为是男性作家的拿手好戏，女作家比较羞涩，中国年纪大点的女作家尤其如此，比起池莉、铁凝、卫慧来，张爱玲对色彩、体型、动作、心理的描摹，无愧"文艺青年的祖师奶奶"的称号，也许是翻译的原因，西方女作家出色的情色描写我还没有看到。

【西方文学琅琊榜首：纳博科夫、劳伦斯】

1.纳博科夫《洛丽塔》

片段：

洛丽塔，我的生命之光，欲望之火，同时也是我的罪恶，我的灵魂。洛—丽—塔；舌尖得由上腭向下移动三次，到第三次再轻轻贴在牙齿上：洛—丽—塔。

点评：

这一开头太经典了。而且是翻译过来的文字哟，居然还有这种韵律和爆破力，真是惊天地泣鬼神的文字。

德里达在《书写与差异》一书里，把书写对言语的束缚和强制称之为"呼吸的焦虑"，他说注意不要有性细节的描写，含蓄的引用可以，尤其不要发挥！"呼吸自行中断以便回到自身，以便换气和回到它的第一源头。因为说话是要知道思想的自我离异以便得以说出和呈现。因而它要自我回收以便献出自己。这就是为什么从那些坚持最大限度地接近写作行为之源的真正作家的语言背后，能感觉到后撤以重新进入中断的言语的姿态。"三个"我的"，三次"舌尖移动"，然后叫出"洛—丽—塔"三字，这欲望之火在回旋往复中，显得缠绵悱恻、勾魂夺魄。

西方的情色唯美描写方面，劳伦斯《查泰莱夫人的情人》的也还可以，"他在她里面静止了一会，在那儿膨胀着，颤动着，当他开始抽动的时候，在骤然而不可抑止的征服欲里，她里面一种新奇的、惊心动魄的东西，在波动着醒了转来，波动着，波动着，波动着，好像轻柔的火焰的轻扑，轻柔得像毛羽样，向着光辉的顶点直奔，美妙地，美妙地，把她溶解，把她整个内部溶解了。……她躺在那儿呻吟着，无意识地声音含混地呻吟着，这声音从黝黑无边的夜里发了出来，这是生命！……"只是显得有些局促。

2. 米勒《北回归线》

片段：略

点评：

西方写性更大胆放肆的是萨德和米勒。

波德莱尔有句名言："法国大革命是一帮好淫者搞起来的。"这话当然是对大革命的大不敬，但领导大革命的政治人物里面确实有不少情色文学作家。比如，大革命最早的鼓动家，被称为"第一只雄鹰"的米拉波，至少写过四部情色小说；新闻家德穆兰翻译过情色小说；罗伯斯庇尔经常写艳情诗，献媚女人；雅各宾派的拉克洛写有一本反映上流社会性混乱的小说《危险的关系》；吉伦特派的卢伟是著名艳情小说《福布拉骑士的艳遇》的作者；而丹东跟妓女玛利昂的关系更是西方政治思想史上浓墨重彩的一章。（参见刘文荣《欧美情色文学史》，刘小枫《沉重的肉身》）

在法国大革命时期，最著名的情色作家当然是萨德。萨德不仅以写性虐作品而闻名，而且多次因为虐待妓女而坐牢。1784年萨德越狱未遂后被关押到巴士底狱，他在这里被关押了五年半。据说，1789年巴士底狱被攻前数日萨德向外面示威的人喊叫："他们在这里面杀被关的人！"可能他的这些叫喊导致了巴黎公众攻占巴士底狱。

1790年萨德在法国大革命中被释放。虽然他是贵族出身他参加了极端的雅各宾派，宣扬乌托邦的社会主义理想，但他拒绝交出他的家庭在普罗旺斯的宫殿和家庭财产。1793年他逐渐脱离了当时的政治主流，再次被捕并被判死刑。这次萨德被关押了一年多，但1794年7月28日罗伯斯庇尔被推翻后他逃脱了断头台。三个月后他被释放。1801年拿破仑上台后萨德因为写了《于斯丁娜》和《于丽埃特》未经审判被关押。1803年他被称疯狂再次被关入疯人院。1814年萨德侯爵逝于疯人院内，享年七十四岁。

萨德是一位离经叛道的思想家，没有人可以读完《索多玛120天》却不感到恶心，残缺的肢体、眼睛，被撕扯下来的指甲，道德的恐怖用以加剧痛苦的酷刑，在威逼利诱下杀死儿子的母亲，尖叫、鲜血、恶臭，一切都让我们厌恶，让我们窒息。他为什么要这样写？

按照我们常人的理解，个体的爱是色情的一个方面。没有肉体的拥抱，我们就无法想象爱，因为肉体的拥抱是爱的完满。反之，没有爱的肉欲一直是文学作品所鞭挞的。

但事情的吊诡在于，一个太过亲密、太过可爱的享乐之伴侣，时间久了又会让人厌烦，这也就是人们常说的"七年之痒"。反而，人在中年时的一些偷情却能满足情欲。更不可思议的是，比如电影《苹果》中的男主角，他女朋友被老板干了，为了心理平衡，他干了老板娘。因此，情欲快感很多时候与爱无关，却与恨、报复、新鲜、刺激等其他情愫有关。

所以，萨德认为，性欲对象只是牺牲品，而不是伴侣。"因为色情一旦把原则上的死亡冲动转化为一种共融，它就会缺乏潜能。和这方面剩余的生命类似，性的融合在根本上是一种妥协，是生的魅力和死的极端严酷之间唯一的权宜之计。只有打破限制它的融合并从中逃离，作为性欲之根本的紧迫，色情的真正暴力的本质，才能显现出来。"（参见巴塔耶《论萨德》）

或许还可以这样说，我们能接受的"情色描写"就好像是脱衣舞和三级片。脱衣舞其实就是一个情色文本，"一开始，许诺了一种秘密的破译（神秘的三角区），之后被延迟（脱一点又穿回一点），最后予以完成又躲闪（脱完后马上闪人留下余韵）。像叙事一样，脱衣舞服从一种'逻辑—时间性'秩序，这是一种进行建构的代码限制（最初不暴露性器官）。"（参见罗兰·巴尔特《萨德傅立叶 罗犹拉》）而在萨德那里，是没有脱衣舞的，身体立即被脱光，感官的快乐和毁灭如此紧密地联系着，我们把这种毁灭突然发作的时刻（它的高潮）称为"欲仙欲死"。所以，激发性行为的客体总与打破禁忌和规则（也就是某种混乱）有关。法国色情小说《轻佻的女缝工》里借妓女之口说："良家妇女要使自己迷人可爱，只有懂得模仿我们，使自己的品行带着邪气，举止透着点婊子味才行。"这就是"萨德主义"的诗意解读。

米勒显然继承了萨德"打破禁忌和规则"的传统。他说他的写作就是要"污蔑"、"诽谤"、"中伤"、"亵渎"、"侮辱"一切人们认为美好神圣的事物，尤其是使"女人低级化"。对于以"性话语"作为发泄，弗洛伊德在《诙谐及其无意识的关系》里有过很精辟的分析。他认为，黄色话语是用来满足男性讲述者和男性倾听者在女性缺失时的性想象，正是女人针对男人侵略行为的防御让男人更具侵略性，并产生性兴奋，"由于性攻击受到阻拦不能付诸行动，它暂停在兴奋的召唤阶段，并从女人身上表现出的征兆获得快感。"说白了，"男性无法真正掌握女性的性欲特征，因此面对女性而显得不知所措，因这种男女之别而变得焦虑，而色情写作正是表达这种焦虑感的一种应激性、代偿性话语。"（参见曼戈诺《欲望书写：色情文学话语分析》）

余话

什么是"色情"？为什么说它不是在表达情欲，而是在激发情欲？而且是一种违反社会主流价值观的情欲？它不能像"情色"

一样给人审美愉悦和心灵安抚？

可在研究萨德、米勒的研究者看来，那些"色情"描写并没有激发他们邪恶的情欲啊！而在"禁欲"的时代，却有不少人因为看苏联芭蕾舞剧《天鹅湖》而下面膨胀翘起。在 1990 年代，又有多少 80 后偷偷爱上了《乌龙山剿匪记》里的漂亮女特务"四丫头"，想入非非呢？

可见，什么作品能勾引起情欲，不一定是作品本身的问题，也不一定是读者的问题，而有可能是情境问题。既然阅读是作者、读者以及情境共同完成的，那严格地区分"色情"与"情色"就有了相当的困难。

李银河曾引述尼采的分析，说基督教为什么提倡反性禁欲，就是因为这样可以把被管理的个体的生理冲动贬低为"坏事"和"罪恶"，使得每一个人都有了原罪，需要自我批判和忏悔，这样就让管制和惩戒具有天然的、不容抗争的合理性，从而便于统治。中国禁欲年代的年轻人，恰恰是从女特务身上懂得了烫发、口红、旗袍、胸针、高跟鞋，也从女特务的一坐一坐、一顾一盼、一颦一笑、一嗔一喜中，懂得了什么叫"仪态万方"、"闭月羞花"、"倾城倾国"、"国色天香"……学者王彬彬说："这是人性的胜利。"（参见《禁欲时代的情色——"红色电影"中的女特务形象》）

对于"色情主义"这种解放功效，《艾玛虞尔》的作者说得更是流光溢彩——色情主义的实质是"以什么方式来达到性快乐"，是要有"美学标准"；审美是人与禽兽区分的标志，它不是在已成的事实中坐享其成，而是要求"挑战、努力、勇往直前"才能获取；因此，色情主义"不是抄袭传统与习俗的纯净"，而"有一种勇敢的精神，它嘲弄愚蠢和怯弱"；色情主义是人性的正常延续发展，它反对性事上的一切反诗意的世俗成分与世俗方式：正统主义、对禁令和规矩的盲从、对想象力的仇视、拒绝新鲜事物、妒忌、羞耻等；色情主义是以人的肉体为对象的艺术，是性事的艺术，色情的行为要求有这些品质：想象力、幽默感、鉴赏力、美学上的直感、思想的严密、坚定、信念和组织才干；不能说色情主义是道德的对立面，世俗的道德是"那些令人异化、从属、成为奴隶、太监、修行者或小丑的东西"。真正的道德是使人成之为人的东西，因而，色情主义是真正的道德。像印度穆里亚人的风俗那样奉行色情主义精神，将可以形成新的社会秩序，可以消除性事上的妒忌、私有观念、排他倾向以及由此而来的暴力行为。（参见柳鸣九《法兰西风月谈》）

《艾玛虞尔》作者的话或许夸张了，但可以肯定的是，能遏制"色情"泛滥的办法不是管制和规训，而是开放、多元和包容，以及由此建立的影视文学分级制。想想北欧国家放开 A 片后性犯罪率下降，再想想网友称苍老师"德艺双馨"，不也挺好吗？

左手冯唐，右手余秀华

　　把冯唐与余秀华放一起，很多人会诧异。确实，一个是脑门油亮、医学博士、前国企老总、女粉丝排队、正处于人生"一柱擎天"阶段的京城风流俏文人，一个是脑瘫、歪嘴、驼背、与老公不和、走起路来还摇摇晃晃"如瘪了一只胎的汽车"的湖北乡下女诗人，他们能有什么关联呢？

　　关联当然是文学。文学是什么？冯唐说得好，"作家是巫师，身心像底片一样摊在时间和空间里，等待对人类经验的感光。"我最近读冯唐与余秀华的作品，就发现他们让我"感光"的部分具有互文性。所谓"互文"，就是上下两句或一句话中的两个部分，看似各说两件事，实则是互相呼应，互相阐发，互相补充，说的是一件事。

　　先说冯唐，他文采好，这是事实，比如，"周树人的文字，凌厉如青铜器，周作人的文字，内敛如定窑瓷器。""张爱玲的文字如珠玉盆景，沈从文的文字如明月流水，川端康成的文字如青花素瓷，亨利·米勒的文字如香槟开瓶。"这比喻玉洁冰清，我就点赞过很多次。但冯唐的文字更多的是如"精液阴冷润滑，像是死神的口水"这种荷尔蒙分泌物，就喜忧参半了。什么是好的文学语言？我是服膺俄国文艺家什克洛夫斯基、罗曼·雅各布森的陌生化理论，"艺术之所以存在，就是为使人恢复对生活的感觉，就是为使人感受事物，使石头显出石头的质感。""陌生化就是力求运用新鲜的语言或奇异的语言，去破除这种自动化语言的壁垒，给读者带来新奇的阅读体验。"这其实也就是亚里士多德所说的"惊奇"。如何才能达到陌生化效果呢？宏观上都可划为两个层次：一是词语层次的陌生化，这是"术"，比如余光中"凄凉的胡琴拉长了下午"；二是结构层次的陌生化，这是"道"，比如，卞之琳的《断章》，前面的"你站在桥上看风景，看风景人在楼上看你"很平淡，到"明月装饰了你的窗子"开始词语陌生化，到"你装饰了别人的梦"就整个结构都有了陌生化效果，诗歌便盎然起来。

以这理论来看，冯唐作品的蹩脚就明显了，就说他朋友路金波推崇的"我想，这时候，如果我伸出食指去接触她的指尖，就会看见闪电。如果吐一口唾沫，地上就会长出七色花；如果横刀立马，就地野合，她会怀上孔子。"想象力和肺活量跟余光中写李白的"绣口一吐，就半个盛唐"可媲美，但比起同是70后作家王怡的"如果说刘先生是一场洪水猛兽，那我们就是洪水猛兽过后的石子"，则又显得气局不够大。再比如，冯唐在《大好》一文里写一位送玉给自己的老哥们："我说：'你手术之后，过一阵要去复查，再做个活检。'你说：'绝不。手术放了一个引流管，后来找不到了，又打开伤口找，后来找到了，但是不是原来放的那根，再后来又打开找，最后似乎终于找到了。我再也不做手术了。人终有一死，要死，就要死得有点样儿。'我看着你胖出两圈的左脸，听着你的描述，想起了几双筷子在一个麻辣火锅里捞。"这"想起了几双筷子在一个麻辣火锅里捞"恶趣味且不说，跟鲁迅的"我自己觉得我的记忆好像被刀刮过了的鱼鳞，有些还留在身体上，有些是掉在水里了，将水一搅，有几片还会翻腾，闪烁，然而中间混着血丝"想象力和人道温情都差远了吧？甚至跟他自己推崇的王朝比也有明显距离，"冬天天冷，大雪封山，一出门就是一溜脚印，跟踪别人经常被人家反跟踪，搞不好就被人家抄了窝子堵着山洞像守着冰箱一样样吃。"（王朔《致女儿书》）

同样用这把尺子量下余秀华如何？余秀华跟鲁迅王朔自然也不在一个数量级，跟冯唐倒可一比。对那些认为余秀华"火"仅仅是因为她"脑瘫"引起同情的人来说，只能用作品粉碎他们的偏见。冯唐自述文学努力，"写诗第一，小说第二，杂文第三。"咱就看他流传最广的这首："我们是世人最好的朋友／我们是世人最差的情人／我们彼此相爱／就是为民除害"。且不说没有叙述转身、没有中断回旋、平面拓深这些技巧，单说意象，也是平平无奇，因为周处除三害的故事大家太熟悉了。而看下余秀华的诗，"手腕上的刀疤，月光照着会疼""我还活着……／如一片摇摇晃晃的银杏树叶子／为雨水指出河流的方向""爱雨水之前，大地细小的裂缝／也爱母亲晚年掉下的第一颗牙齿""母亲蹲进麦子地的时候，只看到她的几缕头发／仿佛百年以后，她坟头的草在静止"这些意象的"惊奇"，相信即使从来没碰过诗的人都会感动。

明眼人不难发现，余秀华的诗歌意象多是身边熟悉的动植物。这涉及"古典诗歌"复苏的问题，北京师范大学教授张柠认为，"人与自然之间的和谐对话关系，是古典诗意和抒情性的基础。当古人感觉到自己依然活在自然之中，像一株从泥土中生长出来的树一样（生），并产生一种回归泥土的潜意识冲动（死）的时候，感恩之心和高声吟诵的愿望油然而生。""在动植物身上可以感受到人性，在人身上可以看到植物性和动物性。这本身就是原初的诗，只要将它直接铺陈出来就行。"但张教授也认为，"现代世界是一个陌生化的世界，现代性的起点就是'一切坚固的东西都烟消云散了'，陌生的事物、场景和人际关系，陌生的（个人化的）

行为方式、思维习惯、审美趣味，是现代性的产儿。抒情的整体性，包括抒情主体（人）和抒情对象（外部世界）整体性的破碎，导致古典抒情的受阻，也导致古典诗意的消亡。"所以，诗歌也需要现代化。可在我看来，这一过程没有这么玄，甚至可以说，"诗体解放"从唐诗到宋词的转变开始就一直进行着，未必需要经过所谓"古典"到"现代"的"断裂"。

相比宋词，唐诗更讲究韵律和对仗，也就更能表现情怀气韵，比如杜甫的"却看妻子愁何在，漫卷诗书喜欲狂"。再悲的事，被唐诗的韵律一美化、宇宙意识一升华，悲剧感就不如宋人瓷实了，比如苏东坡就有"夜饮东坡醒复醉，归来仿佛三更。家童鼻息已雷鸣，敲门都不应，倚杖听江声"。还有人认为，在写中秋的诗词里，王建的"中庭地白树栖鸦，冷露无声湿桂花。今夜月明人尽望，不知秋思落谁家？"要比苏东坡的"明月几时有，把酒问青天……"强，我也承认，王诗的心理白描水平直追卡夫卡，意象更奇崛。但想来想去，苏词更经典，恐怕也与宋词韵律更自由、意象更亲民、情感更普适有关。

余秀华的诗歌，首先是复活了古典诗歌的意象。她写母亲："……她痴呆的女儿在田埂上嘿嘿地笑／口水湿了衣服／把她嫁出去的梦破灭许多年了／她一抬头／女儿的一根白头发绊了她一跤"。她写父亲："第二次，他把它举到了齐腰的高度／滑了下去／他骂骂咧咧，说去年都能举到肩上／过了一年就不行了？／／第三次，我和他一起把一包麦子放到他肩上／我说：爸，你一根白头发都没有／举不起一包小麦／是骗人呢／／其实我知道，父亲到九十岁也不会有白发／他有残疾的女儿，要高考的孙子／他有白头发／也不敢生出来啊"。这意境与辛弃疾的"醉里吴音相媚好，白发谁家翁媪。大儿锄豆溪东，中儿正织鸡笼。最喜小儿无赖，溪头卧剥莲蓬"有一拼。

更可贵的是，余秀华并不像 80 年代的田园诗人那样赞美农村、诅咒城市。农村 / 城市，古典 / 现代，在她的诗歌里是没有边界的，她也不会发出遗老遗少般的慨叹。所以，她写爱情婚姻才会有这样明亮的诗句："如果给你寄一本书，我不会寄给你诗歌 / 我要给你一本关于植物的书，关于庄稼的 / 告诉你稻子和稗子的区别 / 告诉你一棵稗子提心吊胆的 / 春天""他揪着我的头发，把我往墙上磕的时候 / 小巫不停地摇着尾巴 / 对于一个不怕疼的人，他无能为力"。她的诗歌意象是古典的，但个体意识是现代的。在她的诗歌里，"古典"与"现代"的耦合相当自然，就好像是扁担挑着箩筐、斧头带着柄、茶壶配着盖子。

当然，余秀华的诗也不是都好，从用词的准确、词汇的丰富、意象的繁复程度看，她还有很大的提升空间，捧杀她是不合适的。相比起来，冯唐确实给人带来更多阅读快感，比如，你拉便便时要是读到"我的中学体育老师有痔疮，持续疼痛，脸上常常露出思考人生的痛苦表情，犯病严重的时候，他脸上的表情仿佛刚看了一宿《作为意志和表象的世界》和《佛教逻辑》"，一定会笑得膀胱颤抖；你被恐龙女强吻后读到"我曾经坚信，每个成年男子胯下都骑着一只中型恐龙，每个彪悍女性胯下都藏着一个国民党的渣滓洞"，一定会心花朵朵开；你在陌陌约会不时地把"春水初生 / 春林初盛 / 春风十里 / 不如你"发给美女，美女说不定就赴你的局啦。但余秀华为什么会比才子作家冯唐更感人呢？是因为冯唐太优秀太顺被因于自身欲望，被荷尔蒙驱动着有些疯狂？还是因为余秀华基于弱小无力而展现的"白"具有亲和力、能慰藉更多的芸芸众生？余秀华即使有时候像个泼妇，那也是以拖着强者在泥田里一起滚的方式战胜外部的恐惧而已，不像海子是想通过诗歌想象的天梯上天堂。

余秀华还是湖北省象棋队队员，下象棋的人都逻辑思维较好，所以，接受采访时的余秀华尽管走路是摇摇晃晃的，眼镜是斜的，嘴巴是歪的，但逻辑思维却相当清晰，应答常带机锋。那神态总让我想起八大山人画的鱼——白眼向青天，愤懑中有孤独，泼辣下有隐痛，倔强里有慈悲，太酷了。

冬季在广州看梵高

广州今年的冬季比以往要冷，先是"粤犬吠雪"被打脸，之后又是连绵阴雨下得人心里发毛。好在上周五（1月29日）放晴一天，我便逮住这机会去观摩了广州大剧院的"梵高时代·幻影艺术展"。

我并非美术专业人士，从小也没受过像样的美术熏陶，对画展瞎起什么劲，附庸风雅吗？是有一点，但更多的还是满足好奇吧。

高一时，读到余光中的诗"这天空，多么的希腊"，惊艳极了！希腊表征着蓝色海洋文明，名词当形容词用，比直接说"这天空，多么的蓝啊"意境深远多了。

高二时，又读到张爱玲的《红玫瑰与白玫瑰》，"也许每一个男子全都有过这样的两个女人，至少两个。娶了红玫瑰，久而久之，红的变了墙上的一抹蚊子血，白的还是'床前明月光'；娶了白玫瑰，白的便是衣服上沾的一粒饭黏子，红的却是心口上一颗朱砂痣。"同样的红或白，却因意象不同传达出别样的感情，让人拍案叫绝。

可到了高三，因为忙着高考，我对色彩的好奇就戛然而止了。大学上的是历史系，关心的是"历史演变和社会发展"之类宏观问题，读的多是黄仁宇、哈耶克、福柯，很少涉及文学艺术。

这种偏"冷"或"硬"的阅读状况直到近年才被打破。人过三十后，从宏观认知世界（规律、本质）的野心开始萎缩，就好像中国经济几十年高速增长后开始降速保质。再加上结婚生子后，董桥所说的中年尴尬和自嘲便油然而生，"中年的故事是那只扑空的精子的故事：那只精子日夜在精囊里跳跳蹦蹦锻炼身体，说是将来好抢先结成健康的胖娃娃；有一天，精囊里一阵滚热，千万只精子争先恐后往闸口奔过去，突然间，抢在前头的那只壮精子转身往回跑，大家莫名其妙问他干嘛不抢着去投胎？那只壮精子喘着气说：'抢个屁！他在自渎！'"（董桥《中年是杯下午茶》）因此，补些书法、文学、音乐、绘画方面偏"暖"或"软"的知识，提升自己的审美和情趣，是有利于缓解人生焦虑的。

比如，前不久读徐冰的《我的真文字》一书，他文笔平平，但艺术家的直觉还是挺敏锐的！一般人看齐白石画册总喜欢围着虾、螳螂等工笔花鸟水物，边看边赞叹，徐冰却被《白菜辣椒图》里红得不能再红的辣椒吸引了，"什么人能把辣椒看得这么红？只有那种对生活热爱至深，天真、善意的眼睛才能看到。我好像看到了白石老人艺术的秘密：他为什么可以是在艺术上少见的、越老画得越好的人？因为，他越到晚年对生活越依恋，他舍不得离开，对任何一件身边之物都是那么爱惜。万物皆有灵，他与它们莫逆相交了一辈子，他们之间是平等的，一切都是那么值得尊重与感激。他晚年的画，既有像是第一次看到红辣椒的感觉，又有像是最后再看一眼的不舍之情。爱之热烈是恨不得能把一切都看在眼里带走的。这是超越笔墨技法的。"

齐白石"衰年变法"后，色彩是运用得不错了。但在我看来，中国画里的首要魅力还是线条，古代的"吴带当风"不用说，就以齐白石最著名的虾来说，神乎其技的不也就在虾须的"直中有曲，乱中有序，似柔实刚，似动非动"吗？即使是结合了西方画法的吴冠中，也是以"春蚕吐丝"独步天下，他的老朋友熊秉明说吴冠中巅峰时期的水墨画："绘画元素约减到只有两个：线和点；缭绕与泼洒；一往情深的长，罗织着淅淅沥沥的短。江南与北国，水乡与大漠愈不可分。""总之是笔毫一旦接触纸面，便恋住，依依不去，因为纸面即是故土的地面，惹起牵肠挂肚的乡思，苦苦地东寻西找，山长水迢地迈行。"（参见何冰编《论吴冠中》）

那西方绘画的首要魅力是什么呢？当然是色彩，而梵高无疑是将色彩表达得最绚烂、最刺激、也最有创造性的画家。这次展出的虽然不是真迹（真迹哪会轻易展出），甚至不是复制品，只是影像投影而已，但我还是心痒痒于梵高的色浪冲击，毫不犹豫掏100元买票进去了。

进去后，我发现人不少，还有几波美术老师带着小学生们在观摩，气氛算可以。里面总共分了三个展区：第一展区是"信件"，没什么好看的，倒是梵高的签名跟八大山人的落款一样，有点酷；第二展区是"与印象派遭遇"，大概是1886—1888年梵高在巴黎受印象派影响时的作品；第三展区是"阿尔勒：与光和色彩的相遇"，是1888年以后梵高形成自己鲜明个性后的作品。

这样分类原本问题不大，但主办方的几处布置让人大跌眼镜。一是，《星空》是梵高数一数二的作品，多少粉丝想感受下大屏幕《星空》，可在第三展区却只用中屏放映。二是，《梵高的椅子》和《高更的椅子》是梵高在阿尔勒期间的作品，却分到了第二展区，说明主办方基本功课没做足。

更不可理喻的是，这两把"椅子"对理解梵高相当重要，应全图展出，可屏幕中播放的却只有凳面，凳腿基本被截去，凳子的造型和整体的观感就瞎了，简直暴殄天物。

梵高出生于荷兰新教牧师家庭，从小孤僻顽劣，成年后又谋生困难，家人一直把他视为累赘。他非常想通过什么事情证明自己的价值，经商不成，考神学院不成，后来就寄望于绘画了。可梵高并没有受过美术专业训练，他是自学摸索，加上混迹于艺术品交易圈，认识了一些画家，才走上绘画道路。1888年，在弟弟提奥赞助下，梵高在法国南部的阿尔勒买了一幢红房子，他希望把这里建成"中央高原的艺术家基地"，因此，他近乎奉承地邀请已崭露头角的印象派画家高更来这。我们现在看到的《向日葵》，就是梵高等待高到来，为装饰房子而画的。

但两头艺术刺猬怎么和睦共处呢？高更出生于银行家家庭，先是股票经纪人，生意失败后才转作专业画家。由于出身、经历、艺术观念的不同，梵高与他的矛盾越来越大，两把"椅子"就象征着他们的差异。

我们看《梵高的椅子》，画面主色调是明黄色，结实中透着粗糙，朴素里凸显简陋，那十字拼接的棉布垫、简朴的木地板、凄清无助的烟斗，就像梵高本人，出身偏底层，经历坎坷，自卑，羞怯，却有些许自傲，以及孤寂又不买账的气质。再看《高更的椅子》，整个画面充满绚丽的亮光，红地毯上金点斑斓，绿色壁纸的墙面亮着黄灿灿的壁灯，红木质地的椅子是华美的巴洛克造型——多弯曲，多弧线，恍若一个正在旋舞的贵妇或花花公子。（王樽《人间烟火》里的比较挺好，但不够准确）

高更出身好，艺术事业比梵高成功也就算了，这家伙还体格健美，一到阿尔勒，就骗到了某咖啡馆的老板娘。要知道，这位美丽的老板娘可是梵高的"女神"，梵高平日自卑得不敢接近。即使在妓院，梵高也经常受挫，高更的情场得意让他的心理阴影面积日益扩大。

更让梵高受伤的是，高更在艺术观点上处处打击他。梵高喜欢油画，高更喜欢素描；梵高自己动手磨制颜料，高更则专门叫人从巴黎寄来颜料；梵高信奉灵光闪现，喜欢大刀阔斧，浓墨重彩，高更则喜欢在宁静中用细致的笔触勾勒平面；梵高大胆使用马赛克色块，高更则调停线条和色彩，笔触柔和；梵高推崇激情四射的颜料堆砌大师蒙提切利，高更则嫌其草率，推崇塞尚沉静而理智的描绘；即使共同欣赏的艺术家，两人也会产生分歧，梵高重伦勃朗情绪化的画风和深刻的内涵，高更则仰慕他精巧的形式。

梵高为了利用高更这面旗帜曾短暂屈从，但即使在沉迷于高更夏凡那式的画法和德加式的轮廓时，他内心还是依恋着杜米埃尔的讽刺手法和蒙提切利的镶嵌画法，而《梵高的椅子》和《高更的椅子》就是梵高郁闷中的抵抗，他用高更曾拒绝的颜色描绘这美丽的轮廓——给胡桃木椅上橘蓝色，给地板上红色，给墙壁上发涩的深绿色。以谦卑的质朴对抗艳丽的典雅；米勒式的坚固架构对照德加式的松散线条；中央高原的太阳呼应咖啡馆的煤气灯；黄蓝的安抚力量匹敌红绿的净化力量。

塞尚曾说，"一幅画甚至在画中包含景色的气味。"梅洛-庞蒂解释说，"如果在艺术作品中，颜色确确实实再现了事物，那么颜色在事物中的布局就自动指着它对其他感官的询问给出的回答，如果一种事物没有如此这般的形状、触觉性质、音色、气味，它就不会有这种颜色。"（参见《知觉现象学》）换句话说，作为视觉材料的颜色是一种自我诉说的"语言"，这种"语言"之于我们不是一种知性意义，而是我们身体的关联物，关联着感官愉悦。

在对色彩的理解上，梵高倒与塞尚一致，他认为，正确的色彩混合能激发所有的人类感情。如果说色彩是他的音乐，那画笔就是他的乐器：从玻璃色的"愤怒"到平衡色调的"绝对正确性"；从红色与绿色的"激情"到淡紫与黄色"柔和的安慰"；从厚涂法的"痛"到点彩的"狂喜"；从均匀油彩的"庄重"到放射状笔触的"崇高"。他是在"冲突与对比"中"用色彩说出象征性语言"，"强有力地表达自己"。（参见奈菲等著《梵高传》）

如果说"椅子"还只是防守，那《星空》就是梵高的色彩绝唱。说实话，"向日葵"的热情我尽管喜欢，但色彩过于单调；《麦田上的乌鸦》有"冲突与对比"，但毕竟是他在精神病院的作品，过于沉郁、压抑。《星空》则不然，以金色和蓝色为主。"蓝色"是唯一可以让万物静下来的颜色，代表天空和大海，是静默的吸收，以及忧郁、感伤、乡愁和思考；"金色"则代表能量和权力，是热情的辐射，以及成熟、堕落与毁灭。这两种剧烈对抗的颜色被冲动的梵高一再使用，它们之间的对话是金与蓝的交融，将人生的不安推向了最高处。可以说，梵高的一生就是这两种颜色摩擦的一生。

有人说，梵高身上有一种北欧人追求绝对的倾向，"除了梵高，与他具有同一纬度的艺术家都具有'阴郁里追求热烈'的特点，也只有在那么一个纬度，对'神圣'的渴望才可能是俄罗斯式的'忧郁'以及克尔凯郭尔的'消沉'。"（参见贾晓伟《视觉的人质》）梵高有宗教追求不假，他身上确实没有放浪形骸者常有的快意。即使嫖妓，他很多时候也是因为孤独，所以，他的一生就像是强大磁场中的指南针，向着北极，却剧烈摆动、战栗不安。

但"阴郁里追求热烈"也并非北欧国家所独有吧？应该说，很多经历坎坷的艺术家的作品都有这种美学特征，比如苏轼的"破灶烧湿苇"，八大山人的"湿絮之遏火"，周作人的"灰烬下的余温"……

回来后，我感觉意犹未尽，于是，把译林出版社新引进的《梵高传》啃完了。九十万字，三天读完，我感觉自己都快疯了！艾略特在《四个四重奏》里说，读书要求读者置于"旋转世界的静止点上"。或许只有这种"专注"和"投入"，才能真切感受到梵高《星空》的旋转吧？

《红楼梦》的"正典效应"

就好比古典中国的读书人绕不开《易经》一样，现代中国的读书人是避不开《红楼梦》的。所以，自王国维发表《〈红楼梦〉评论》以来，中国现代各路"文化豪杰"在学有所成后都会于"红学"里一试身手，似乎不露一手就不足以显示自己的中国学问如何了得。也正是在这种意义上，《红楼梦》产生了一种"正典效应"。

"正典"（canon）一词分别译自希腊文和希伯来文，意谓"量尺"或"量杆"。这表明正典是一系列在信仰和教义上具有绝对权威的书卷，可以用来比较和衡量其他的著作或教导（决定它们是否正确）。所以，如果说莎士比亚是西方正典的核心，那么，《红楼梦》则是中国正典的核心。

这本《沉酣一梦终须醒》辑录的都是现代文化名人研读《红楼梦》的文章，编者加的副标题是"大师眼中的石头记"，但我认为，作者中除了王国维、胡适、鲁迅、蔡元培能称得上"大师"，其余的人都是不配的；而从各家的文章来看，大家说的主要还是一百二十回本的《红楼梦》，而不是八十回本的《石头记》，所以编辑此举实在是画蛇添足。这个选本如果实在要说有什么好处，那就是它为人们展示了一个多领域、多视角和多方法研读《红楼梦》的文本，通过这一文本，我们可以切身感受到《红楼梦》的"正典效应"。

该书前面辑录的是王国维、胡适、鲁迅、蔡元培四位大师的"红学"文章。王国维的《〈红楼梦〉评论》用德国哲学家叔本华的"悲剧哲学"来评论《红楼梦》，得出《红楼梦》是悲剧中的悲剧"的结论，开创了"红学"史上的小说批评派；蔡元培的《〈石头记〉索隐》，则以《石头记》的内容情节和人物作为主轴，作了周密的实证和评论，得出了"《石头记》之为政治小说"的结论，重新树起了"红学"索隐派的大旗；胡适不满索隐派"猜笨谜"的方法，对曹雪芹的身世、《红楼梦》的版本进行考证和比较研究，开创了现代"红学"势力最大的"考证派"。而鲁迅则在《中国小说史略》中对胡适小说考证特别是《红楼梦》考证的大段引用，可说是完全赞同，这在本书收录的《清之人情小说》里也有体现。总之，上述文章因为作者本身的"大师"头衔早已家喻户晓，没什么好说的，倒是其他作者的文章或启人疑窦，或引人深思，或耐人寻味，或别有洞天，值得一叙。

　　比如说，启功先生既是当代著名的书画大家，又是清朝皇族后裔，所以他对《红楼梦》里的北京俗语、服饰形状、器皿的用途、官制以及社会关系，都有惊人的洞见。在为北京师范大学出版社《红楼梦》（校注本）所作"序言"里（作于1979年秋，收入本书时篇名改为《读〈红楼梦〉需要注意的八个问题》），他认为："薛宝钗终于做了宝玉的配偶，这固然有悲剧故事情节的必要安排，也实有封建家庭的生活背景。黛玉是贾母的外孙女，宝钗是王夫人姐姐的女儿。封建家庭中，祖父祖母尽管是最高权威人物，但对'隔辈人'的婚姻，究竟要尊重孙子的父母的意见，尤其他母亲的意见，因为婆媳的关系是最要紧的。贾母爱孙子宝玉，当然也爱外孙女黛玉，何况黛玉父母已死，贾母对她的怜爱，不言而喻会更多些。如果勉强把她嫁给宝玉，自己死了以后，黛玉的命运还要操之于王夫人之手，贾母又何敢鲁莽从事呢？宝玉的婚姻既由王夫人做主，那么宝钗中选，自然是必然的结果。这可以近代史中一事为例：慈禧太后找继承人，在她妹妹家中选择，还延续到下一代。这种关系之强而且固，不是非常明显的吗？另外从前习惯'中表不婚'，尤其是姑姑、舅舅的子女不婚。如果姑姑的女儿嫁给舅舅的儿子，叫做'骨血还家'，更犯大忌。血缘太近的人结婚，'其生不蕃'，这本是古代人从经验得来的结论，一直在民间流传着。本书的作者赋予书中的情节，又岂能例外！"这个从民间习俗的角度对宝黛爱情悲剧的解释迥异于以往从社会学或者政治学的视角作出的解释，让我们感受到一种切近真实的喜悦。

再比如说，唐德刚先生是历史学家，他在红学方面的两篇重要文章分别是《曹雪芹的"文化冲突"》和《海外读红楼》，前文的主要观点是，满人天足，痛恨缠足，入关百年后，满人已大半汉化，然缠足一项，以其太痛苦、太野蛮，而不能接受，所以作为旗人的曹雪芹因为心里的"文化冲突"无法处理，也就只好让《红楼梦》诸钗都不露脚，这样既能保持诸钗的美感，也不至于犯众怒。而后文则在前文的基础上，进一步认为，文化冲突不限于满、汉两族，亦有古今时限之区别。由此引出运用"社会科学处理之方法"的必要，强调戏曲、小说的发展离不开社会经济的"供需律"，这一点中外皆然，否则如"一味以文论文，则未有不缘木求鱼者也"。总之，唐德刚认为，我国明清以来白话小说得到发展，是社会经济发展的必然结果，包括"听的小说"向"看的小说"转变，也是南宋以还城镇步入都市化之所致，而《红楼梦》则是这一转变过程的定型之作，是中国小说走向现代化文学的一部巨著，"其格调之高亦不在同时西方，乃至现代西方任何小说之下"。

唐先生提出《红楼梦》是由"听的小说"向"看的小说"转变的定型，这一观点与作家端木蕻良不谋而合。端木蕻良在《我看〈红楼梦〉》中认为："我国第一部诉诸视觉的长篇小说，是《红楼梦》。"其意思是，红楼之前的中国小说，如《三国》《水浒》等，大抵是用来听的。无论是章回的形式，还是写的方法，都适合给说书人做底本。《金瓶梅》对写人情细事有所发展，但标明"词话"，还是说唱文字的继续。唯独《红楼梦》画面感、立体感极强，读之好像置身在全景电影中一般。历史学家的识见与作家的感悟居然如此契合，这说明《红楼梦》承载的民族历史经验和文化内涵是极为丰富的。

除此之外，精彩的地方还有民俗学家邓云乡对"打醮"的解释，周绍良先生对一百二十回本《红楼梦》的坚持，高阳先生对曹雪芹创作的心理状态的揣摩……

在这些方家的研读点缀中，《红楼梦》就像是一座"小径分岔的花园"，从内在的命意来说，"经学家看见《易》，道学家看见淫，才子看见缠绵，革命家看见排满，流言家看见宫闱秘事"；而从外在的研读来看，可以是民俗学的深描，社会学的阐释，历史学的鸟瞰，文学家的感悟，以及小说家的遐想。在这里，研读的无限可能性其实也就是我们生活的无限可能性，"正典"通过人们获得新的命意，人们通过正典调校自己，这就是"正典效应"。

初读萧红

　　国庆值班，哪里也没去玩，刚好把萧红的两本代表作读完了。为什么现在才读萧红？我一度确实是文学青年，就是高一那年，还当了学校的文学社长，文学兴趣是从读三毛、鲁迅、李敖、柏杨、路遥开始的，但由于个人兴趣，我的阅读很快偏向了历史思想类，对感发类的文学书籍兴趣索然，所以，我至今除《简·爱》等几本外，像《了不起的盖茨比》、《麦田的守望者》、《红与黑》等名著大多没读过。国内的小说也只读过鲁迅和沈从文的，连张爱玲的很多小说都没读。

　　近两年，心理需求似乎有了变化，以前吧，觉得文学书无助于解答现实困惑，比如某党是怎么成长壮大的？股市是怎么回事？美国民主怎么发展起来的？甲午海战为什么失败？也就很鄙视文学。可现在读"问题与主义"类的书多了，感觉很多理论解释不过瘾，不管怎么解释，都与我的现实感受有差距。怎么办？读史？可一个已死的过去能启迪活生生的当下吗？

　　尤其是这人一旦过了三十岁，就开始感觉中年来了，中年是什么？董桥说得妙，"中年是只想吻女人额头，不想吻女人嘴唇的年龄"，这些微妙的心理变化，历史、哲学是把它们当余数清除的，只有文学会在乎你的感受，而好的文学则会跟着你的感受一起感受，甚至能复活你钙化的记忆，使你的心性变得敏感丰富。基于这种原因，我又开始阅读文学了，尤其是小说。于是，从《白鹿原》《废都》到王朔、莫言，再到张爱玲、萧红，以后还有诗词，还有卡夫卡。文学真的很重要……

一、《生死场》

我一直就认为，《金瓶梅》比《红楼梦》更全面深刻，更严厉，也更慈悲。同理，萧红的《生死场》好就好在看到了"文明"以下的生存挣扎和爱欲冲动，她没有太太小姐的鄙夷，也没有启蒙者的居高临下，而是跟污垢世界里的人一起疼痛，这种疼痛经验诉诸文字就像是柴火米锅烧出的喷香锅巴。

麻面婆听说自己家的羊丢了，就去柴堆里找，"她为着要作出一点奇迹，今后要人看重她。表明她不傻，表明她的智慧是在必要的时节出现，于是像狗在柴堆上要得疲乏了！手在扒着发间的草杆，她坐下来。她意外的感到自己的聪明不够用，她意外的对自己失望。"这就写活了污垢世界的人对人的尊严的追求。

鲁迅写闰土，两人小时候亲密无间，长大后，闰土却毕恭毕敬地叫鲁迅"老爷"，鲁迅感觉悲哀，这已经算很有同情心的知识分子了。但鲁迅的这种同情毕竟还是启蒙知识分子本位的，在鲁迅意识里有个国民性乌托邦在支撑他的启蒙批判。而萧红才是真正体味到底层的况味，从他们的视角感知"说出"世界。

《红楼梦》也是一样，对贾宝玉和他的女儿国是赞美有加，对赵姨娘、贾琏、贾芹、晴雯嫂子则未免下笔太狠，完全是反面典型，丝毫没有生存挣扎和人性光辉，这不符合弗洛伊德以后的人性观，也不真实。相比起来，金庸古龙小说里的反面人物（多是因为某种感情创伤走入邪道）倒科学多了，人性多了。

《生死场》的语言虽然比沈从文、巴金、茅盾有才华，但跟鲁迅、张爱玲比还是有差距，但正因为其语言的粗野，反而她在描摹人物心理时有了意识流的梦幻感。

当年杨沫在《青春之歌》里将自己刻画为冲破旧世界、寻找真理的林道静，将前夫张中行刻画成自私冷血的余永泽。结果怎样？经过"文革"的戏弄，张中行的个体自由主义愈发显示出人性温情，倒是杨沫"革命压倒一切"的歇斯底里被儿女指责为自私。所以，《青春之歌》描摹的人性是片面虚假的，就不是好的文学。

二、《呼兰河传》

写《呼兰河传》的萧红，无论语言还是技法，都已炉火纯青。"所以没有人看见过做扎彩匠的活着的时候为他自己糊一座阴宅，大概他不怎么相信阴间。假如有了阴间，到那时候他再开扎彩铺，怕又要租人家的房子了。"前面是女性作者的"细致的观察"，最后一句是"越轨的笔致"，鲁迅的艺术直觉相当靠谱。

《文心雕龙》说："登山则情满于山，观海则意溢于海。"可为何写景最有名的偏是王勃"落霞与孤鹜齐飞，秋水共长天一色"呢？读完萧红《呼兰河传》，我若有所悟，《文心雕龙》和郭沫若等启蒙作家张扬人的主体性，景只是人的附庸，自然好看不了；而王勃萧红是人与物分开，显示同等独立价值，景就活出了尊严。

《呼兰河传》一开头是："严冬一封锁了大地的时候，则大地满地裂着口。从南到北，从东到西……它们毫无方向地，便随时随地，只要严冬一到，大地就裂开口了。"一般作者会把严冬、大地开裂隐喻为"艰难的时代"、"严酷的心情"，萧红却让景物兀自呈现，就像阿凡达星球的植物在自己说话。

为什么《红楼梦》中的诗在小说中好看，单独取出就不好看了呢？对此，木心有个漂亮的说法："《红楼梦》中的诗，如水草。取出水，即不好。放在水中，好看。"这话说明，《红楼梦》中的诗只是附属于小说，物的"主体性"不足，也就是"诗性"不足，所以无法与李杜等人的好诗并观。

《呼兰河传》第二点让我震惊的是：生命嘘气形成的语言风格。在小团圆婆婆向人解释为什么打小团圆时，那语言似乎一气呵成，却又不时地伸展、断裂、回缩，再伸展、断裂、回缩……如此往复递进，不但表现了小团圆婆婆的矛盾焦虑，也表现作者刻画人物时在进行"语言换气"，跟游泳时换气一样，优美极了。

为什么说萧红"伸展、断裂、回缩，再伸展、断裂、回缩……"的语言风格与她的生命嘘气相关呢？因为她性急，却又认真；勇敢，却又缺乏安全感；渴望被爱，却又不想看人同情；自负，却又有时候没自信。这些导致她对人与物的平等、自尊极为敏感，但又不是沈从文那样美化写作对象，而是直面、悲悯、兀立。

无法调教的“性感”

　　徐志摩死后，人们似乎约好了似的，都一口咬定是陆小曼害死了他。我们看徐志摩的书信，确实也容易产生这样的愤慨："这个陆小曼，要是勤俭过光景，徐志摩就不会这么北京到上海飞来飞去，也就不会坐飞机遇难而死了。"可是，即使这样又说明什么，陆小曼真的不值得徐志摩去爱吗？

　　其实在这个世界上，有的人似乎生来就是为了捕捉男人而活，比如陆小曼。她能诗能画，能写一手蝇头小楷，能唱歌，能跳舞，还热情大方，彬彬有礼。更厉害的是，她那明艳的容光、轻盈的体态和柔和的声音，总能撩人心火，勾起男人对她身体的种种想象。所以，在王赓的眼里，她是美艳的夫人，可助他爬上更高的位置；在徐志摩的眼中，她是一块璞玉，他要亲手雕琢，让她成才；在翁瑞午的眼中，她就是女人精华中的精华，就是精彩绝伦的女人。或许正是这种独特的魅力，才决定了我们的诗人徐志摩注定会有那"冒险的一跃"。

　　当然，此事最好还是听听陆小曼自己怎么说才好。陕西师范大学出版社新出的这本《寂寞烟花梦一朵》，几乎收集了陆小曼的所有的文字，包括散文、诗歌、戏剧、日记、序跋、书信。虽然量不大，才二百多页，但对于打开陆小曼那鲜为人知的心灵一角却极为重要。

全书的第一篇文章是《哭摩》，若将此文与林徽因的《悼徐志摩》比较一下，就非常的有意思。林文节制、哀婉，带点仙气，是一个知己在推崇朋友的人品和文字；而陆文则率性、悲恸，充满肉质，是一个爱人在喊天哭地，自责悔过。从这个角度看，陆小曼比林徽因多了一种狂野的性感，这种气质与家庭教育和社交阅历都没有太多的关系，而更多的应该是天性使然。

就拿婚姻来说。林徽因和徐志摩在英国相恋，但最后林还是遵从父亲的意思嫁了梁启超的大公子梁思成，这一选择理性多于情感，更符合古典道德。而陆小曼则不然，她下嫁乘龙快婿王赓后，感觉自己生活并不幸福，便在日记里抱怨道"可叹我自小就是心高气傲，想享受别的女人不大容易享受得到的一切，可现在反成了一个不如人的人。"她还认为，"从前多少女子，为了怕人骂，怕人背后批评，甘愿自己牺牲自己的快乐与身体，怨死闺中，要不然就是终身得了不死不活的病，呻吟到死。这一类的可怜女子，我敢说十个里面有九个是自己明知故犯的，她们可怜，至死不明白是什么害了她们。"从这里，我们不难发现，陆小曼既有卓文君的眼光，又有娜拉的胆量。她之所以敢于冲破重重阻碍与徐志摩结婚，固然有徐志摩的鼓励这一外因，但更重要的是她自己想过一种充分享受身体感官的愉悦与快感的生活。

我感觉陆小曼对身体感觉的这种痴迷具有朦胧的现代性，由此便想起了刘小枫曾经讲过的一个故事——

大约三千年前，赫拉克勒斯（Herakles）经历过青春期的情感骚乱之后，离了婚，过起自在的独居生活，以便把自己下一步生活之路的走法想清楚。……同年夏天，赫拉克勒斯坐在自己人生僻静处的树下读荷马的《奥德修斯》，见到两个女人朝自己走来。这两位女人分别叫卡吉娅和阿蕾特。……卡吉娅生得"肌体丰盈而柔软，脸上涂涂抹抹"，"穿着最足以使青春光彩焕发的袍子"，走路时女性体态的性征显得格外突出。用现代话说，卡吉娅生得颇富性感，一副懂得享用生命的样子。……阿蕾特生得质朴，恬美，气质剔透，"身上装饰纯净，眼神谦和，仪态端庄，身穿白袍"。她自称与神明有特殊关系，是神明的伴侣，因为她浑身是偶然……

这个名为"十字路口上的赫拉克勒斯"的故事，深刻地揭示了人类"灵与肉"的伦理困境，可惜二千多年来却一直被苏格拉底的那句"你应该与阿蕾特一起"给掩盖了。对此，中国学者刘小枫很不满。他认为，就肉身的天然体质来说，这两个女人的身体并没有什么差别。经过苏格拉底的叙事，卡吉娅的身体向赫拉克勒斯期许的感官的适意、丰满和享受就成了"邪恶、淫荡"，阿蕾特的身体期许的辛劳、沉重和美好就成了"美德、美好"。所以，女人身体的伦理价值其实是男人的叙述构造出来的。

在这里，我们顺着刘小枫的思路，不妨也作一个大胆的猜度：徐志摩虽然是现代诗人，但他骨子里却倾向"古典"，有一种"苏格拉底式"的伦理抱负，所以，尽管在他心里，林徽因才是她的阿蕾特，陆小曼只是卡吉娅而已，但他还是希望能用自己的"文字理想"来调教陆小曼的"身体感觉"。可陆小曼会屈从于徐志摩在自己身上划的伦理经纬吗？

果然，结婚后不久，徐志摩和陆小曼这层矛盾就开始暴露。有一次，陆小曼对王映霞诉苦说："照理讲，婚后生活应该过得比过去甜蜜而幸福，实则不然，结婚成了爱情的坟墓。志摩是浪漫主义诗人，他所憧憬的爱，是虚无缥缈的爱，最好永远处于可望而不可即的境地，一旦与心爱的女友结了婚，幻想泯灭了，热情没有了，生活便变成白开水，淡而无味。志摩对我不但没有过去那么好，而且干预我的生活，叫我不要打牌，不要抽鸦片，管头管脚，我过不了这样拘束的生活。我是笼中的小鸟，我要飞，飞向郁郁苍苍的树林，自由自在。"

在这种情况下，徐志摩自然相当的痛苦，在朋友们的妻子中，没有一个像陆小曼这样挥霍的，人家要么像胡适的妻子那样相夫教子；要么像张歆海的妻子持家、教子、教书；要么像梁思成的妻子林徽因那样一面持家、教子，一面与丈夫一起做事业——勘察、发现、丈量、保护古建筑、写作建筑学史。唯独自己的妻子一天吃喝玩乐，挥霍无度，看戏、跳舞、抽鸦片，简直没有过日子的样子。更为揪心的是，徐志摩是个有灵魂视力的诗人，他之所以将整个身心投放在陆小曼身上，是希望过一种"红袖添香夜读书"的生活，而陆小曼偏偏是个"夺灯"的人，她并不真正喜欢文学，喜欢诗。她看诗，多是因为诗是诗人为她而作，是为了那种被特殊对待和赞美的感觉。如果诗人的每首诗都拿给她，让她看，她也会不耐烦。从这一结局来看：陆小曼的"性感"是徐志摩的"文字理想"无法调教的。

我估计，当徐志摩认识到这一点时，他一定有种掉在冰窟里的感觉。正是在这种心境下，他再一次出国，在回中国前的一个夜晚，他写下了著名的《再别康桥》，表达对以往美好生活的怀念。据说，这首诗歌里全是林徽因的影子，不知道陆小曼读过后有没有嫉妒，还是她根本就感觉不到这些……

王强的读书乐

对于藏书者的读书之乐，没有比意大利作家艾柯描绘得更好的了，他大胡子嘴上叼着雪茄，不无惬意地说："必须一个人在晚上翻阅它，就像唐老鸭在它成堆的美元里泡澡一样。"（《植物的记忆与藏书乐》）

我自己藏书最多时也近万册，对艾柯的比喻自然心有戚戚焉。可近日读到王强的《书蠹牛津消夏记》一书，我却有点自惭形秽了，因为我的藏书多是国内出版的"大路货"，他收藏的则是外国名著原版，有的还是初版。两相比照，王强才是艾柯所说"像唐老鸭在它成堆的美元里泡澡"的人，而我充其量只是"在人民币里泡澡"。

一、"露一手"给老板看

中国内地出版的书，装帧普遍比国外和港台的差，但2011年故宫出版社的《陶庵梦忆》，选取《十竹斋笺谱》作插图，加上栾保群先生的注解，让人惊艳。海豚出版社这次为了做好王强的书，特意派人去欧洲学习装帧技术，除了牛皮精装外，封面油画还用了烫金工艺，摸上去有凹凸感，让书的触觉更舒服了。

王强让我妒忌，不只是因为这家伙收藏了二十个版本的《莎士比亚全集》、囊括18世纪中叶至20世纪中这两百年间有代表性的作品，他买书的故事也很有趣。

伦敦书店有套王强心仪的《兰姆著作集》，可惜被"雅贼"顺走一册。老板愿意半价卖给王强，他犹豫了一下还是没买，"我把这套书抱回家，直到生命的终点，一定会天天记挂这消失的一卷兰姆，这会让我失去阅读其他所有书的兴趣。我会天天琢磨它，寝食难安。除非我亲眼再见到它，亲手抚摸过它，知道它经历了哪些故事最终又回到我手里得成璧璧，心灵才获得彻底解脱。为了不让自己深陷执着沉迷的无望，我必须割爱。"这种对藏书的爱，他还用了维吉尔的诗句来形容"犹如母熊舔仔，慢慢舔出宝宝的模样"（杨周翰译）。

逛欧美的书店多了，王强也晓得了不少门道。比如，架上那些珍本书，怎么取下来，怎么用手翻，怎么将其归架，都是大有讲究的。"稍不留意，就会把书弄坏。店主心疼他的宝贝，眼睛会像探照灯一样，紧紧盯着你，烧得你畏手畏脚。你必须让他产生信任，接下来的时光才会属于你。"所以，在书店逛的时候，为了早早获得信任，王强常常故意走到书商眼前，取下一本比较贵重的书，"露一手"给老板看。场面之微妙、刺激，还真有点像《林海雪原》里土匪接头，主人说"天王盖地虎？"来客必须对"宝塔镇河妖！"之后才算是自家兄弟，喝酒吃肉，其乐融融。

二、"没有意思的意味"

从"书话"写作看，王强的文字不算出色，他没有黄裳的清峻、孙犁的隽永、董桥的精致，更不要说周作人那"佛骨舍利一样的内蕴"了。但他见多识广，思维活跃，比起一般的读书人，更有"生"气。

　　王强收藏了不少《爱丽丝漫游奇遇记》的英文版，这貌似只是一本儿童文学书，为什么却引起书友前仆后继的集藏？他先是想到了贝克夫人《阅读的首次历险》里的评论："英格兰的空气中存在某种东西——或许是北部湾流气候令一年中大部分时间都雾气濛濛，晦明晦暗——这使得英国人形成结论或诉诸行动时，更多的是靠触觉而不是视觉，着意避开拉丁逻辑所固有的尖锐清晰的轮廓。……从事物的本质方面说，这恰恰是儿童与他们生活的世界互动的方式，只要大人们允许他们不必长大。"这段话从地理学、哲学、民族心理学角度解释了一个民族对某部文学作品的热爱，未必可信，但绝对可爱。

　　可《爱丽丝漫游奇遇记》的粉丝不只是英国人，又怎么解释呢？还是要回到文学本身，王强提出了"没有意思的意味"。二十世纪初，两位中国文人已经敏感注意到了《爱丽丝》中"没有意思的意味"对人的精神成长的必要性和重大价值：一位是赵元任，"没有意思，即不通、不成事体，要看不通派的笑话也是要自己先有了不通的态度，才能尝到那不通的笑味。"另一位是周作人，"人间所具有的智与情应该平均发达才是，否则便是精神畸形……对于精神的中毒，空想——体会与同情之母——的文学正是一服对症的解药。"

　　接下来，王强还节录了一篇研究维特根斯坦的论文。虽然引文不完整，大意却可以猜出：前期维特根斯坦认为，很多哲学困扰是误用语言造成的，"词语的组合若不可能准确被理解，就是无意义"，应该"赶尽杀绝"；后来维特根斯坦慢慢认识到，语言的意义在运用中，"无意义的语言"也有意义。他还引了文学评论《无意义的诸意义》里的话，"他们（乔伊斯等现代派作家）的实验性写作，蔑视语言的意义制造功能。他们是在人们通常理解的意义边缘甚至之外写作的。"

这"没有意思的意味"，其实还可以从很多角度补充阐释。有学者就认为，当代作家汪曾祺的语言很怪，拆开来每一句都平平常常的话，放在一起就有味道。汪曾祺自己解释说："语言的美，不在语言本身，不在字面上所表现的意思，而在语言暗示出多少东西……古人所谓'言外之意'、'弦外之音'是有道理的。……我想任何人的语言都是这样，每句话都是警句，那是会叫人受不了的。语言的美不在一句一句的话，而在话与话之间的关系。包世臣论王羲之的字，说单看一个一个的字，并不怎么好看，但是字的各部分，字与字之间'如老翁携带幼孙，顾盼有情，痛痒相关'。中国人写字讲究'行气'。语言是处处相通，有内在联系的。语言像树，枝干树叶，汁液流转，一枝动，百枝摇；它是'活'的。"

这么说吧，语言的无意义、句子的稀松平常、人生的空虚发呆，就像是围棋的"气"、藕媒的"眼"、国画的"留白"，正因为它们没有被"意义"填满，才有了全局的"生"气。这大概也是王强要花大精力读"无用之书"的原因吧。

三、翻译与文本细读

王强自承，藏书读书受钱钟书、周作人影响。但他英文明显比中文好，看起来受钱钟书影响更大些。他以前写过一篇《关于索引》，先是追溯了"索引"的英文原义，然后提到约翰逊博士《英语辞典》index 释义之三"书之内容表"下，征引了莎士比亚悲剧《特洛伊罗斯和克瑞西达》中的一段话"And in such indexes, although small pricks to their subsequent volumes, there is seen the baby figure of the giant mass of things to come at large."朱生豪先生据以意译为:"但一隅可窥全局,未来的重大演变,未始不可从此举的结果观察出来。"等于就把具体的比喻漏译了,王强直译出来是:"就这些个索引,虽说对于其后的书卷不过是区区的小刺／撮要(此词这里双关转义),却也从中可见未来全局巨人之躯那孩子般的身影。"这就更有利于读者把握原意,体验莎翁"语言多喻"的美感。

这次,王强又说买了高罗佩"狄公案系列"的英文原版和法文版,将之与中国内地风行的海南出版社 2014 年版八卷本《大唐狄公案》对照,着实出了一身冷汗,原来中译本窜改和肢解原著比比皆是。比如,高罗佩写林中警觉的狄公:"His hand moved to the hilt of the sword hanging on his back"。王强译为:"他的手探向背在肩后的宝剑剑柄。"海南出版社版则译为:"狄公不由紧握住腰下佩着的雨龙宝剑的剑柄。"将宝剑从"背后"移之"腰下"就是窜改,更让人气愤地是,"将那只手'尚未触及'的动感的悬念,定格为'已然紧紧握住'的静态结局"。高罗佩原本是想刻写狄公的"警觉",海南版这样一译,不就成了"害怕"吗,狄公威武何在?

但揪错并刻薄别的译者不是王强的本意,他的关怀在于,"高罗佩的'狄公奇案系列'用的是原汁原味的中国材料(取自唐宋明清),做出来的却是色香味俱全的西方大餐。也就是说,它们叙事是古代中国的,呈现方式却是西化的、现代的。"所谓"西化",就是"聚焦在人物细节的描写,而非大而全的全景描写;写实质,而不是描外表";所谓"现代",就是"选取的巧妙情节是依照英国推理派的路数再造的,环环相扣,步步逼近"。正因为涉及对文本的准确理解,王强才对翻译错误耿耿于怀。

翻译与文本细读密切相关，要翻译好必须有文本细读的功夫，反过来说，认真翻译对提升一个人文本细读的功夫也是大大有利的。汉学大家杨联陞先生曾指出韦尔柏（韦慕庭）《前汉奴隶制度》里的一些翻译错误，却申明“毫无不敬之意”，反倒主张：“我以为读古书要有翻译的精神，一字不可放过，方才能细，在大学史学课程中，遇有重要的而难懂的史料，教授应当在课堂中与学生共同讲读，不可强不知以为知，囫囵混过。中国人写论文引用中国书向来不翻译，实在作者懂不懂所引的书，有时候真成问题，西洋人引中国书必须翻译，所以他们的学者读书，有时候很细，这是我们应该效法的。”（《汉学书评》）当下搞中国思想史研究的，以余英时及其门人（王汎森、罗志田等）最盛，盖因他们的文本细读功夫很强，创见也就多。而余英时当年的博士论文指导老师正是杨联陞，这一学术史线索值得重视。

我自己虽然读不了英文原版，却喜欢找不同的中译本来比照读，《蒙田随笔集》我就收齐了所有的中译本。还有就是找林语堂、许渊冲、杨宪益等名家的中诗英译来读，也可加深对古诗文的理解，比如李清照的《声声慢》里那句：“寻寻觅觅，冷冷清清，凄凄惨惨戚戚。”杨宪益夫妇译为：“Seeking，seeking，Chilly and quiet，Desolate，painful and miserable.” 许渊冲译为：“I look for what I miss; I know not what it is. I feel so sad，so drear，So lonely，without cheer.”都不如林语堂译得神：“So dim，so dark，So dense，so dull，So damp，so dank，So dead!”不但押韵，连音节也与原词完全一致，前面用六个形容词描绘周围环境，而以“dead”一词收住，情境交融，层次递进，将李清照“淡不得、浓不得”“轻不得、重不得”“说不得，捂不得”的凄苦无靠完美地体现了出来。

余话

自从罗永浩从"新东方"英语学校出道成为网红后，我一度以为所有从"新东方"出来的人都会"说相声"。王强是"新东方"英语学校的联合创始人，口才也优秀，为什么却没给我"业余相声演员"的印象？很简单，不管身份如何变化，王强始终以"书蠹"自命。

为什么要读经典？王强打了个比喻："当你踏在高速列车上，速度可以越来越快，但是它必须解决一个问题，就是玻璃窗必须有减速的视觉效果，人才能够适应，否则你就晕了，甚至崩溃了。读经典，有一种减速作用，让我不晕眩，让我的心更加'定'。这是看清现实、深入思考的一个基础，也是收藏、阅读抗衡时间飞逝的关键。"正是阅读带给王强安宁和笃定，也就中和了他的"相声腔"（自恋，能吹善侃，表演性人格）。

但王强也不保守。一般的书话作者多少带着点"纸书遗民"气，像鲁迅说的"看中国书时，总觉得就沉静下去，与实人生离开"，王强却带着从新东方英语学校出来的朝气，"读外国书（但除了印度）时，往往就与人生接触，想做点事"。所以，他不但拥抱互联网超链接带来的"实时、深度的阅读革命"、"相对主义的知识观"、"以速度、兴趣、个性化为基本特色的数字化阅读"。而且投资 VR 产业，并断言 VR 时代就是"我们人类最后一个器官的一个解放过程"。

这真是一只能在书页上翻跟斗、秀"一字马"和"鲤鱼打挺"的书蠹。

第二辑

读史早知今日事

老来波俏辛德勇

弁言

　　了解学术思想史的都晓得，20世纪中国第三代学人（五六十年代出生）大多阅历丰富，学术"童子功"则被耽误了，所以，他们思想上叱咤风云的多，学问上厚实精深的少，以致读书界有"一本书主义"的说法，即一个人的博士论文居然就是他一辈子最好、甚至唯一拿得出手的著作，这其实是一种"学术阳痿"。而以辛德勇为代表的少数第三代学人则不然，他们不是一出道就练高段位的"独孤九剑"、"降龙十八掌"，妄谈范式、指点江山，而是由文献学这种类似"少林梅花桩"的笨功夫入手，生根发芽，打下坚实基础，到了五十岁左右才枝繁叶茂，佳作迭出，给人"学霸"之感。

　　对于辛德勇的学术成就，我没有资格评议。只是他最近出了三本书话作品：陕西未来出版社2016年9月出版的《书者生也》，收了2014-2015年的书话；浙江大学出版社2016年10月出版的《那些书和那些人》，收的是2016年里写师友的文章；九州出版社2017年1月出版的《蒐书记》，编选了以前的轻便书话，还添了两篇最新演讲稿。读完这三本书后，我发觉与前期书话（《未亥斋读书记》、《在读书与藏书之间》、《在读书与藏书之间［二集］》、

《困学书城》、《纵心所欲》）相比，辛德勇现在的书话更有味道，于是斗胆谈谈他的书话写作，以满足自己对历史学霸"一斑窥豹"、"尝鼎一脔"的虚荣。

一、学界杀出个"使双锤的李元霸"

初中时迷恋武侠小说，读古龙，好比看黄山松，秀、奇、险、怪，然过瘾后感觉身体被掏空；读金庸，则好像钻到百年大榕树下，但见根深叶茂，液汁流转，一枝摇，百枝摇，赞叹之余还有文化的真气流布全身。我现在读辛德勇的书，仿佛就有读金庸小说的感觉。

为什么辛德勇功力深厚若此？原来，这厮生于内蒙古，却祖籍东北，年轻时还干过伐木工，又是冬泳健将，身上确有一股来自白山黑水的磅礴之气。更重要的是，他读硕士博士时又遇名师，导师是"中国历史地理学三位奠基人之一"史念海。史先生年纪大了，便邀同校的黄永年先生给研究生上文献学课。

从史黄二先生处，辛德勇学到的是：多读书，读书得间，重视并利用基本传世文献。比如，陈胜阳城（今河南登封）人，吴广阳夏（今河南太康）人，他们被发配渔阳（今北京一带），直接往北走就是，为何经过在南边几百里的大泽乡（今安徽省宿州市）？我之前猜测大泽乡是重要军事据点。殊不知辛德勇早有胜解，他根据《吕氏春秋》、《商君书》、《睡虎地秦墓竹简》里的史料，推测"闾左"即"亡命宾萌"，类似今日之流民，陈吴很可能是流落到蕲县的农民工，陈涉发迹后来投他的工友说楚语即可为一佐证，如此左右逢源、裁月缝云的手笔，让我叹服不已。（《历史的空间与空间的历史》，57-64 页）又如，《三国志》原名《国志》，以前也有人说过，但没给出论证，辛德勇不但爬梳了唐以前《三国志》书名相关史料，而且利用自己的版刻学知识遍检各种版刻和写本，发现今传宋元刊本大题俱作"国志"而非"三国志"，可谓陈寿此书本名《国志》的最有力证据。（《祭獭食蹠》，3-58页）

古人云"观千剑而识器"，又曰"触物圆览"。因为读书多，加之承有史念海历史地理学和黄永年文献学双重衣钵，辛德勇在探究那些前人反复探究却依然缠绕未解的死结时，便如李元霸挥舞双锤，虎虎生风。以致黄永年晚年对人夸道："现在历史学搞得比较好的，就是我的学生辛君了。"（《黄永年先生编年事辑》，360页）

二、学者书话与文人书话

严格来说，辛德勇的专业是历史地理学。但在黄永年的引领下，辛德勇对版本目录学产生了浓厚兴趣。这些知识，帮助他扩大视野，"使研究范围，稍有外延，时时轶出于专业之外，横通一些其他领域的问题。"（《那些书和那些人》，167-169页）正是这"溢出"成就了他的"学者书话"。

何谓"学者书话"？辛德勇在给《绍良书话》写的序中谈到了"文人书话"与"学者书话"的区别，"文人书话，意在表露情趣，因而侧重品位鉴赏，写好这类书话，难度主要在于文笔；学者书话，意在叙说知识，因而侧重考证版本源流，或是阐释文献内涵的意蕴，写好这类书话，难度首先在于学识。"（《读书与藏书之间》[二集]，28页）

借用章学诚语式，文人书话是"圆而神"，学者书话是"方以智"；借用钱钟书语式，文人书话是"以丰韵神采见长"，学者书话是"以筋骨思理取胜"；借用古诗鉴赏语式，文人书话长于比兴，如范仲淹的"江上往来人，但爱鲈鱼美。君看一叶舟，出没风波里。"学者书话则老实作"赋"，如杜甫的"小鱼脱漏不可记，半死半生犹戢戢；大鱼伤损皆垂头，屈强泥沙有时立"；借用美术鉴赏语式，文人书话像徐渭画的水墨葡萄，放纵简逸，舍形而悦影，寥寥数笔便传达出事物之神韵，学者书话则像塞尚的苹果，结构坚实，安静而光泽，给人一种恒定感。

学者辛德勇自然亲近"学者书话"。他学问饱满如丰收的稻谷，写起书话来，那金灿灿的谷粒便经过脱粒滚筒化作"见识"，"砰咚"蹦到了打谷仓里。我们一般认为，徐霞客旅行是科学的地理考察，《徐霞客游记》一书标志着明代地理学的最高成就。辛德勇却在1991年写了《徐霞客史事二题》，否定了丁文江所说徐最早发现长江正源为金沙江的功绩，指出在徐氏撰著《溯江纪源》六十多年以前，南昌学者章潢就在《图书编》一书中，提出了比徐更科学的判断河源的基本原则，进而认定应以金沙江为长江正源。到了2001年，辛又谈到自己淘来的《江省图》，对"徐霞客神话"继续开炮：代表明代地理学最高成就的应该是区域地理学的普遍发展和全面繁荣。徐霞客束书不观、一味疯跑，并非科学的地理研究法。"当社会和学术发展到一定阶段后，不一定似乎也不可能要求高层次、综合性的地理著述的所有资料，都来源于作者本人直接的考察……地方志纂修大多出自基层学人或地方官员之手，是由县志到府州志、省志、全国总志，逐级汇总编纂而成。而在最基层的县级衙署中，派人直接考察、采访当地的山川地理情况，是一项重要的基本职事，甚至清代凡县里新官上任时，县衙中的兵房吏员例行都要'绘本城地图及四址疆界'……尽管各县在实际操作时，难免不同程度地存有敷衍应付的问题，但当地人终归能够比较确切地了解本乡本土现有地理状况。"（《在读书与藏书之间》141-148页）

但辛德勇以前的书话也有个毛病，那就是——行文过于繁密，窒息了文气。比如，辛德勇的《〈渔阳山人诗合集〉与〈渔阳精华录〉的面世背景》一文，花了9页篇幅（占全文60%）对比《渔洋山人诗合集》与《渔洋精华录》内容上的差异，得出了后书是由前书删削增改而成的结论。这种笨功夫，"文人书话"的代表黄裳是不会做的，他多半举几个例子就模棱两可地打发了。辛后来又淘得丁晏批本《渔阳山人精华录训纂》，也列举丁晏批评的得失，铺陈繁密如石榴籽，让人头大。

三、"波俏"或是一剂良药

如何救治"行文过于繁密，窒息了文气"的毛病？我认为，"波俏"或是一剂良药。

"波俏"，又作"庯峭"、"逋峭"、"波峭"。宋祁《宋景文公笔记·释俗》说："齐魏间以人有仪矩可喜者谓之庯峭。"宋祁很多人不知道，但"红杏枝头春意闹"一句却名气很大，王国维说："著一'闹'字而境界全出。"什么境界？"波俏"嘛。又，张岱《柳敬亭说书》有"柳麻子貌奇丑，然其口角波俏"一句。怎么个波俏法？"余听其说景阳冈武松打虎白文，与本传大异……武松到店沽酒，店内无人，謈地一吼，店中空缸空甓，皆瓮瓮有声。闲中著色，细微至此。"可见，"波俏"就是正经、沉闷、无聊时来点突兀、性感、俏皮——静若敦煌壁画上佛手的曼妙，动若青衣戏里云袖的轻舞；轻如鱼儿摆尾后水涡的慵懒，重如鸟儿嬉戏时花枝的摇摆；淡似蒙娜丽莎嘴角的微翘，浓似老戏骨脸上褶子的颤抖。

"波俏"只是"文人书话"的量尺吗？非也，学者书话照样可量。陈寅恪的论著也常铺陈过密，但黄裳读《柳如是别传》却感觉，"作者在考索史事之余，也时作波俏的按语，所谓'忽庄忽谐'"。（《绛云书卷美人图——关于柳如是》，214 页）以学者书话知名的郑振铎也常有波俏语，他谈明万历年间万寿堂刊本《大明一统志》，先叙版本源流，再笔锋一抖，"乃直至万历间尚未重修，仍沿用旧本，至可诧怪。若清《一统志》，则一修于乾隆，再修于嘉庆，于斯可见明廷官吏之不知留心时务与经世之术。地理之不知，方位之不明，风俗人情之不了解，何能谈'政治'之设施乎？"（《西谛书跋》，文物出版社，1998 年版，48-49 页。）宛如书法中的顿笔、折逆、圆转，波俏好看。

相比前期书话，辛德勇近年的书话波俏多了，这首先表现在文学修辞的增多。比如，称赞社科院历史所的学术大家"在以论带史横行于世的日子里，默默地像推土机一样一本一本的通看所有看得到的典籍。"（《那些书和那些人》，70 页）阐述历史研究的魅力本来就是依靠间接证据来做合理的推测判断，"杀人越货者都要像武二郎那样写明'杀人者，武松也'，还要'神探'做什么？"（《书者生也》，164 页）澄清自己不是藏书家，"像我一样从事中国古代文史研究的人，家里的书，比一般人多一些，是很正常的，也是很普通、很普遍的。但这只是我们这种人用以混饭的家伙，就像清洁工用的抹布，修理工身上的钳子、扳手，农民家里的锄头，还有镰刀，我们却不能把这些清洁工、修理工和农民分别称作抹布收藏家，钳子、扳手收藏家，锄头和镰刀的收藏家。"（《蒐书记》，264-275 页）

还有，文学修辞也更精准了。辛德勇在 2007 年给《绍良书话》写的序里，为了说明学者书话的价值，他来了个比喻，"软体写刻本美则美矣，但看多了，便犹如吃多了奶油食品而使人发腻。若是以清代的版刻形式来作比喻，晚明小品式的笔法，便颇近似于软体写刻本书籍。而我读绍良先生的文章，似即有如观赏上乘方体字刻本，更耐人品味……其精雅的气息，疏朗的格局，所传递给人的愉悦，实际是要超出于软体写刻本之上的。"这比喻在懂版刻的人看来，自是不错。但普通读者未必有相应的版刻知识，在无图比照的情况下，对这个比喻就会很隔膜，乃至一头雾水。而他在 2015 年写的《元刻本〈宗镜录〉零册漫记》一文，也以版刻作比，却精准鲜活多了——"虽然说只要有真性情，读什么版本的《史记》《汉书》都能够下酒，但读线装影印的百衲本肯定会比读中华书局点校本要多喝几口儿；要是能够一亲肌肤，摩挲宋刻元椠，那就难免一醉酩酊了。遗憾的是，余生也晚，所业亦贫，无缘无力购藏此等上乘精品，二十多年来，流连坊肆，所得多属清代印本，而聊以窃喜之二三精品，亦多在是焉。若单纯就版刻的时代早晚而言，即使是明版，亦所得寥寥，且多属嘉靖以后的方块儿字本，殊不足重。至于赵宋蒙元，犹如月中仙子，望之也艳羡，即之则既远且寒，仅于偶然间勉强收取一二零篇残页，藉以私觑其芳颜而已。"（《书者生也》，141-169 页）此比喻就仿佛从腹笥中汩汩流出，既精准挠痒，又亲切撩人。

　　更让人惊艳的是，辛德勇还会玩"弹幕"。关于清嘉庆原刻最初印本《经传释词》，辛德勇 1996 年的书话只写了得书经过，然后对江苏古籍出版社影印该书的错误冷嘲热讽了一番。（《未亥斋读书记》，55-58 页）到 2015 年，他修订扩充此文，在版本之外，又谈到北宋王安石变法后，科举由诗文变为经义，经元、明到清，演变为高度程式化的制义文。因为内容上框得死，也就更需要把精力用在谋篇布局和修辞技巧上，研究古文写法、虚词用法之类的书就应运而生。虚词有什么用？辛德勇举了韩愈的《祭十二郎文》为例，评曰："行文骈错往复，绵连递进，犹如曲涧湍流，变幻莫测。大量使用虚词助字……发挥了至关重要的作用。"原本论证完了"写好古文要重视虚词"，但他紧接着又括号写道："当然做什么事，都有个限度。韩愈的《祭十二郎文》感觉情真意切，虚词，特别是大量语气助词的使用，乃文随情移，犹如哀泣痛诉，发自肺腑，诚有不得已者。欧阳修的《醉翁亭记》就已经有喝高了的感觉，颇似酒后游戏为文，难免'浮艳习气'。在林琴南看来，吾辈后生小子若是妄自学步，恐怕就要'立形其呆相'了。"（《书者生也》，96-97 页）这"弹幕"好比海鲜盛宴中必备的芥末，有此辛辣，新文虽比旧文扩充了三四倍，读来却并不让人昏昏入睡，反有"液汁流转，一枝摇，百枝摇"的妙境了。

尾声

　　辛德勇的书话为什么有此"豹变"？这也好理解，"庾信文章老更成"嘛。他年轻时凭兴趣博览群书，学问根基广大，却也因此被三大矛盾缠绕：藏书与读书，专家与通人，稀见史料与基本文献。五十岁以后，田余庆先生的提醒便会时常萦绕耳际："你这些年写了不少文章，这很好，但年纪也不小了，应该考虑选择重大问题，写一两部放得住的书。"（《那些书和那些人》，88 页）

　　辛德勇尝自解，"……由于眼界低下，拣到的都是一些琐碎微末的题目。我很喜欢宋人程颐论道时讲的一句话：理无大小，洒扫应对便是形而上。"道理是没错，但现在学术分工已深化，一个领域就足够一般学者钻研一辈子，你撒网这么宽深，虽捞到不少"大鱼"（很多高质量论文，《建元与改元》和《中国印刷史研究》亦是一流成果），但能逮到像田余庆《东晋门阀政治》这样的"超级大鱼"吗？辛德勇嘴上对田的话不在乎，心里却难免较劲，2015 年出版的《制造汉武帝》就直接向田余庆"开炮"。让辛德勇郁闷的是，此书一出便引来机关枪一样密集的商榷文章。这一定让他错愕，当衰老像秋霜一样蔓上腿肚子，他开始"知天命"，对人事无常、人力有限的感触也就更深了（《那些书和那些人》，23 页）

好在还有书相伴。郑振铎在 20 世纪 30 年代集藏清人别集时，曾自述其心境说："沧海横流，人间何世，赖有'此君'相慰，乃得稍见生意耳。"辛德勇也感慨："书，就像我的宠物，看着它，捧着它，有一种回到少年时代，与那只狗耳鬓厮磨般亲昵的感觉。""每天安坐书斋，是这些书，像珍爱的宠物一样带给我生意。"（《书者生也》，2-3 页）大概就是这心境，让辛德勇的书话滋长起波俏的情思吧？

茅海建的"玄铁剑"

治史可分证史和释史两个层面，证史本是释史的基础，但由于学风浮躁，当下不少学者疏于（乃至直接跳过）证史，而热衷释史，妄图以新观点迅速扬名"抢滩"。茅海建却不赶这时髦，他多年来一直秉承"扎硬寨，打死仗"的精神，致力于证史，表现出一种类似金庸小说里玄铁剑的风格。

玄铁剑的特点是什么？"重剑无锋，大巧不工"，越是平平无奇的剑招，对方越难抗御。如挺剑直刺，只要劲力强猛，威力远比变幻奇妙的剑招更大。

我第一次领略到茅公"玄铁剑"的魅力，是 2009 年游览虎门威远炮台后。我对炮台的整体感觉是：1. 炮台侧后防御差；2. 炮重，机动夹角小，不灵活；3. 一两百人参观，已经感觉有点挤了。回来后，我找出茅海建《天朝的崩溃》和《近代的尺度》，翻了翻相关章节。《天朝的崩溃》讲"虎门大战"的是第 219–233 页，《近代的尺度》里的"虎门之战研究"在 263–292 页，讲得更详细。估计前者是后者的浓缩。综合起来的意思大致是：

1834 年底，关天培接手虎门炮台后提出了三重门户的防御设想：沙角、大角相距 4 公里，无法形成交织火力，所以只发信号炮；以横档一线为第二门户，也是防御重点，东水道（宽 800 米）加固威远、镇远、横档炮台，水面设铁链，西水道（宽 1500 米）

比较浅，抛石成堆，设梅花桩。大虎山岛为第三门户。

可结果怎样呢？沙角作战时，英军从侧面登陆，迂回攻击，登陆后又抢占制高点；横档作战时，英军避实就虚，主力放在西水道，而且是上横岛薄弱的西北面。英军这些战术很成功，也就暴露了清军侧后空虚、孤立无援、炮角小等防御盲点，与我的观察也不谋而合。

当然，虎门战败最关键的原因还在炮的火力，这些在《天朝的崩溃》里第一章已经讲过了。总之，在茅先生笔下，历史的逻辑力量之强让我惊叹！

可搞思想史的罗志田却批评茅公夸大了"武器装备战术等具体军事能力"，"在19世纪中叶的军事冲突与对抗中，战术与武器等因素的作用是否像在近年美伊战争中那样具有决定性呢？鸦片战争之后又八十年的北伐战争，就是武器装备落后而更不怕死的一方最后取胜。"以常识判断，南方革命党有苏联的军事支持，武器装备再落后也不可能像鸦片战争那样跟对手差一个时代吧？而从虎门炮台的设置看，我真难以相信罗志田以"不怕死"的精神取胜。罗先生这种思维跟那些骂琦善卖国的人是"一个硬币的两面"，虎门一战，朝野就有不少人认为是琦善不支援关天培的结果。可事实真这样吗？威远炮台设炮40位，平时守兵60人，战时编制160人，而交战时该台兵数增至327人，另外还雇勇91人。至此，兵多已不能增加战斗力，反而成了活靶子。从炮台的建制来看，也已容纳不了更多的兵勇。琦善亦奏称，"炮台人已充满"，"亦复无可安插"。既然技术不可胜，那就靠士气，士气也不可胜，那就只靠找个"卖国贼"来当替罪羊了，这就是清流、愤青、学究们的一贯思维。

类似罗志田这种文人臆想，以治中国海军史闻名的马幼垣也时有发作。他在检讨林则徐的防御策略时认为，应待英舰近海时万舟齐发，"一旦靠近彼舰，即可飞索攀登，短兵攻击。"马老鄙夷林则徐无知，怎么却不知"飞索攀登，短兵攻击"本是林则徐准备好的战法之一呢？对这一战法，茅公在《天朝的崩溃》一书里批评说，清船靠近必遭重大损失；英舰多包金属材料，即使你靠近了，鸟枪、火罐、喷筒难以得力；英舰高，战斗中攀爬不易……以现实约束条件将文人臆想逼退，这就是玄铁剑的魅力所在。

而在新书《戊戌变法的另面："张之洞档案"阅读笔记》中，茅公的"玄铁剑"威力依然不减。1982年，宗九奇首次披露戴远传《文录》中陈宝箴被慈禧赐死的史料。2000年左右，邓小军、刘梦溪以陈三立的诗文为基础，以诗证史，对赐死一事"考实"。对于"赐死说"，张求会、李开军、胡迎建、马卫中、董俊珏对邓、刘乱解陈三立诗进行了批评，李开军还发掘到护理江西巡抚周浩于1905年5月6日的奏折，其中说陈宝箴"在籍病故"尤其重要，如果真是被慈禧赐死，周浩怎敢冒着触犯圣怒的危险奏请"将已革原任湖南巡抚陈宝箴开复原衔"？茅公肯定了李开军这条史料的价值，也补充1908年江西巡抚瑞良两次保举陈三立的事情以佐证。

针对"清朝档案何以未见慈禧赐死陈宝箴的记载"这点，邓小军认为，清朝本有销毁重大案件记录之例，"光绪二十六年，清廷实有汇呈销毁本年五、六、七月间所谓'矫擅各旨'的明谕（即慈禧两下令杀洋人的谕旨）"。李开军反驳，为什么杀张荫桓等人的谕旨在，独销毁杀陈宝箴的谕旨？李开军还问：何以杀张荫桓等是"明发上谕"而对陈宝箴却是"密旨"？这里，李开军的驳斥有一个漏洞，就是跟邓小军一样，他认为密旨就没有档案记录，而按照茅公的观点，即便密旨，在清廷也是有档案记录的，只是不公开而已，"清代杀大臣须得明确谕旨。""若说慈禧太后的口谕，没有文字记载，松寿曾任总理衙门章京多年，知道清代制度之严，仅凭口谕，又何敢执行？""更何况当时京、津等地的电报线已被义和团所焚毁，清廷的电旨最初先用'六百里加急'送到保定发出，后又改送到山东济南再发出，有着多道环节，杀张荫桓的谕旨是用'六百里加急'的传统方式送出，何以陈宝箴'赐死'之谕旨能如此不落痕迹？""玄铁剑"直指文字记载，力道让文人"想象的翅膀"又一次折翼。

说实话，茅公这本《戊戌变法的另面》，除了证实了张之洞与杨锐的密切关系外，并没有钓到什么大鱼，在史料的发掘上，茅公似乎永远没有黄彰健、孔祥吉的运气，甚至李开军的运气也没有。但即使这样，他依然尺挪寸进，致力于"史实重建"，既不掠人之美，也不会在遭遇证史难点时"取巧"，一如玄铁剑的矗立，守护着史学的初心。

清季北京难吃到活鱼吗？

茅海建先生的学问，我一直是很佩服的，但 2013 年读到他《"醇亲王府档案"中的鸡零狗碎》一文（见 2013 年 6 月 7 日《南方周末》），却感觉有个小地方不无可商。

在文中，茅先生根据"醇亲王府档案"中的一份菜单里有"烧活鱼"，解释说，"'烧活鱼'一道菜，在当时的北京不容易，当地很少养鱼，活鱼难得。"并进而推断："这两份菜单虽没有时令，但从第一份中的'活鱼'，可知是不在冬天，很可能是夏、秋季节；从第二份的'豌豆'，若是指新鲜豌豆而不是水发干豌豆，那只能是春、夏之际。要知道，当时并没有今日的保活、保鲜技术。"可那些日子，我刚看过电视纪录片《舌尖上的中国》，印象中北方冬天可以冰钓、冬捕啊，怎么会没有活鱼吃呢？

醇亲王奕譞（1840—1891），清朝道光皇帝第七子；其四哥奕詝，咸丰皇帝；六哥奕訢，恭亲王；其第二子载湉（1871—1908），为光绪皇帝；其大福晋婉贞，为慈禧太后的胞妹。当慈禧太后 1884 年罢免恭亲王奕訢后，命军机处有事与醇亲王商议，即是由其主持朝政。第一代醇亲王奕譞于 1891 年去世后，其第五子载沣（1883—1951）袭爵为第二代醇亲王，载沣之子溥仪（1906—1967），为宣统皇帝。溥仪登位后，慈禧太后命载沣为监国摄政王。

两代醇亲王生活在道光到民国初年，这段时间里，北京人冬季很难吃到活鱼吗？带着这些疑问，我于2015年读到邓云乡先生的《云乡话食》（中华书局，2015年4月出版），在《京华有鱼》一篇里算是找到了部分答案。

　　如茅先生所说"北京很少养鱼吗"？光绪年间，无锡严淄生《忆京都词》注中便有："京都虽陆地，而谙陶朱种鱼术，故鱼多肥美，不徒从津门来也。酒肆烹鲜，先以生者视客，即掷毙之，以示不窃更。肆中善烹小鲜者，可得厚俸，谓之'掌勺'。故人争趋焉，南中无此妙手也。"邓云乡先生解释说，北京在地理上虽属北方，却有江南的条件和特征，"玉泉山的水源旺，流下来聚成昆明湖（元明两代叫西湖）为中心的一片小小的水网地区，叫作'丹棱沜'，到处可以引水开鱼塘、养鱼、植荷……水流到城里，又有后海、刹那海以及禁苑三海。其他西直门外高亮桥一带河流，东便门大通河二闸，这些也都是旧时养鱼的区域。再远有潞河、滦河、白洋淀、天津，近年更有十三陵水库、密云水库，均能源源不断地供应北京鲜鱼。"醇亲王那时候自然还没有十三陵水库、密云水库，但丹棱沜、后海、刹那海、禁苑，以及西直门外高亮桥一带河流，东便门大通河二闸，还有潞河、滦河、白洋淀、天津这些养鱼区是存在的。所以，当年北京的活青鱼、活草鱼并非来自远方，都是京郊各鱼塘养的。

　　可我们都知道，北京冬天湖面往往会结冰，所以，冬天能否吃到活鱼又是个问题。好在乾隆时汪启淑《水曹清暇录》云："冬时关东来货，佳味甚多……其他石花鱼、滦河鲫、胞弟银鱼等不胜屡指。"普通老百姓过年也必吃鱼，明代刘若愚《酌中志》"饮食好尚"十二月份记云："初一起，便家家买猪腌肉……醋溜鲜鲫鱼、鲤鱼。"可见，北京人冬天吃到活鱼并不难。

这些活鱼从哪来的呢？部分是天津运来的海鱼，还有就是靠冰钓。"民国第一吃货"唐鲁孙回忆说："天津的白河，又称卫河。每年冬天，冰雪封河，在坚冰上打个洞垂钓，可钓出一条条七八寸来长，如冰鱼一般的银鱼。"（《中国吃的故事》，百花文艺出版社，2003年，第76页）既然天津能冰钓，料北京也有吧。北京平民过年都能吃到活鱼，醇亲王是晚清的头等尊亲，冬季吃活鱼又有何难啊？

北京人吃黄花鱼的盛况，则发生在三月。北京据《清稗类钞》记载："黄花鱼，每岁三月初，由天津运至京师，崇文门税局必先进御，然后市中始得售卖。酒楼得知，居为奇货；居民饫之，视为奇鲜。虽浙江人士在京师者，亦食而甘之。虽已馁而有恶臭，亦必诩而赞之曰'佳'，谓今日吃黄花鱼也。"在天津到北京的火车没有开通前，外运的鱼有死臭的可以理解，但鱼的保鲜技术也是比较到位的。当时家家有冰窖里藏冰的传统，用冰块来冷冻保鲜是常事。而到了1906年，京汉铁路全线通车，天津到北京运鲜鱼就更是家常便饭。

周辅成何时知道陈寅恪研究柳如是？

张荣明号称藏书家，《竺可桢与陈寅恪》却行文汗漫，充斥想当然的揣测，意识形态色彩的词也颇多。去掉空洞的引言和陈克艰质疑文，估计才三万字，却整成一本书，这不跟刘梦溪的《陈宝箴与湖南新政》一样吗？斗筲之才，抢滩之作。还是我广州学者张求会老师踏实，《陈寅恪丛考》十年磨一剑不说，还以自己的陈三立研究资料赠人，成人之美，让人感佩。

但张氏这书之于我还是有一点用处。书中说，何龄修先生曾在《〈柳如是别传〉读后》一文（载《纪念陈寅恪教授国际学术讨论会文集》，中山大学出版社，1989 年，第 618 页）指出，早在 1959 年国庆之前陈寅恪从事"明清之交历史问题研究""作为他所在学校迎接国庆、实现史学跃进的信息，刊登在《历史研究》杂志上"。这点倒可以印证我对胡文辉兄《作为回忆文本的〈燃灯者〉》（《南方周末》2012 年 3 月 23 日）的一处商榷。

胡兄对《燃灯者》的批评大多成立，但我不能同意下面这两段话——

"赵先生作为学生回忆恩师，多少有些神圣化，还是可以理解的。对场景的刻画过于具体，过于细腻，显得不真实，似也无关紧要。但有时顺带将个人的、事后的体会融入回忆中的老师身上，使得周辅成的形象里夹杂了一点赵越胜的表情，这就是比较严重的问题了。

"如第五节，写日本电影《望乡》1970年代末在大陆公映，引发轰动，并引起一些卫道士的攻讦，赵为此写了篇《〈望乡〉的伦理学》，而周看后表示赞许，'先生说你谈《望乡》的伦理学，实际上是谈妓女的道德。这看似悖论。妓女在世人心目中总和道德沦丧相连。妓女这个名词似乎就是道德败坏的象征，但谁能说妓女就没有道德？先生说，谈妓女的道德人格，古今中外并不罕见。古有唐人白行简的李娃，清人孔尚任的李香君，今有陈寅恪的柳如是。外国有萨特的丽茜，《望乡》中的阿琦婆。她们都是心中有大义大爱的人。'《望乡》公映是在1978年；赵文发表在《光明日报》，我没有查具体出处，但想来不晚于1979年（编者注：赵文发表于1978年11月10日）；而陈寅恪的遗著《柳如是别传》是1980年8月才刊行的。因此，周当时不可能提及陈寅恪和柳如是，那可能只是出于赵后来的想象和铺衍，借用顾颉刚'疑古'的话，可以说是一种'层累地造成的记忆'。"

胡兄认为陈寅恪的遗著《柳如是别传》是1980年8月才刊行的，因此，周辅成先生在1979年不可能知道陈寅恪在研究柳如是。这里面是有逻辑跳跃的，因为即便周辅成在1979年没读过《柳如是别传》是真的，也不代表周辅成在1979年不知道"陈寅恪在研究柳如是"。诚如何龄修先生说的，既然1959年《历史研究》杂志上都登了恪老研究明清交替的消息，在六七十年代知道恪老研究柳如是的学人应该不少。

旁证还有，郭沫若1961年到中山大学探访陈寅恪时，两人谈到了"钱柳因缘"。回到北京后，郭沫若从中国科学院图书馆为陈寅恪影印了有关"钱柳"的史料。陈寅恪听读材料后"认为对修改原稿有帮助"。周连宽、蒋天枢乃至竺可桢都为他找资料，岂能不知道恪老在研究柳如是？既然这么多人都知道了，想想恪老的《论〈再生缘〉》的油印稿本都能先于出版在海外流传，文化人圈子里对"陈寅恪在研究柳如是"这一消息的流传应该也是比较广泛的，因此，周辅成在1979年知道"陈寅恪在研究柳如是"并不奇怪。

又，书话家黄裳在《关于柳如是》一文里写道："大约两月前，偶然得知故陈寅恪教授有《柳如是别传》的著作，都五十万言。真是空谷足音，跫然以喜。今天于《学术研究》中得读其第一章，十分高兴，也颇有感触。"文末注明的写作时间是1978年7月21日。可见，黄大概在1978年5月即知陈寅恪有《柳如是别传》，虽然他也未见此书，但以恪老盛名，知道此事的想必还有很多。所以，治史之难首在"不轻下断语"。慎之戒之！

证史与释史

秦晖先生的道德文章我是佩服的，但他被有些人吹捧成"百科全书式的学者"，我就只有"呵呵"了，在学术分工日益完善、成熟的当下，想做"百科全书式的学者"，难矣。

秦先生在《走出帝制》一书里第 52 页写道："东汉……桓帝时人口又恢复到 5648 万，但……重归一统时，魏、蜀、吴三国人口合起来只有 760 万，可以说消灭了七分之六。"由于没有注解，我不知秦先生的史料出处，但葛剑雄《中国人口史》认为，东汉高峰期有人口 6000 万，三国时最低有 2300 万左右，只消灭了 60%，而这"七分之六"就差不多是 86%，两者差距还是很明显的。

有人认为，秦晖的史料应是出于《通典》，是魏景元四年（263年），三国合计户 1466423，口 7672811。可这条史料指的是州县编户的人口数，相当不完备。王育民和葛剑雄都认为，由于统计能力的匮乏，丢失了世家豪族荫户、屯户、兵户、吏户，以及一些少数民族的人口数。秦晖自己知道葛著《中国人口史》如何权威，却将该书早已批判过的史料直接移来用，实在不应该。

史学有释史与证史之分，证史累，所以，投机取巧者易滑入释史。我曾问朋友关不羽："西安事变时何应钦想弄死蒋介石，蒋后来为何没整何应钦？"关当时找了一大通解释，说何是保定系头领，蒋不敢动云云。后来才清楚，何在事变中的应对符合蒋的思维，效果也得到蒋肯定，弄死之说蒋自己都不信。

为什么苏联集体化要动用飞机大炮才搞得下，而中国集体化却容易得多？秦晖对此有个著名解释，苏联的农村有小共同体自治传统，而中国没有，所以，前者保护家园更拼命。可中苏关系史专家沈志华却认为，原因是中共组织当时已经渗入到农村，而苏共在农村没有什么势力。秦晖的释史之病也就一目了然。

居然有人认为秦晖与沈志华的观点可以并行不悖，意思是"苏共无法渗透农村，不正说明苏联的小共同体自治传统强大吗？"这是什么逻辑？很明显的史实是，中国不少地方的小共同体自治传统也很强大，比如潮汕、福建等地，但再强大也抵挡不了现代政党的有组织渗透。能不能渗透与被动方的"小共同体自治"关系不大，而取决于主动方的现代政党有没有意志去渗透。所以，秦晖的论证链是有逻辑跳跃的。

举个例子，一个转弯路口现在平白放了块大石头，好多车来不及刹车因此被撞，主要原因当然是这石头。你解释说"是因为司机没认真看路"，"是因为交通部门没有清理路面"，"是因为司机想走捷径，不愿意绕着走"……这都有道理，可这算什么解释啊！

史学的"下里巴人曲线"
——从黄仁宇到吴思、易中天

　　刘小枫在《这一代人的怕和爱》中曾经说过："四十年来，汉语哲学的大陆语域发生过一场语式——当然首先是思式革命。纯粹心性式和纯粹学术式的哲学言路被贴上阶级的标签予以消除，取而代之的是一种姑且名之为'社论'式的哲学言述。'社论'语式在大陆汉语域中成功地颠覆了传统的种种自在语式并进而独占全语域，在汉语域中逐渐泛化（全权化），哲学言路的社论语态化只是这种泛化的言语场之一。正如已经发生过的当代言述史所表明的，甚至像抒情诗这种最富私人心性的言式，亦曾'社论'语态化。"

　　"社论"语态是一种道义——权力诉求，其特点有：1."独断论"的语式往往扼杀人的反思能力；2.语言暴力沉渣四起、"二元性"的敌对思维无处不在；3.宏大叙事泛滥，以至"类"常常湮灭"个体"，"必然"总是压倒"偶然"。这种特定的言述形式比其指述的内涵——道义权力本身更有制约性。因此，如何挣脱权力话语加之于思想的这一根绳索，就成了新时期以来中国知识人的"必修课"。80年代，李泽厚凭着《美的历程》，《批判哲学的批判》，《中国古代／近代／现代思想史论》等书引领思想潮流，"四五一代人"如痴如醉地阅读李泽厚，与其说是被李氏思想所震撼，不如说是经历过"文革"的他们想从李氏的著作中获得"如何表达自己"的启发，所以一旦"四五一代人"找到自己更惬意的表达方式，李泽厚的"落寞"便成了时代风向转变的一种必然。于是，在文学里我们发掘出筱敏的《成年礼》，收获了史铁生的《病隙碎笔》；在哲学里我们听到张志扬敲《门》时"我在的呢喃"，感受着刘小枫《沉重的肉身》。甚至即使余秋雨的《文化苦旅》，那也表征着国人对传统文化的饥渴啊，这时史学领域的情况怎样呢？很遗憾，"四五一代人"中的佼佼者大多选择了文学和哲学，所以史学中对这一问题的重视相当滞后，"破题"之功也就不得不从海外学者黄仁宇说起。

一、世间已无黄仁宇

黄仁宇（1918—2000）的成名作是《万历十五年》，最初是用英文写的，1981年由耶鲁大学出版社印行，当时为美国名作家厄普代克（John Updike）在《纽约客》（*New Yorker*）杂志撰写书评推荐，该书后来获得美国国家书卷奖（American Book Awards）1982和1983年历史类好书两次提名。翌年（1982年）《万历十五年》中文版在北京出版，由其老友廖沫沙题签，印在封面。该书当时首印二万七千五百册很快发售一空，现在流行的大多是三联版，看版权页就发现从1997年5月到2005年5月就重印了二十次，迄今销售量估计已逾百万，人称"黄仁宇旋风"。常言道："他山之石，可以攻玉"，黄氏在美国历史学界一直郁郁不得志，其代表作《万历十五年》出版时还颇费周折，以至他在晚年的回忆录中还对此事愤愤不平，可谁能想到，正是这本书在祖国大陆烧起了一片"野火"。

很显然，黄氏作品之所以能迅速风靡大陆读书界，而且三十几年来长盛不衰，究其原因，与其文笔风格有密切关系。庄周的《齐人物论》说："大历史"观的提出者、前不久刚刚去世的黄仁宇先生开创了一种新型的历史随笔，用清新俊朗的文字把谨严的学识和博通的史观熔于一炉，遂使学术著作顿成大众的精神美食。有人说，黄仁宇的文笔有一种"卡夫卡式的魔力"，这种魔力表现为叙事时特有的冷静、克制和精确。也许正是因为黄氏在叙事方面的天才过于饱满，反而他在制造"概念"时有些拖泥带水，不够严谨。比如这"数目字管理"，到底是指"定量的统计分析"，还是指"银行信贷等中间架构的出现"，抑或是"用技术官僚执政，以数学风格治国"？相信类似的问题还有很多，而研究黄氏著作中"核心概念"的论文以后将越来越多，到时会不会形成一个"黄仁宇之谜"或者"黄学"还真说不定呐。

毫无疑问，黄氏的写史风格影响了"四五一代人"，学界的张鸣、江晓原、朱学勤等著名学者都承认这一点。当然，黄氏能有这样的成就，除了文笔风格的原因外，还必须提到他的个人经历。朱学勤先生在谈到《黄河青山》时说，"他是在中国出了名的历史学家当中，唯一一个进大学以前有过漫长的，非学院生涯、底层生涯的人士。而在进了大学以后，他没有把进大学以前的记忆作为包袱，而是作为财富，点石成金，他的'大历史观'，他的'中国主要问题如何实现在数字化上的管理'等等，和他抗战的时候做过步兵参谋，在云南那种瘴气密布的丛林里作战，亲眼见中国的西部是如何的荒僻，如何的落后，和北京、上海这些沿海孤岛的现代化据点差距有多大的这些经历都有关系。后来他把这些经历带到了他的剑桥生涯、耶鲁生涯、哈佛生涯，点石成金，他才能写出《万历十五年》、《赫逊河畔谈中国历史》、《中国大历史》

以及这本刚刚出版的《黄河青山》。"

显然，这样的点评是切中肯綮、启人心智的，但不管怎样，黄氏毕竟对于大陆的语境还是有所隔膜，这点我们从《黄河青山》中他误信"文革"时"高等华人"的"喜鹊嘴"的事情就可以看出来。更需要指出的是，因为对1949年后的大陆情况缺乏切身体认，所以他对传统中国制度结构的剖析往往是"搔到了痒处，却没有抓到痛处"。

二、吴思的"制度"寻思

正是在这种情况下，也就逼出了吴思的《潜规则》——

我读过四遍《万历十五年》。1986年初读的时候，只觉得写得好，说到了要害，而要害究竟何在却说不出来，但觉汪洋恣肆，犹如神龙见首不见尾。

前几年我终于找到了"潜规则"这个观察角度，读史时开始留心那些不明说的规矩，即隐藏在正式规则之下、却在实际上支配着中国社会运行的规矩。有了这种积累之后再看《万历十五年》，就发现黄仁宇绕来绕去一直想说明白却没有说明白的，正是这个潜规则。

黄仁宇很清楚，明代社会绝不是按照那些公开宣称的正式规范运行的，冠冕堂皇的道德法令大体只是说说而已，于是他努力描绘这种情景。至于那个社会到底是按照什么规则运行的，他却没能点透，更没有对其形成机制进行分析追究。也就是说，黄仁宇确实抓住了要害，却未能把这个要害揪到亮处、研究透彻。他把水烧到了九十多度，但差一把火没到沸点。

吴思何许人也？他 1957 年生于北京，1982 年毕业于中国人民大学中文系。曾任《农民日报》、《桥》等报章杂志的记者及编辑，任《炎黄春秋》杂志执行主编多年。从他的履历来看，他阅历丰富，属于典型的"四五一代人"，怪不得对于黄氏以国民党的下级军官亲身经历提炼出的"中国是一三明治结构"说，吴思居然很不以为然，还调侃道，"这人毕竟是只打过仗，没搞过生产，不知道日常生活中真正的要害在哪里。"

那么，日常生活中真正的要害在哪里呢？就在《血酬定律》中——"强盗、土匪、军阀和各种暴力集团靠什么生活？靠血酬。血酬是对暴力的酬报，就好比工资是对劳动的酬报、利息是对资本的酬报、地租是对土地的酬报。不过，暴力不直接参与价值创造，血酬的价值，决定于拼争目标的价值。如果暴力的施加对象是人，譬如绑票，其价值则取决于当事人避祸免害的意愿和财力。这就是血酬定律。""引入这条定律，可以更贴切地解释一些历史现象。"

可以说，走到这一步，吴思的思想体系就基本上架构起来。也许有人会将吴思著作中的"利益博弈"与霍布斯的"丛林法则"相比附，甚至已经有人认为他是"中国的马基雅维利"，这种评论其实都失之表面。我们首先要知道，吴思之所以厉害得益于三个因素：第一，他是记者出身，文字干净明白，没有文人滥情拖沓的毛病；第二，他谙熟制度经济学方法，就相当于长了一对"魔眼"，能洞察到帝国制度结构的要害；第三，他是一个制造"概念"的高手，这种能力是他的天赋和阅历共同造就的。明乎此，笔者以为，吴思著作的重要意义在于——"潜规则"其实是对"明规则"的呼唤，而"血酬定律"则是在提醒统治者，利益分殊所导致的集团博弈必须摆在"宪制"平台上进行才可能实现持续均衡。

由此，从黄仁宇到吴思，一场史学领域的语式——思式的"反革命"便在精英层中首先拉开了。

三、"预流者"易中天

随着吴思的成功，"浅说"历史或"趣说"历史的书便跟风般多了起来。书店热卖过的有李亚平《帝国政界往事》、张鸣《历史的坏脾气》、易中天《帝国的惆怅》，天涯网友谭伯牛的《战天京》、十年砍柴的《闲看水浒》、快刀丁三的《蓝衣社》也是一炮而红。笔者大学读的是历史系，看到这么多前辈在参与一股"民间写史"的潮流，当然很是欣喜。陈寅恪先生在《陈垣〈敦煌劫余录〉序》中说："一时代之学术，必有其新材料与新问题。取用此材料，以研求问题，则为此时代学术之新潮流。治学之士，得预于此潮流者，谓之预流。其未得预者，谓之未入流。此古今学术史之通义，非彼闭门造车之徒，所能同喻者也。"

可让人遗憾的是，当代历史学界的有些人似乎却拈不出陈先生这话的分量。这不，人家厦门大学中文系教授易中天在央视《百家讲坛》讲了一阵子"汉代风云人物"，结果"火"了，不但书卖得好，而且还受到了很多粉丝的追捧。照理说，学院内的专业学者看到有人为他们做这种普及工作应该高兴才是，就像霍金高兴自己的"宇宙爆炸假说"被人家谈论一样，哪怕人家借着谈论"宇宙爆炸假说"挣了不少钱，那也是人家自个儿的本事。可我们有些历史学者就是控制不住自己那股酸醋儿劲，说人家易某人"信口开河"、"满嘴跑火车"，还说什么"上央视讲历史，可能使学界变得浮躁和急功近利"。更为可怕的是，人家易中天本来是想使讲课更生动，自己脱下鞋，向观众演一把古人怎样"避席"，便被这些人说成不严肃，有些轻佻，丧失一个学者应有的仪表等等。

说老实话，我也觉得要讲历史应该严肃点，才能营造出现场的历史气氛，而插科打诨的方式往往会消解历史的厚重感，从而使历史减损悲剧性的震撼力，也就达不到"历史使人明智"的基本的功能。但我不喜欢是我不喜欢，我没有权力要求"易粉"不准喜欢这种方式，这是一个"每个人都活出自我"的时代，个人有权型塑自己的生命感觉。况且，去听易中天讲历史总比去看"超女"要强吧。总之，我们固然要反对打着文化普及的旗号把历史庸俗化、粗鄙化的做法，但我们也应该宽容那些在文化普及中非"专业"的行为，西哲罗素说："参差多样乃幸福的本源"，能不信乎？

我们都知道，其实"专业"这东西是海通以后西潮冲击的结果，在此之前，是没有什么文学、历史、哲学、政治学、经济学的分类的。孔夫子当年实行的是"六艺之教"，"六艺"讲的是什么？是"礼"、"乐"、"射"、"御"、"书"、"数"。林安梧认为，"礼"指的是分寸节度，"乐"指的是"和合同一"，"射"是指"对象的确定"，"御"则是"主体的掌握"，"书"则是"典籍文化的教养"，"数"可说是"论理逻辑的思辨"。这种教育的目的是培养有德的"君子"，但海通以后由于民族国家对科技人才的迫切需要，拷贝西方"专业"设置也就成了所谓"教育现代化"的一项必然要求。近年来，一直迥异时流的刘小枫对此进行了尖锐的批评，他说："什么叫教育的现代化？首先就是教育的大众化和技术专业化，念大学的人越来越多（大众化），但在大学念什么呢？念的是实用（技术）性的知识。于是，现在受高等教育，绝非意味着品德和人生理解上的长进，而是技匠的培养，这与中国和西方传统的文教理念都相违。"

基于此，刘小枫和甘阳等人都主张大学要实行"通识教育"，也就是要向"古典自由教育"回归。我不知道易中天教授是否有这样的自觉，他的履历中写着"长期从事多学科和跨学科研究，于文学、艺术、美学、心理学、人类学、历史学等学科均有涉猎"，有记者曾就此问他："你原来研究美学，后来著了与城市学、宪法学相关的书，现在又以讲史知名。你最想做的是什么？"易中天轻松地回答道："你就写'喜新厌旧、见异思迁'这八个字好了。全是兴之所至，性格使然。我不反对埋头苦干只做一件事，人与人不一样，有些人喜欢到处窜。我是流寇主义。"

　　好一个流寇主义者！"在一个分工体系很成熟的社会里，社会为你安排好的是一种机械式的人生。所以尼采才非要辞去教职不可。但跳出这个分工体系的同时你也就失去了'合法性'，你得不到社会的承认。这个时候就需要道德勇气了，需要诚实地面对心灵的勇气。这就是'人文关怀'在现代社会里的表现形态。"汪丁丁的这一段话深刻地说明了易中天当时的处境。也许在这个人物身上，确实有些哗众取宠的成分，但我还是希望他继续表演下去，因为在这个"史学式微"和"娱乐至死"的时代里，史学能被人如此利用又何尝不是史学的一种幸运呢？

　　易中天坦承，"很多研究历史的人，把历史当作一具尸体，放在解剖台上，用解剖刀一点一点地切割，取出肾脏、肝脏、心脏来研究。这也许是一种方法，但我不太喜欢。我是学文学出身的，我觉得面对历史，首先要去感受它的血肉和肌理，其次才谈得上研究。"我被他的这一段话感动了，或许易中天是一位"预流者"，虽然他的知识也许不够渊博，他的见识也未必深刻，但从他坚毅的背影中，我似乎看到了国人对历史的热情正在冉冉升起，也许在不远的将来，当每个中国人都能像易中天这样亲切地感受历史的血肉和肌理时，史学领域的语式——思式的"反革命"也就完成了。

从黄仁宇到吴思，历史走出了坚定的一步，他们的成功标志着"意识形态化"史学的坍塌；而从吴思到易中天，历史却又似乎踌躇起来，是"预流而上"，还是"娱乐至死"？历史仿佛划出了一根"下里巴人曲线"，但曲线到底是上爬还是下坠，我们谁也不知道。我们唯一可以做的似乎就是多一分理解，多一分宽容，也多一分等待。

是的，"中国是磨炼人耐性最好的地方"！

"一般的道德"，不一般的抵抗

　　我一直很喜欢画家陈丹青的文字，他寥寥数笔，却有如素描般精准传神，比如他说自己第一次去美国——"看到街上的年轻男女，人人长着一张没受过欺负的脸。在中国，这样的脸难得一见。"类似的文字我已多年没有读到，直到最近读美国作家阿普尔鲍姆的《古拉格：一部历史》一书，他在序言中也落笔惊魂："获释多年以后，古拉格的居民们经常可以在大街上仅仅通过眼神认出以前的囚犯。"能把人的眼神压制成"商品标记"之类的东西！这到底是怎样一个庞然怪物哟？

　　"古拉格"是俄语"劳改营管理总局"首字母的缩写，但随着时间的推移，它不只是表示集中营当局，而且表示苏联的劳动苦役营系统本身。作者在第一部分和第三部分叙述了劳改营及其管理部门的萌芽、演变和衰亡。用思想家阿伦特的说法，纳粹和布尔什维克政权均设计了"目标敌人"，"目标敌人"的身份根据现实情况发生变化，因此在一类人被消灭后，立即向另一类人宣战。在苏联，人们被逮捕，不是因为他们做了什么，而是因为他们属于某一类人。于是，在苏维埃建政初期，前沙俄政府官员、资产阶级投机商、地主、神职人员……甚至跟布尔什维克一起搞革命的孟什维克也成了"目标敌人"。随着"敌人"定义的扩展和契卡（全俄肃清反革命及怠工特设委员会）权力的膨胀，作为应急措施建立起来的集中营也就变得越来越庞大。加之斯大林以及苏联当局认为强制劳动力对发展经济有利，于是，"古拉格"这部"绞肉机"的程序（逮捕、审讯、用没有取暖设施的运牛车押解、强制劳动、毁灭家庭、常年流放、过早及无谓的死亡）在一个又一个的"五年计划"中高速运转起来，直到苏联解体。

作者认为，"我们对不同社会如何把邻居和同胞从人变成物知道得越清楚，我们就对导致每一次大规模迫害和大规模屠杀的特定环境了解得越充分，对我们自身的人性阴暗面洞察得越透彻。"因此，在第二部分对"绞肉机"的程序进行了大量的细节描述。契卡创始人常在笔记本上记下偶然想到的"敌人"，足球运动员斯塔罗斯京斯效力的球队击败了某官员喜爱的球队，伤害了对方感情，因此被捕……审讯员要求囚犯"用手握住你的阴茎。翻开包皮，多翻一点。好了，够了。把你的阴茎朝上，朝右。"……犯事的囚犯会被脱光了衣服绑在夏天森林的树干上遭蚊子咬死……有名囚犯在晚点时倒下，一群人会马上围过去，扒走他身上的帽子、靴子、裹脚布、外套、裤子，甚至是内衣，衣服刚扒光，倒地者的头和手就抬起来，声音微弱且清晰地说："太冷了。"接着，他的头又重重地落到雪地上，两眼蒙上一层薄翳……

总之，在饥饿、寒冷和暴力的笼罩下，每个人都似乎成了生存竞争者，人性也变得阴暗冷漠起来。面对这种情况，个体何为？一般人采用偷工减料、弄虚作假这种"弱者的反抗"。有个男囚犯从事伐木劳动，不停地干活，由于渴望休息，他砍断了自己的手脚。有些女犯为了不去干重活，经常使自己怀孕。另有一部分人则通过告密等行为积极配合劳改营，成为模范囚犯，以改善处境。德国社会学家沃尔夫冈说，"绝对的权力是一种秩序而不是一种拥有。""通过使少数受害者成为它的帮凶，当局抹杀了管理者和囚犯之间的界限。"索尔仁尼琴认为，这种模范囚犯，即使没有告密，也是不道德的，"切面包的囚犯也正在剥削整天在森林干活的囚犯，是谁故意使发给伊万的面包缺斤少两？"还有一部分人则做出了第三种选择，他们依靠托多罗夫说的"一般的美德"（关爱和友谊，人的尊严和精神生活）生存了下来。他们把尽量保持清洁当作维护尊严的一种方式，有的女人把衣服洗了一遍又一遍，还学会把面包嚼碎后做成纽扣；有的男人擦洗牢房的地板和墙壁，还根据多少步折算成一公里，想象自己穿越莫斯科走到美国大使馆。文化层次更高点的则写诗、讲故事、用莫尔斯电码交流信息、保持对生活的想望。

　　作者不是阿伦特这样的思想家，所以并没有发出"我们应该像第三类人一样"的祈使句。但如果我们承认"大多数人都参与"不能成为免责的理由，第三类人的存在就昭示了我们"怎样生活才是道德的"。这"一般的美德"接近"自然道德"，也就是"基本的是非感"，比如不背叛，不偷盗，不迫害别人，等等，它先于政治道德，是一种基础性道德，甚至可以说是人性的背景。而野蛮的纳粹和斯大林体制对于这些一般背景和价值进行疯狂破坏，它导致人们借以观察世界的基本光线不再存在。所以，第三类人对自然道德的坚守，使我们不至于对人性绝望，为自由道德的生长播下了种子。

成也族群，忧也族群
——读许倬云《台湾四百年》

　　许倬云近年来出了不少注水书，但这本《台湾四百年》算是干货。许氏惯于从社会结构切入历史，台湾四百年被他泼墨成一幅美丽生动的山水画，而"点睛之笔"就是"族群与民主的互动"。

　　台湾在 16 世纪才被西洋海盗与东方倭寇拽进历史，后又被荷兰占据。1661 年，郑成功收复台湾，带来了 10 万人口（土著人口大概也 10 万），可这些人里大部分是官员和军人，他们不习读书，对台湾的庶民文化没什么提升，再加清政府后来出于对台湾（作为反清复明基地）的防范，长期禁止大陆人登岛，这就导致精英文化不能深入到庶民生活中进行调节整合，民间遂由移民自发形成族群争斗基因。

　　族群争斗是个麻烦事。我们知道，人一出生就会被归类到各种身份中去，但很多身份可以变，比如，我不再当老师时就不是老师了。可族群身份却与生俱来，洗也洗不掉。人类学家艾瑞克森说，"每个族群都认为自己是被拣选的，把别的族群视为投射负面认同的银幕，并以此作为相互争斗的理由。"这也就是我们常说的"非我族类，其心必异"。弗洛姆将族群特征（种族、籍贯、肤色、宗教等）称为人的初级连带，其好处在于"与其他人的联合、团结可以增强力量，也能克服个体的孤独，获得归属感"。坏处在于"阻碍人发展成为一个自由的、自主的、有创造力的个体"。因此，族群认同需要具有"超越性视野"的精英文化来引领，否则，会长时期停留在地域性、血缘性的争斗层面。

清政府在嘉庆年间放开对台湾的移民，刘铭传他们也做了些建设工作，但没多少年。到了1895年，台湾就被割让给日本。日本带来的现代文化对台湾庶民文化的冲击是比较大的。

台湾人在日本殖民统治下终究是二等公民，经过五十年的压抑，"亚细亚的孤儿"归来，盼来的却是衣衫褴褛、腐败扰民的国民党兵，这令台湾本土人在比较下对国民党政府失望起来。到1947年，终于酿成了二二八事件，由于陈仪与国民党的处置失当，这一事件在"本省人"与"外省人"之间划下族群伤口。这一伤口并没有马上发酵，因为在国民党的白色恐怖下，毫无反抗的希望，民众只能接受既定的社会位阶安排。但到了70年代，随着民意代表老去、失去联合国席位，国民党不得不起用本土人才、放开地方选举，争取新的合法性资源，台湾政治学者朱云汉将这一进程描述为"国民党面对潜在的省籍矛盾与快速经济社会变迁所持续进行的组织调适"。

在威权政府"主动调适"放出一定政治空间后，台湾本土化民主势力在80年代，也利用族群问题加紧了政治动员，本省籍民众开始逐渐意识到原先省籍间的政治与文化不平等，开始形成一种新的"族群想象"，冲击着威权政府，而这批具有省籍/本土意识的群众也成为民进党的主要社会基础。为什么是"族群身份"被动员，而不是其他身份？道理也简单，上午9点15分出生的你一般不会将自己归为"上午9点至10点生的人"，但如果某个独裁者出于迷信，认为这个时间生的人会有造反领袖出现，因而下令迫害这些人，"上午9点至10点生的人"就会因为被迫害很容易建立起身份认同，并被政治动员起来。由于"族群问题"在台湾人身上划下的伤口极深，政治动员起来具有天然优势，这也是为什么有史家认为"辛亥革命本质上是一次反满革命"的原因。当族群认同与民主政治结盟，就产生了惊人能量，他们的抗争使得国民党的镇压成本抬高，于是，党禁和戒严一开，再加蒋经国审时度势、李登辉顺水推舟，政党轮替完成，民主化就成矣。

但台湾近三十年的民主化也并非尽善尽美，突出弊病还是族群问题。许氏认为，台湾经济起飞与都市化带来的"南方差异"，与原有的族群矛盾共振，严重影响了政党竞争。选举往往不是凭着政见，而是凭着族群归属和认同，以及地方利益来划分，这就导致立法权对行政权的干扰和压迫，政府很多事情都做不了。所以，萨伊克在《族群》一书的名言再次被印证——"族群意识可以建立一个国家，也可以撕裂一个国家。"台湾民主真可谓"成也族群，忧也族群"。

俄国知识分子的"罪"与"罚"

> 这些人之所以寻找天堂的道路，是因为他们在地上迷路了。
>
> ——普列汉诺夫

引子：天使抑或魔鬼？

20 世纪以来，西方对俄国知识分子的反思给人们造成了一个普遍印象：俄国知识分子狂热鹜从极端的意识形态，有如陀思妥耶夫斯基描写的魔鬼，冲向盲目的自我毁灭，还拖着他们的国家同归于尽，随后更贻害世界许多其他地区。

作为十月革命后移民西方的俄裔，英国思想家伯林对西方的这种"成见"很是不满，于是写成《俄国思想家》一书辩解道：对绝对价值的渴求是人类的本性之一，并非俄国知识分子独有；俄国的历史困境导致他们同时具有一元和多元两类价值观，这种"刺猬"与"狐狸"（狐狸多知，刺猬只知晓一个大的问题）的冲突使得他们充满自由的洞识；勇敢且文明的赫尔岑还是一位坚定的多元论者。

由于伯林的巨大影响力，一时间，俄国知识分子的形象像翻烧饼一样，让人困惑不已。天使抑或魔鬼？如果仅仅是通过个案来反映，双方都可以找到佐证自己观点的例子，这也是历史研究里枚举法的弊病所在。因此，对于俄国知识分子的研究，必须要有更开阔的视野、更"同情之理解"的心态、更有说服力的解释框架。因应读者这一需求，中国学者金雁的《倒转红轮：俄国知识分子的心路回溯》一书真可谓"解渴之作"。

金雁此书采取的是由近而远的倒叙方式，她对俄国历史上几个典型的知识分子群体产生、发展、消亡的过程做出了自己的分析和解释，给我们描述了这样一幅画卷：1812年十二月党人起义后，沙皇政权对贵族不再信任，贵族的离心作用加强，到了19世纪40年代，体制外贵族知识分子渐成气候，他们钟爱文学，痛恨专制，热爱自由，有着宗教救世情怀；到了19世纪60年代，激进的平民知识分子登上历史舞台，他们鄙夷贵族知识分子反农奴制时的暧昧态度，反对空谈，崇尚仇恨和暴力推翻专制，主张为了目的可以不择手段；接下来的70年代的民粹派、80年代的民意党；90年代则是自由职业崛起；再后来革命爆发，自由主义者被迫流亡，直到苏联解体，自由派里的路标派再以"先知"的面目回归……

"三种时间"光照下的俄国病

俄国知识界为什么总发生自由主义与民主主义的震荡轮回？何时才能走出这种轮回？这是金雁思考的核心问题。应该说，金雁在书中的解释基本是成功的，但限于章节体和史家克制的美德，她的解释缺乏逻辑的统贯。为了深化读者的理解，笔者认为，有必要借助法国年鉴学派历史学家布罗代尔的"长时段"理论框架，将金雁的解释整合阐发。

布罗代尔认为历史有三种时间：短时段是表现事件的个体性时间，处于历史表层；中时段是表现局势的社会性时间，如人口增长、利率波动等；长时段是表现结构的地理时间，如地理格局、气候变迁、社会组织等。

那么，"长时段"因素对俄国知识分子的性格造成了什么影响呢？在很多俄国人看来，俄国西部在漫长的边境线上没有天然的防卫屏障，以至经常要为安全性困扰，因此，俄国的国家战略目的指向相当明确——不断把边界推到远处以保证国家安全，所以，建构一支有能力使俄国不断扩充版图的军队是重要国策，这就使得俄国成了一个以军事手段进行管理的中央集权国家。这种不断"稀释"的中心地带的发展模式，还延缓了俄国的城市化和近代化进程，加剧了国家操控社会的农奴化和专制化趋势。为了不使俄国被东西方势力吞没，国家对个人自由和社会力量进行压制就天然合理，国家主义因此成为民族需求。

而"中时段"因素对知识分子性格的形成作用就更明显了。俄国平民知识分子为什么激进，以至被人称作"头上长角、身上长刺的新一代人"？这与其成分构成以及所处的社会经济地位有很大关系。尼康宗教改革后，为防止分裂教派的人进入僧侣阶层，政府对神职人员的选拔进行了严格的审查，造成了一个"外行业人进不来，本行业人出不去"的封闭机制。僧侣阶层薪酬不如贵族，还不允许经商。人口增长又比较快，就业也就越来越难。僧侣子弟在没有别的出路、唯有传统教育优势的情况下，只有希望通过读书改变人生。到 19 世纪 50 年代，各大学挤满了来自教会中学的学生，他们成了"平民知识分子"的主力。这些人与贵族青年的思维有很大差别，他们扎根于俄国的习俗和传统，较少受国外家庭教师和旅游的影响，贵族圈子的优雅做派和华丽舞会也与他们无缘。大学教育总会给学生一种"精英感"，因为自古以来的文化教育都推崇知识和美德，以掌知识和美德的多寡衡量，他们当然相信自己走入社会后会是精英阶层。可一旦他们毕业踏入社会，却发现自己混得并不容易，混得好的还是"官二代"、"富二代"。于是，价值感落空繁殖出大量的怨恨和叛逆意识。

"短时段"因素则是"长时段"、"中时段"因素共同作用下的偶然表现，因此反具有迷惑性。典型的如文学批评家别林斯基，他能读一些法文，但既不懂德文也不懂英文，所以必然会使他的那些贵族知识分子朋友们感到不快，因为他必须通过其他人来熟悉外国哲学和资料。这种教育背景差别和文化水平的不同使别林斯基自尊心受到很大的挫伤。但他心底却认为，造成这种差异的不是智力原因也不是个人能力，而是"该死"的家庭出身，是僧侣阶层和贵族阶层巨大的差距，是不平等的社会造成的。所以他有时会以极端的言行突然爆发来发泄心中的压抑和郁闷，不知道的人以为他是"神经质"，其实这只是荣格所说的"转移爆发"罢了。在俄国知识分子里，这样的例子应该是很多的，只是更多的可能是找不到工作而"转移爆发"于社会制度。

"文学政治"现象及其后果

尽管俄国知识分子里也有赫尔岑、路标派文人、第三种知识分子这些异数，但他们对社会进程的影响比较边缘化，因此，难以改变俄国知识分子的整体的"罪"。这主要表现为文学政治。

"文学政治"现象是由法国思想家托克维尔在《旧制度与大革命》中总结提出的。他指出，法国大革命前的政治教育的工作主要由文人从事。他们尽管不执政，但说话有极大的权威性。他们不与实际的政治事务接触，只是从事抽象的政治理论研究。他们认为，应该用简单而基本的、从理性与自然法中汲取的法则来取代统治当代社会的复杂的传统习惯。

与法国相比，俄国的"文学政治"现象可以说有过之而无不及。政论中大量的文学语言且不说，单是托尔斯泰《战争与和平》与索尔仁尼琴《红轮》中表现出的"文学中心主义"就让人震惊不已。为什么托翁小说中充斥着大量枯燥的历史、哲学思考？伯林认为，这是作为"狐狸"的托翁想当"刺猬"。金雁的解释比伯林更深入，历史上的俄国文学就是一个无所不包的大学科，历史学、经济学、政治学都是从文学中分化出来的，以至于文学成了"思想的引领者"。加之沙俄时期，政府不允许知识分子讨论哲学，文学杂志是唯一可以公开讲话的地方，不少政论家、哲学家都只能在文学领域迂回表达政治异见。

文学政治在俄国知识分子里有几种表现：1.总觉得自己高人一等，喜欢指导民众。贵族知识分子抛出一种老爷式高高在上的素质论，"群氓的解放会给社会带来灾难，给粗鲁无知的人自由，就等于给儿童刀子代替玩具"；而号称"人民之子"的车尔尼雪夫斯基却经常表现得像"人民之父"，认为知识分子的主要任务就是教育人民，向他们传播先进思想，代表人民的利益，组织人民起来革命。2.个体服从整体。以国家的利益把人身"自由"转变为"不自由"是俄国的一大特色，陀思妥耶夫斯基在十字架上写道："顺从吧，骄傲的人！"而托尔斯泰提出的是"勿抗恶"。平民知识分子则认为，为了高尚的目的可以不择手段，行为只要有利于大多数人就是正义的，整体大于部分。3.缺乏逻辑、唯我独尊。东正教唯我独尊的特点烙印在俄国知识分子精神上，不管是信教还是转向无神论，他们都以"掌握绝对真理"自居。而东正教神学的逻辑性又很差，有的只是超验主义和象征主义的引导，这也形成了俄罗斯人神秘而浪漫的、着魔般的跳跃思维方式。4.浓郁的道德主义产生建构思维下的保守主义。路标派文人认为，正是19世纪后半叶以来知识分子过于功利的实用主义导致了道德虚无主义，才酿成了革命政治后俄国传统文化的中断，因此他们非常强调自我道德完善和东正教视觉理论对世界文化的贡献。他们还强调，自由主义必须通过保守主义这个筛子，就是把"英国政治传统中的保守主义和自由主义相互校正价值观"树立起来。可问题是，这套基于人性善而设计的哲学，既缺乏制度性的安排，又怎么操作呢？说白了，英国保守主义的要义不在于是否拥抱传统，而在于是否能从现实经验入手，告别建构主义思维。5. 弥赛亚主义情结，导致对西方的怨恨式学习。俄国知识分子既倾向西化，又厌恶资本主义。他们认为，科技进步，生产力的提高只会加大贫富差距，西方人将被商业化的铜臭所腐蚀。而俄国的传统村社则显得更和谐美好。因此，俄罗斯民族几乎比其他一切民族都更能实现社会主义。于是，一种"向后看"的道德乌托邦迅速转化为"向前看"的乌托邦试验，这大大满足了俄国人的弥赛亚主义情结。也正因为这一情结，俄国知识分子对西方的市场经济、个人主义、宪政制度的学习一直缺乏耐心。

结语：代言式知识分子的衰亡

俄语中所谓的"知识分子"（интеллигенция），包括这个词进入英语后的 intelligentsia，指的都不是"有知识的人"（intellectual），而是"思想独立，持有某种信念或价值观，对现实持批判态度的人"，也就是类似于我们今天所说的"公共知识分子"、"代言式知识分子"、"普遍型知识分子"。从知识社会学的角度看，工业革命造成了农业社会价值体系的崩溃。知识的增值使得知识分子对知识的自然垄断加强，在前民主时代便具有了为公众代言的价值。但这种情况是会发生变化的。

1906 年初，高尔基去了一次法国和美国，同样是资本主义国家，他对前者印象很好，对后者却很不满。为什么？原来，法国是文学性浪漫国度，他在那里受到追捧；而在美国，"社会良心"在言论自由的美国更多地由直接抨击真人真事的记者、政论家、思想家代表，而不是借助文学形象曲折阐发思想的作家来代表，况且富豪才是平民眼中的成功者，他因此受冷遇，回来后就"转移爆发"，写文章把美国的"虚伪自由"批了一通。

高尔基的这一遭遇与托克维尔对法国和美国的描述是一致的。不同的是，高尔基出于"代言式知识分子"的良好感觉对美国的"反文学政治"很鄙夷；而托克维尔与之相反，他赞赏地认为，英美知识分子常常参与实际的政治事务，许多宪法会议的成员就是知识分子，他们成功地把理论与实践结合在一起。这其实也预示着"法俄道路"和"英美道路"两种政治文化传统的对峙和角力。

随着市场经济和民主制度的深化，知识分子与大众的知识差距被拉平。经济与战略领域中技术－科学结构的扩张更给予专门知识分子以真正的重要性。这一新的知识分子的功能与威望所指，不再是"天才的作家"，不再是携带全人类普遍价值的人，不再是永恒之物的疯狂吟诵者，而是"地地道道的学者"。社会大众更尊重专业发言和经验政治，那种以文学方式讨论一切社会事务的"代言式知识分子"越来越惹人反感了。用哈耶克的话说，"思辨抽象原理正好为那些不愿意了解当今时代之实际社会的人士宣泄自己的建构冲动提供了可能，而自由主义大获全胜后，已经没有给这种冲动留下什么宣泄口了。"

而互联网兴起对"代言式知识分子"冲击更大，因为几十年来的互联网发展正在造成工业社会价值体系的崩溃（官位、权威、机器、婚姻贬值；人力、创新、技术、信息升值），尤其是"知识和知识分子的贬值"。互联网使知识更新加快，许多工业社会的知识和技能已经不适用；知识传播的数量大增、成本大减，知识的价值大减；互联网使大部分知识的表现形式更通俗化、简单化、公开化、获取知识不再需要漫长的时间、专门的训练、特别的环境（大学）。既然知识和知识传播方式与渠道都在贬值，那么，按照工业社会分工，以知识的占有、传播和出售为己任的知识分子自然要贬值。这主要体现在旧有的知识形式和传播渠道在互联网时代所占比率的缩小以及大量非知识分子的知识化。因为有了媒体 2.0 平台，非知识分子的知识人（比如普通大学生、白领）可以不经过传统媒体的势利审查就发出自己独立的声音来，这种即时、贴切的专业表达，将通过网络自由转发达到局部均衡，代替"公知"的"代言"价值。因此，俄式知识分子将在互联网的兴起下加速消亡——是为"罚"。

（本文删节版刊发在 2012 年 9 月 17 日《南都周刊》）

附论：再说金雁

肉唐僧也写了书评，我说烂，他搬出"尚红科都说，我对金雁的理解最到位"。可金雁就对吗？我对秦晖金雁"中产阶级壮大、渐进改良"的观点是怀疑的。这跟当年陈寅恪认为中国抗日会失败一样，说白了是太因循历史经验和必然性因素，缺乏对历史主体和偶然性因素的感受。

金雁是想表扬"工蜂式知识分子"，但又拗不过冲动，还是抱住了"路标派文化保守主义"。其实两种都是建构主义的以为，社会变革通过自己的设计进行就能完美。可历史突变又岂是知识分子能预料的？而且，俄国改革时有互联网吗？任何卓越的预见，都敌不过黑格尔所说的"现实的生动与自由"。

很多历史学家都经不住历史哲学的诱惑，迷恋既往历史经验中呈现的"规律"之美，总想总结出点什么"定律"来，让普罗大众便捷轻松地享用，以满足自己的成就感，这就是秦晖金雁之失。当然，这也是学术研究进入公共话语平台必需的损失。或许只有像田余庆、杨奎松这种专业史家方能避免。

当然，对金雁的批评也应该有的放矢。像书评人云也退半小时速读一本700页的书后就评论实在不应该。不得不承认，像"今日话题"这样以专业自诩、标新立异、发泄对上一辈怨恨的青年，不只是时评圈有，书评圈也有。

云也退说金雁不够"同情的理解"，殊不知，伯林的研究是因应西方对俄国知识分子的负面评价而生，具有很强的抗辩色彩。伯林对思想文本和历史人物的"移情理解"固然强，但美化也不少。而金雁从地缘政治学、社会结构角度剖析"俄国知识分子"，文学美感可能少点，但史学价值无疑是后来居上。

金雁对"俄国知识分子"只做了外科手术，我的书评则给他们补上内科手术，因此批评金雁：一是迷恋既往的必然性历史经验，对渐进和改良太执着；二是气质上亲路标派文人，有道德主义的尾巴。可云也退这种左翼文学青年迷恋伯林笔下的"俄国知识分子"，连金雁做的"外科手术"都反对！

雄霸的马幼垣
——读《靖海澄疆：中国近代海军史事新诠》

　　早就知道研究《水浒传》的海外学者马幼垣先生还在台湾出过一本《靖海澄疆：中国近代海军史事新诠》，而且学界评价不错。去年我在淘宝看到时，曾想买下，但三百元实在太贵，也就忍痛作罢。好在今年中华书局出版了此书，于是急匆匆买来。该书六百多页，篇篇精品，我花了六天读毕，一句话："快哉！"

　　读完后的整体印象是——马幼垣雄霸，可与何炳棣、黄彰健并称"海外史学三雄"。因为三人都脾气比较大，对自己的专业研究又相当自信，而且在史料的掌握上涸泽而渔，相当扎实。所以，在这本论文集中，不但李鸿章、丁汝昌、刘步蟾这些海军掌事者被马老骂作"废物"，张荫麟、王家俭、唐德刚这些名家也尽被他数落。民国天才史家张荫麟的《甲午中国海军战绩考》被他批评"长于资料挖掘但英语不够好，海军知识贫乏"。唐德刚论史亦庄亦谐，《晚清七十年》里说："在下没钞票也没时间，若有机会也去伦敦住它个把月，我保证把这些个小格林威治的成绩单，翻他个楼底朝天。"可刘步蟾、林泰曾根本没有在格林威治读过书，你去哪翻成绩单啊？因此被马老斥为"大放厥词"、"不经大脑"。王家俭更被他讥为"经常作出伟大发明的王先生"，"乱说一顿"，"文章遍布陷阱"，"清季的海校根本没有一所取名北洋水师学堂，一个研究中国近代海军三十多年，著述丰富，享誉弥远的学者怎么会连这类基本常识也没有！"

马老对1949年后大陆海军史研究更多有批评，老辈只肯定了戚其章，新辈则赞姜鸣注释清晰、能用西方罕见史料，赞陈悦《北洋海军舰船志》图文并茂。

第一篇谈鸦片战争时的侵华英舰，马老利用外文资料涸泽而渔，是其长处，这点茅海建都相形见绌。但其议论却也多文人臆想，比如认为应待英舰近海时万舟齐发，"一旦靠近彼舰，即可飞索攀登，短兵攻击。"这已是茅海建批评过的文人用兵。

而且，马老鄙夷林则徐的无知，怎么却不知道"飞索攀登，短兵攻击"本是林则徐准备好的战法之一呢？对于这一战法，茅海建在《天朝的崩溃》一书里列出的批评理由是：清船靠近必遭重大损失；难进入专对敌舰首尾的斜向夹角；作扇面运动将导致阵法大乱；英舰多包金属材料，即使你靠近了，鸟枪、火罐、喷筒难以得力；英舰高，战斗中攀爬不易……我个人是赞同茅先生观点的。

第二篇谈奥意利萨海战，马老强调作战态度、将领才干、训练素质，而不是奥军的横阵如何正确，进而对北洋海军在甲午海战中采用横阵提出批评，认为是不晓世界海军大势。可我却倾向国内主流研究的观点。北洋舰队的"夹缝雁行阵"是当时世界海军流行的乱战机动战术相配合的上佳阵型（尽管不如日本的先进），主要靠舰首火力和撞击战术取胜。在战斗一开始，丁汝昌采用这种阵型，意图很明显，就是要五个小队（两两一队）从五个方向突破、截断日军的阵型，逼迫日舰进入混战战术。一旦进入混战，北洋海军在航速、火炮方面的劣势，都可以通过近距离肉搏一般的撞击战来略微弥补。海战打响约20分钟后，北洋舰队终于与日本联合舰队的部分老旧军舰接近到足以发起乱战战术的距离，下午1时14分，从联合舰队本队中央的位置，北洋舰队成功突击，扰乱了敌方阵型，导致"比睿"、"扶桑"、"赤城"从本队分出，陷入被北洋舰队围攻的态势，日本联合舰队的指挥也一度陷入混乱。以上说明，北洋舰队的"夹缝雁行阵"并非一无可取，开始也是成功的。但要成功发起乱战术攻击，最关键的因素就是航速。可北洋舰队的军舰老旧，锅炉接近报废，又用着劣质煤，竭尽全力也无法获得高航速，导致乱战术发挥得相当有限，才在下半段的战斗中被高速的日舰围着打，最终败北。

第三篇谈亨利代沪购美制舰骗局，针对"亨利代购的舰62年秋曾赴沪"说，马老的驳斥相当精彩。亨利1862年3月才离中赴美，按照当时航速加上逗留时间，他怎么也要秋初才到美。而且，代购舰只最大航速才4海里/小时，横穿太平洋风险大，从欧洲回的话要五六个月，所以，此说在逻辑和时间上都不可能。

对于甲午战败，马老师似乎更强调软件，而不是硬件，所以，在后面的多篇文章里，马老都强调日本海军的软件素质（人才、训练、纪律等）优于北洋海军。典型即是，现在海军史著能把黄海海战的过程讲清楚，就得益于日本海军留下的详细、且依行规作的记录（按分秒记录战程，并附以照片和详确的海战进展图）。否则，单凭中方间接片段偏颇护短的记述，根本无法说清。

茅海建曾对他一个学生说："一定要把英语学好！然后，赶快去学法语！你想做上海史的话现在法文档案利用率很低。如果你想要弄国际关系的话，去越南！中法、中美都在那里打过仗，但一直没人能做多国档案的比较研究，最好的方法是去越南留学，学越南语！"马幼垣雄霸的原因有二：一是，外语好，他弟弟又先后掌理过芝加哥大学、香港大学、普林斯顿大学三校藏书特丰的东亚图书馆数十载，以至有对海外海军史档案涸泽而渔的客观条件。二是，他将尽量网罗海外刊物、档案视为必须的研究程序，以详尽交代细节和史源为责任所在，遇到编辑经费不够要删减篇幅时，情愿不发表。这种固执与曾国藩"扎硬寨，打死仗"的战法何其相似？而何炳棣、黄彰健、茅海建也都推崇过这种治史方法，又岂是偶然？！

富人信教为哪般？

　　近日，读了几本宗教社会史的书，刷新了自己对信教的认识。

　　我们一般认为，信教多是因为"精神空虚"、"文化水平低"、"贫困疾病"。可韩书瑞的《山东叛乱——1774 年王伦起义》一书却指出，（王伦所在的）山东寿张县在科举上能考取功名的人很少，乡绅资源匮乏，没有一个被社会广泛接受的精英制度，"缺乏发展动力，无法扩展社会机制，这些县对政府倡议和管治的依靠，以及对其他地方官方活动的密切关注，可能会形成一种权力真空，并可能被白莲教这样不太权威的团体取代。"也就是说，当政府权力过于集中，又不能履行社会管理职能时，一些宗教组织就会在组织文化活动、互相救济、大病救治方面对政府进行"公共替代"。

　　因此，信教与社会组织结构，以及社会资源的重组分配有很大关联。韩书瑞在他的另一本书《千年末世之乱——1813 年八卦教起义》中提到，白莲教底层的信徒 90% 都是贫弱群体，这固然可以用"贫困"、"教育水平低"、"社会保障不到位"来解释，但"白莲教的师徒关系不受中国整个社会中流行的等级观念束缚。据可查阅的材料（仍以北京地区的教派为依据），几乎有 16% 的人师傅比他们年轻。24% 的人师傅是女性。与正规的做法相比更灵活是白莲教对年轻人和妇女有吸引力的一个特点。"这至少也说明，相比"内卷化"高高在上的政府，宗教有时候更具组织优势。

而白莲教中高级别的人员均为富裕阶层，宗教对他们的吸引力又在哪里？韩书瑞说，"一个人在教派中的位置可以靠自己的努力得到改善，例如精通特殊的技艺、掌握教派的启示，就有可能利用这些技艺和启示来吸收追随者，从而形成信徒网络。由于性别、年龄、贫困、迟钝和噩运使那些想通过成功的事业，或想沿着科举功名和官宦途径的传统显赫道路向上攀爬的人希望破灭，对他们来说，教派组织是另一条可供选择的出路。在这个新的社会集团中，人们找到了新的地位"，获得了"公共场合像重要人物那样举手投足的机会"。所以，当一个社会的正规上升渠道越单一、狭窄、艰难时，有些人便会铤而走险，通过边缘渠道获得"权力快感"。

类似的情况，李榭熙的《圣经与枪炮：基督教与潮州社会（1860—1900）》一书也可以佐证。传教士进入中国后，潮州地区的多数村民入教的动机并非纯为信仰上的，却多或是为经济利益、或是为人身安全、或是为社会地位。基督教之所以在潮州地区取得发展，主要是因为它成为地方社会权力争夺可资利用的政治资源。例如19世纪70年代早期，潮州总兵方耀针对当地宗族势力的清乡运动，导致的一个后果是，推动了基督教在潮州地区的传播。说白了，宗教信仰普遍扮演着"权力的证明"，这就跟时下赚了大钱的人还要回农村老家竞选村长一样，金钱可以带来的权力是有限的，金钱必须借助某种政治文化网络转化为"权力"，才能给人带来更大的满足。当你下线听你的人越来越多，你可以支配的东西就越来越多，"权力快感"就像泉水一样汩汩冒出了。

所以，一个正常的社会要防备民间宗教的侵蚀，最好的办法是放活地方精英主导的社会自组织团体，同时让社会上升渠道保持通畅。

舌尖上的权贵

近来，因为《舌尖上的中国2》的热播，不少网友在议论中国美食的特点。有文章说，"中国人对食材，尤其是对动物性食物的充分利用方式，很大程度上是长期食物相对匮乏导致的……周期性地达到生产力水平允许的人口极限，迫使中国人不断从生存环境中扩大食物来源……"这说法相当不靠谱。以常识看，总不会钢琴见得少的孩子反倒学钢琴学得好吧？对美食的精细化要求自然也是有闲有钱阶层的事，难道穷人吃肉少反能把吃肉弄出什么花样？

不信的话，请看宋元明清以来一些美味典故。宋人罗大经的《鹤林玉露》载："有士夫于京师买一妾，自言是蔡太师府包子厨上人。一日，令其作包子，辞以不能。诘之曰：'既是包子厨中人，何为不能作包子？'对曰：'妾乃包子厨中镂葱丝者也。'"可以想象，有专门雕刻葱丝者，那太师府的厨房至少得有好几百号人，这中国美食的人力之费又岂是平民之家能承受的？

再来看食材之费，宋人廖莹中《江行杂录》中记载，有一位厨娘，做一道羊肉菜需用十头羊，每头只取羊脸肉一片。明人郑仲夔《偶记》卷一记载，明代有个宦官吃的米"香滑有膏"，异于常品。产于何处？原来"其米生于鹧鸪尾，每尾二粒，取出放去，来岁仍可取也。"今人柏杨先生在《高山滚鼓集》里说，有一次明末富家文人冒辟疆请客费了300只羊，厨娘首先下令把300只羊取来，每只只割下唇肉一片，其他的全都扔掉，冒先生大惊曰：

"你这算干啥？"厨娘曰："羊肉上的美味精华，全集中到他们的嘴唇上，其他的地方既腥且臊，不足用也。"清人梁章钜的《归田琐记》记载，年羹尧吃一盘小炒肉需用一只肥猪，选猪里其最精处用之，而且是活猪。这活猪肉怎么取的？《归田琐记》没说，但清人薛福成的《庸盒笔记》上的记载可作补充——清王朝中叶，漕运总督驻在清江埔，该地红包盛行，贪污公开，花天酒地。有一次大家吃一盘猪肉，虽叫不出啥名堂，但其味精美，好吃得不像话，一个客人忽然要去厕所，走到后院一瞧才发现，原来是在烹饪之前，先把一群猪赶到一间房子里紧闭门窗，每人手中拿一根竹竿，拚命地打，猪就如所预料的又蹦又跳，又叫又闹，而终于天昏地暗，死了之后，即由厨师在每头猪背上割下一刀。

也许你以为这种事只有古代才有。错，当代也有。1973 年，流亡中国的西哈努克亲王到上海访问，负责接待的南市区饮食公司准备请亲王品尝一下上海风味小吃鸡鸭血汤。为做好这道风味，师傅们三下南翔，找到了优质的本地草鸡，杀了 108 只鸡才找到所需的鸡卵——真叫是杀鸡取卵了。这个鸡卵并非成形结壳的鸡蛋，而是附着在肠子里的卵，才黄豆那么大小。黄澄澄的鸡卵，配玉白色的鸡肠和深红色的血汤应该相当悦目。但是当天亲王在跟莫尼克公主打网球，一时难以收场，活动就改到第二天。于是第二天师傅们又杀了 108 只鸡。当这道汤上桌时，亲王一吃，赞不绝口，一碗不过瘾，又来一碗。

所以，柏杨先生感慨："中国固然是一个吃文化很高的民族，但这种文化似乎只集中到高阶层，成为一个既得利益所特有的文化，小民们不与焉。"真是一针见血啊，举凡各种文化精细化的动力，权贵的享受从来比平民的匮乏要有冲劲得多了，这是历史经验，更是人性使然。

给"小清新"的民国降降温

在中国当下的历史学界，杨念群一直是以大胆引进、采用西方新潮理论著称的，其张扬个性下"强悍的解释能力"与"粗糙的实证能力"齐飞，也一直是读书界的有趣话题。为此他受到一些年轻学子的崇拜（有崇拜他的研究生就以美文体写硕士论文，结果被学校退出要求重写），也受到一些学者的批评（沈登苗批评杨著《儒学地域化的近代形态》多处逻辑不通，观点站不住脚；雷颐认为杨著"观念大于史实，有些非常生搬硬套的东西"；谭伯牛批评杨点校的《杨度日记》错误百出）。可尽管有争议，我仍然认为杨先生是一位有才气的学者，《再造病人》等著作给史学界带来的新风且不说，他主编的《新史学》比起陈新主编的《新史学》，其问题意识的高明也是显而易见的。

更难能可贵的是，杨先生并没有满足于"以'问题意识'为范导、以社会理论作依托的历史诠释路径"，近年来又鼓吹起"感觉主义"，即在"问题意识"越来越专门化的状况下，要锤炼一种"对'问题意识'的丰满和对历史细节选择的精致起到导引作用"的感觉，让历史感知变得丰富有趣起来。而他新近出版的《生活在哪个朝代最郁闷》无疑就是这一优雅"野心"的展示，该书不是论著，而是随笔集，但正如他自己说的："操弄随笔犹如孤身入室作案，精心布置一个悬疑的犯罪现场，案发后能躲在暗处偷看观众陷入案情迷思后的种种反应，正如社会学家戈夫曼所云，多少带点儿阴谋家的甜蜜犯罪感。危险也是常有，一旦技艺不熟，会把作案现场搅得劣迹斑斑，狼狈不堪。""随笔不是知识的堆积、学问的稀释，而是率性感觉的表达，来不得那么多温良恭俭让。"

杨先生所谓的"感觉"到底是什么呢？首先是尊严感。在一次朋友圈讨论"你最喜欢生活在哪个年代？"时，杨先生的回答是："晚明"，理由是"和明代比，清代获得了大一统的地盘，也拥有维系这个局面的超级能量，正因此，清代皇家为维系这个放出的大烟花不破灭，终使清朝变成一个千方百计让人活得难受的朝代。难受到什么程度？不是一般的打杀和廷杖，而是用无穷尽的洗脑暗示杖杀你的心灵，过程犹如慢工出细活般小火煎熬，最后过滤出的，是一个个精神药渣"。"一脸真诚地扇起自己的嘴巴，那情形就像大粪浇到自己头上还以为在洗热水澡，一脸扭曲的舒服相。"想想"灵魂深处闹革命"的年代和现在某些大 V 的可怜相，你就不得不对这段话感同身受，因此，一个人有了尊严，才会有对历史的健康评判，奴才对自己被奴役的历史是不会郁闷的。

优秀的历史学者不只能解释过去，也能理解活生生的现实。针对国学热，杨先生调侃道："虽然早有人从心灵鸡汤里喝出了禽流感的味道，可就是火得不行，鸡汤照样好卖。"对于抗日愤青的好战叫嚣，杨先生告诫说："与唐代比，宋代气量狭小，最讲华夷分界，结果界线分得越清，文人叫嚣打仗的声音丝毫不弱，仗却越打越臭，徽钦二宗被掳去不说，连寡妇出征都入了戏文。"更讽刺的是，当年日本牧歌式的庭院因为梁思成给美军轰炸画了地图而幸免于难，中国的北京城老建筑却被拆得七零八落，杨先生是以愤愤道："自己的文化被邻居拿去后成了真正的文化资源，而我们却通过破坏不断地作践自己，在这种自杀式或自我阉割式狂欢中还冠冕堂皇地大谈民族振兴。"如此鲜活的"现实感"就是在时评作者里也不多见。

　　杨先生毕竟是历史学者，其充沛灵动的历史感自然也为此书增添了不少风采。比如，对于黄仁宇"中国应该走西方数目字化管理道路"的主张，杨先生认为中层架构不只是技术制度问题，中国革命破坏了传统的文化网络，导致中间架构难以生长。这明显是借助了杜赞奇《文化、权力与国家》的观点。而更巧的借助是在《炮灰史观的煽情与阙失》一文里，龙应台那本享誉华语读书界的《大江大海一九四九》，以前就被台湾作家张大春批评是"空洞而虚无的史观"，可具体怎么"空洞虚无"，作为作家的张大春却没有论证。而杨念群则借助现代史家杨奎松的研究道出，"龙应台没有想到，也许正是这些玩命扑向枪眼的士兵，某些人刚刚分得了土地，他们是在以血肉捍卫刚刚获得的利益。这些绝非简单的'炮灰论'所能解释。"于是乎，杨先生提出了比张大春更让人信服的批评："无疑，我们从小受到过太多的'正义'教育。是非的边界像刀刻在心里的文身，似乎终身都涂抹不掉。龙应台提供的'人道'药水似乎可以擦洗掉心灵被'文身'的耻痛。但我以为，龙应台的'炮灰论'让失败和胜利者并排站立，然后让他们相互煽情地搂搂抱抱，用'人道'的眼泪黏合剂把他们强行粘在一起，这当然让两岸的政治家和民众听着受用，有皆大欢喜的催泪效果，但对那些笔下的小人物而言，却又等于是把他们统统抛回到生存的虚无中，恰恰遮蔽了历史发生的线索和真实原因，也可能恰恰给发动战争者一个开脱自己的理由。对牺牲价值高低的确认永远都会是见仁见智的，但这并不意味着我们可以不努力去厘清牺牲付出的缘由和区分信仰不同的价值所付出的代价。"在这里，"感觉"帮助了"规范"精确制导，专业"规范"则对煽情和想象进行了解毒，两者相得益彰，历史解释能力大为提高。

杨先生说龙应台是"历史小清新"，所谓小清新，就是消费情绪和好奇，"大众喜欢什么就提供什么的，有服务性，让人觉得舒服，提供娱乐却未能引导读者深层思考"。其实，回望近几年的"民国热"，陈丹青、章诒和等人又何尝不是历史小清新？套一句张晓舟语式——他们要的仅仅是一个小清新的民国，一个陈寅恪、胡适的民国，一个斯文未坠、人文飘香的民国，一言以蔽之，要的是一个没有政治腐败、民生艰难的民国镜像，作为当下的"他者"而清新绽放。而杨先生的"甜蜜犯罪感"显然冒犯了他们的玫瑰色想象，这是历史小清新的不幸，却是大多数读者的幸运。

第三辑

自由共道文人笔

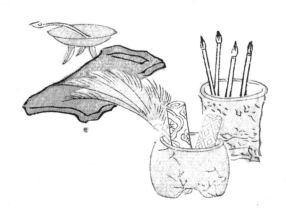

明星与名人的"骂人"魅惑

近年来，不管是官方，还是民间，"网络是言论公共厕所"的论调都甚有市场。尽管他们各怀"鬼胎"，但对脏话的痛恨是一致的。但吊诡的是，2013年春晚最火的是某"舌毒女王"明星，而在新浪微博，更有个著名ID，专以骂人获得粉丝无数，甚至有粉丝以求得他一骂为荣。民众口味的这种分裂该怎么理解呢？

澳大利亚的语言学家韦津利认为，人们说脏话的原因无非三种。第一种叫"清涤"，不小心踢痛了脚趾头，你可能会本能地骂一句"王八蛋"！第二种是"恶言"，你看上的停车位被另辆车抢了，于是你咬牙切齿骂声王八蛋。第三种则是"社交"：碰上了好一阵子没见的朋友，你用"你这老王八蛋"招呼对方。

第一种脏话不针对具体的人，往往具有情绪宣泄效果。一位老先生祈求犹太人与阿拉伯人和平相处，祈求了五十年，记者问他，有什么感受？老先生回答："感觉我他妈的根本是自言自语。"以"他妈的"三字宣泄无奈感，让人拍案叫绝，如果你计较这种脏话，就跟老修女一样无趣。第三种脏话则是团体中的润滑剂，说明某一团体的人放松，这也是关系好的人互相取绰号的原因，比如"蠢得死"、"王癞子"等。反而是超级正式的社交拉开了人的距离，侵华日军杀人前多彬彬有礼不就很变态嘛。

横被恶名的是第二种脏话，因为它有具体的伤害对象。台湾作家李敖写文章喜欢骂人，他认为，台湾当局以有伤风化为由查禁他的著作是愚蠢的，因为像《红楼梦》也用了极其粗俗字眼，要查禁就得连《红楼梦》一起查禁。有人反驳李敖，《红楼梦》里说脏话的是薛蟠这种流氓，难道李敖自甘是流氓？这反驳是自掌嘴巴，因为在《红楼梦》第四十六回，贾赦想要纳鸳鸯为妾，鸳鸯嫂子跟鸳鸯说这个"喜事"时，没想到平常老太太身边温顺的鸳鸯也说脏话了——"你快夹着屄嘴离了这里……我若得脸呢，你们外头横行霸道，自己就封自己是舅爷了。我若不得脸败了时，你们把忘八脖子一缩，生死由我。"鸳鸯这一骂痛快淋漓地宣示了自己的价值立场，不但不会引起读者反感，反引起读者对她人格力量的侧目。

因此，脏话本身没有"原罪"，话脏不脏取决于具体语境。现实中有人讨厌"脏话"，本质上是讨厌"乱说脏话"而已。比如，有人挑衅地踩你一脚，你骂句"去你妈的"，周围的人会同情你；但如果人家是不小心踩的，而且说了"对不起"，你还骂"去你妈的"，周围的人就会鄙视你。

当然，还有一批人讨厌脏话，则是出于"语言洁癖"，他们又大致有三派：一是官老爷派，他们认为，脏话助长人的暴戾，清洁语言有助于社会治理。可文化史家却发现，英国维多利亚时代的极端缄默和克制恰恰产生了各种变态。倒是在澳州约克角半岛，当地部落的人经常组织亲戚网络内的咒骂活动，很好地起到了润滑亲戚关系以及"社会减压"的作用。想想看，那些变态的杀人狂有哪个不是沉默寡言的人呢？二是装派，他们认为自己不用说脏话也能把意思和情绪传达出来，素质比说脏话的人高。说白了，是将自己的习惯偏好中心化，对多元性缺乏体认。还有一类语言洁癖则是出于习惯。因为教育中灌输的是"文明说话"，听到脏话难免会局促，你在他面前说脏话就是不尊重他。这三种人里，只有最后一种与价值等级无关，所以，在社交中尊重他们，是对文化多元性尊重的表现。

具体到某人的"舌毒"，因为有着与人为善（目的善）的喜剧"尾巴"，也就具有了"清涤"和"社交"的作用。而那位著名 ID 讽刺、嘲笑他人的长相，看似"恶言"，但由于受者早将此骂视为"游戏"，因而也具有了"清涤"和"社交"的作用。

总之，没有脏话的人生太累了，脏话就像是夜，是让人休息放松的时段。中国传统文化里其实对脏话有很好的处理，那就是通过"大传统"和"小传统"的区分，把脏话限制在地方戏曲、小说、评书等"小传统"层面，而不是赶尽杀绝。可惜，这种传统"智慧"似乎被"新德治主义"给掰掉了。现在网络上涌现的脏话，其实是"小传统"的再现而已，用不着痛心疾首，还是保持一颗平常心吧。

保健品忽悠的社会心理密码

史玉柱一直靠洞悉人性弱点赚钱，是一个魔鬼式生意人，而且一直不怕闹腾。春节后，一篇名为"脑白金被揭助眠成分是褪黑素，褪黑素副作用不比安定药物少"的报道在网络上流传。对此，前巨人集团 CEO 史玉柱在微博上发长文回应："刚看一篇恶毒文章，大嘴忍不住说几句，这十年来，我仍坚持每天睡前吃脑白金，十八年了，骗你我是小狗。"

脑白金中是否含有"褪黑素"，这已经是业内常识了吧？至少，似乎每年都有这样的质疑。而这所有的质疑并没有影响每年春节的时候，老爷爷老奶奶在电视机里扭着屁股，秧歌一样地吆喝着"今年过节不收礼，收礼就收脑白金"。所以，我惊诧的倒不是脑白金的问题，而是这样一种不靠谱的保健品怎么会流行 17 年之久。这里面的广告心理学很值得玩味。

首先，脑白金广告的成功反映了"绿色—科学话语"在中国的兴起。什么叫"绿色—科学话语"呢？按照弗洛伊德的观点，以前的文明说服是靠"超我"对"本我"的规训，像宗教啊，主义啊，儒家思想啊，就属于"超我"一代，他们就是要在我们的"本我"（食色）"爽"的时候给你敲打几下，你小子可别一下子爽完了，小心道德堕落啊。

可进入现代以后，这种压迫就越来越让人反感，肉体的反抗也就开始了，特别到了 20 世纪 60 年代，就出现了以梦露为代表的性解放运动以及垮掉的一代，经过他们的努力，身体愉悦不再有负罪感。问题也来了，当你完全卸掉"超我"的压制后，"本我"就流于动物性，从性解放到性乱交再到虐恋交再到毒品，身体追求的"快感"放纵到底，人就空虚了，总之这种爽不可持续。

所以，为了让人持续地"爽"，必须有一种新的"超我"来替代旧的"超我"，这种新一代"超我"就是"绿色—科学话语"。你贪恋麦当劳的麦辣鸡翅是吧？可以，但请记住了，专家告诉我们，这些油炸食品将破坏你的肠胃，让你年纪轻轻就迈入三高……你贪恋床上疯狂纵欲是吧？没问题，但记住了哟，专家说如果一味贪爽，你不久就会肾亏前列腺报废……所以，"超我"二代不是像"超我"一代那样用口号命令你，而是贴心地建议你，她的说服力来自科学，她的温情来自绿色，即"亲，我是为你好啦"。

我们来看百度词条"脑白金"的宣传："当人体老化时，松果腺的功能会衰退而无法像以往一般，完全地掌握所有的组织。这就好像交响乐团没有了指挥一样，人体在失去指引之余，将会无助地衰退下去。然而，此时若能适时地补充褪黑素，就可避免发生这样的情形。褪黑素在提高免疫功能、降低血中胆固醇、避免压力造成的负面影响、恢复健康之睡眠模式，以及防治心脏疾病等方面，都发挥了极大功效。服用微量的褪黑素，就足以让血中褪黑素含量恢复至年轻时的状态，使身体各部组织的机能也随之活化了起来。在褪黑素的分泌自然衰减之时，适时予以补充，就能维持原本的健康状态。"

褪黑素真的这么有用？北京友谊医院营养师顾医生说："①对于非环境和疾病造成的原发性失眠效果不算好，能够缩短的入睡时间比较短，整体来说无法提高睡眠效率。②改善由于时差造成的某些症状有一定作用，但用来倒时差基本无效。③对于盲人以及某些疾病造成的睡眠障碍比较有用。④老年人效果好于青年。"褪黑素没有副作用吗？"①褪黑素在体内代谢很快，半衰期只有约十分钟，吃完几个小时体内褪黑素水平就和没吃前一样了。②以现有证据来看，对于多数人来说短期口服应该还是安全的，现有试验连着吃两年也没什么问题，有记载的副作用包括头疼、短时间内感到抑郁、胃肠道反应等，可靠的长期数据仍然不足。③褪黑素毕竟是一种激素，长期、大量、不按规范服用导致内分泌紊乱的可能性不能说没有。④值得注意的是，孕妇、婴儿、儿童、凝血障碍、高血压（褪黑素可能影响药效）、抑郁症、癫痫、器官移植人群尤其不建议服用，当然了，也不要刚吃完褪黑素就去开车。"

如果"脑白金"像顾医生这样清楚地解释产品，估计销量会下降不少，所以，保健品中的"科学"话语成分并不是科普者，而是劝服者。用麦克卢汉的话说，广告总是宣传有利信息，隐匿不利信息，利用产品与消费者之间的信息不对称进行引诱。

可如果"脑白金"毫无疗效，为什么还会畅销17年呢？这里就涉及了广告的核心秘密——仪式性。人类学家列维 - 斯特劳斯认为，病人痛苦就是因为处于一种无以名状的痛苦的包围中，自己不能抵制、把握这种痛苦，而巫师却能给病人带来丰富的"能指"，说白了，就是一套语言解释，比如，你头痛，巫师会说是你冒犯了某位神灵，要去村口的木桥钉四个硬币才行；你老做噩梦，巫师会说是你以前得罪的一个已死的仇人来寻仇，要装些纸钱去仇人坟上烧烧才行；你孩子夜里老哭，巫师会说这孩子带了"将军令"，要带着孩子去土地公公庙把绑红绳的箭朝东南方向射出……这解释是迷信还是科学不重要，重要的是提供了一套关于你痛苦的解释，以及解救方法，你按照巫师的嘱咐做了，就等于获得了象征性的倾诉，本来就没什么大碍，是自己多疑瞎想，这心情一好，痛苦能不减轻吗？

中国时下的很多保健品广告差不多就是像巫师一样，他们所做的是洞悉受众心理，然后精心打造产品，勾引你买。类似脑白金广告的做法海了去了，比如，"海王银杏片"本来是治老年人动脉硬化、脑血栓的，却打出广告："三十岁的人，六十岁的心脏（一年轻白领无精打采地打篮球）；六十岁的人，三十岁的心脏（一老头生龙活虎地打篮球）"，导致你紧张得不得了，生怕现在不保养，哪天就血管硬化挂了。

总之，现在大家都有钱了，生命金贵了，广告中打"健康"牌也就是家常便饭了，蔬菜要"有机"，饮料要"无糖"，水要"27层过滤"，牛奶要"来自内蒙古大草原"。

在这种焦虑下，就形成了传播学上说的"拟态环境"（我们的信息环境并非现实环境的"镜子式再现"，而是传播媒介通过象征性事件或信息进行选择加工、重新加以结构化后向人们提示的环境），广告人深谙此理，所以，广告里越来越多的"现代病"，我们身体的每一部分都被呵护，从吃奶的孩子到耄耋老人，每个年龄阶段都有各自的问题，需要补、治、养或防。没有几个人在长年累月的、无处不在的广告"科普"（实是"劝服"）轰炸下，还坚持自己是完全健康的，在这种"全民皆病"的拟态环境下，不增加保养身体的经济投入，我们难以相信自己是"健康的"。

美国一位心理大师说过："免费的咨询是无效的。"北京的一个心理医生根据自己经验阐释说："如果有一种药物是免费的，你肯定不好好吃，还会怀疑它的药效。我们现在定的咨询价格是200元一小时，其实，按照国家标准不需要这么多，但是，你花

这 200 元的过程就是一种治疗过程。"事实上，我们的健康消费多半可作如是观。（参见王晓、付平《中国广告透视》）

当然，老年人的情况有些不一样。据官方统计资料：去年底，全国六十岁以上的老年人口数量突破两亿，这些老人多被血管老化、风湿病、腰间盘突出等慢性病缠绕。前年我孩子出生时，我妈来广州帮忙照看，过来没多久，她的腿就开始疼，是风湿老毛病，带她去医院看过也没什么用，每次都拿点止疼片而已。

有一天，我妈从菜市场回来，高兴地带回两瓶药水，"治风湿的，祖传秘方，600 元，被我砍到 300 元，买了份，好多人抢着买。"我像以往一样狐疑："有用吗？"我妈信心满满："当然有用，我试擦了几分钟，挺灵的。"我将信将疑："灵就好，钱无所谓。"可三日后，我妈从菜市场回来就有些不高兴了："这死仔，骗人的，昨天擦就没什么用了，今天去问，他已经走了。"我笑着安慰我妈："可以啦，300 元，买了 3 天的开心。"我妈怕我怪她乱花钱，赔笑道："那是，这种老年病哪能根治啊，都是我瞎想。"其实，我知道，下次我妈也还是会试各种秘方的，这钱啊，就权当给老人买了希望吧，钱花了，痛苦就能缓解几天，这种"孝心"很无奈的，不知道史玉柱先生是否有过这种纠结的"孝心"？

需要像保护大熊猫一样保护历史专业吗？

（2014 年 4 月）16 日晚 9 点左右，中山大学历史系一名文物与博物馆专业研二男生蔡某某被发现在寝室内上吊身亡。警方初步排除他杀。死者遗书中称，毕业论文、找工作困难重重，无颜面对家人。

这条新闻第二天在新浪微博引起关注，陕西师范大学历史学教授于赓哲的一番话尤其让人温暖："哭，历史系的……我的微博里文史圈的朋友不少，文史发烧友也不少，平时多给咱们文史专业学生创造些就业机会吧，现在已经有颓势了，再这样下去这个专业不保了。台湾地区、日本近年中古史的退步就是这个原因。"

于老师对历史学和学生的温情我是感佩的，但他"保护历史专业"的意思却是我不能同意的。历史学重要吗？当然重要，"欲灭其国，必先去其史"。可历史专业需要保护吗？ 在我看来，历史学乃至任何学科都应接受市场检验和社会淘汰，这样才能让喜欢历史的而不是想以此混饭吃的人来搞历史，从而养成类似高罗佩的"业余精神"。正好比免费是互联网的趋势，业余精神也将是学术的趋势。

为什么要淘汰那些仅仅想以学历史混饭吃的人？钱钟书说，一个人读大学前应把自己想读的书读完，因为自己少年时想读的书往往契合自己内心的渴望，对价值观和审美情趣的塑造很重要。

所以，如果你不是主动选择历史专业就谈不上爱历史学。比如说，现在钱乘旦执英国史牛耳吧？可他当年也是调剂的，稀里糊涂就念了英国史。中国这批 50 后、60 后历史学者，刻苦，机会好，也能成名。但除辛德勇、陈尚君几位，学问真不怎样。

再以我自己的经历看就更清楚了，我当年高考填志愿是把历史系当第一志愿，而且只填了历史系。等我如愿以偿进入某大学历史系后，却发现我的同学 99% 是调剂过来的——不，准确地说，120 人只有我是主动选历史专业的。当然，在北京大学等名校的历史系，可能没这么糟，但总体而言，当下学历史的人，大部分是调剂过来的，所以大一新生的第一节课，一般都是进行心理抚慰。这些带着失败情绪进来的同学，可贼精了，我平日多去图书馆看历史类著作，他们却拼命学英语呢，专业课嘛，考试前背背就高分通过了。到了毕业那年，不谦虚地说，以我的天资在我们那系，本来是百年不世出的好苗子（吹牛了，呵呵），可我英语烂啊，研究生都没敢去考，平常那些连司马光和司马迁都不怎么分得清的同学倒一个个都考上研究生了。人家考上研究生好就业啊，想想他们这样糟蹋历史学，我都寒心。他们跟我，谁爱历史学？所以，并不是专业人士就比非专业人士更爱历史学。

那什么是"业余精神"呢？"业余"是相对"专业"来说，"专业"有两层意思：一是指"职业"，它是资本主义生产体系中的一环，本身并没有神圣性，就是通过分工扩大生产规模提高效率，以便谋利混饭；二是指"志业"，用韦伯的说法，职业的选择是利弊的权衡，可以分个三六九等，而志业的投身是兴趣和个性的契合，是安身立命之本，需要献身精神。所以，汤普森在《历史著作史》"英国伟大的业余史学家"那一章说"业余"之意有二："不因研究而获利；水平较差"，他指前者。因此，"业余精神"本质上是"志业"与"职业"脱钩，就是"不靠某事吃饭却热爱某事"，像陈寅恪游学欧美那么多名校，却没有一个学位，这其实也是业余精神，而钱钟书著作也被一些人批评不符合学术规范，不也是"业余精神"的表现吗？

很多历史专业人士乐见"混饭的被踢出历史专业"，对仅仅把历史当"职业"很鄙夷，但他们却不接受"业余精神将是学术的趋势"，因为在他们看来，目前的学术机制更能承载人的"志业"。学术机制当下的优势我不否认，像田余庆、辛德勇、茅海建、陈尚君都是我很敬佩的专业学者，他们的学力和建树恐怕也是学院外的人难以达到的，国家用钱把他们保护起来是应该的。但现代学术体制的"志业"优势也只是历史产物。在现代学术体制产生之前，比如司马迁的历史研究靠的就是家学传承，顾炎武的历史研究靠的就是地方文化网络的支持。而到了互联网时代，现代学术体制的这种"志业"优势正在减小。比如说，没有电子化文库的时候，你要想知道哪些文献提到"车"，你必须到比较大的高校图书馆或国家图书馆去查才行，个人藏书是不可能齐备的。现在不一样了，你只要去在线的资料库，比如殆知阁的古代文献资料库输入关键字，几秒钟就能检索出结果。所以，互联网不但使知识传播的数量大增、成本大减，而且使大部分知识的表现形式更通俗化、简单化、公开化，获取知识不再需要漫长的时间、专门的训练、特别的环境（大学）。这种知识的平等化趋势就给很多业余历史研究者的"志业"提供了可能。

"专业化"的内涵除了"学术机构对知识的垄断"外，还有一点就是"要有充分的时间和精力使技巧娴熟、促进技术经验的积累"，尤其历史研究如此，所以茅海建才说，"史学确实不是年轻人的事业，不管你用何种方法，都不可能速成，而需要大量的时间来熟悉史料并了解学术史。"有数据说，历史学研究的职业标准是一周投入四五十个小时，那业余爱好者怎么保证这些时间？这里其实涉及三种闲暇观。综观人类历史，学术文化追求确实与闲暇有关，在古典时代，由于劳动力低下，闲暇本质上是"奴隶们劳动，奴隶主闲暇"，因此学术是贵族的事业。但这种闲暇是以"人为三六九等，上等人奴役下等人"的不平等为基础，我们现代人必须打破这种等级制度，将这种古代"奴隶主的闲暇"推及于"奴隶们"。怎么推？马克思主义是向前看，通过追求没有"异化"的劳动（也就是劳动与闲暇的统一）来实现"所有人的全部闲暇"。而自由主义是着眼于现实，通过尊重私产和社会分工带来的产品丰富化渐进地争取"所有人的一部分闲暇"。很显然，贵族式的闲暇是具有平等意识的现代人不能接受的，所以，当有人主张"历史学应该给有钱有闲的人去学"时，就遭到批评，"凭什么我们穷人子弟就不能学习历史学？"（而且新闻报道说，去处理学生身后事的亲属开的都是保时捷，记者也了解过学生家庭环境殷实，可见，经济状况好的学生学历史也未必会发展成"志业"）而马克思主义闲暇观又过于激进，要达到每个人都按照自己的意愿快乐地劳动无异于"乌托邦"，尤其是通过暴力取消私有制来实现。相比起来，自由主义的闲暇观就确实稳健多了。

可现在的问题是，专业化分工势必产生异化，比如各大学历史系要求教师在核心期刊每年发表多少篇论文，原本是为提高学术水平，现在却成了为评职称分房搭建的交易场。要避免这种功利心的侵蚀，放弃或淡化这套形式化的学术体制，将"业余精神"注入学术研究，显然是一剂良药，用胡文辉的话说："学院派的好处是遵循必要的规范，一般皆有基本的质量保证；坏处是选题缺乏开拓性，论证缺乏想象力，容易陷入学匠式的操作。在方法上，我们应承认学院派的合理性，但在精神和趣味上，却应当保留一些业余作风。……在学院式汉学已一统江湖之日，倒是应当追怀高罗佩式的人物，追怀那种开放的文化视野与学术趣味了。"但这可能吗？完全可能，因为社会分工与合作的深化，已经为现代人节约出了更多的闲暇，你知道吗？19世纪中叶，你从巴黎到波尔特需要花费1个月的工资，现在只需花费1天工资；1970年，半加仑牛奶要用掉美国人10分钟的工作，到1997年则只需7分钟；1千瓦时的电，1900年要花1小时的工资，现在只需5分钟；1950年代买个汉堡，要花30分钟的工作，现在只需3分钟……而对于18世纪90年代的农村劳动者来说，他收入的75%用于食物，25%用于住房取暖照明服装日用；2005年的普通消费者，14%用于食物，59%用于房子交通水电，11%用于保险，16%用于教育保健电影音乐阅读……也就是说，随着社会生产力的提高，现代人将拥有越来越多的闲暇。在这种趋势下，有些人，或积累够了财富，或者因为家底殷实，或者因为有家人养着，他们挤出足够的闲暇去研究历史是完全可能的。我的朋友胡文辉、谭伯牛、乔纳森都是靠在非学术机构的工作、靠稿费接济学术研究，他们没有什么功利心，阅读量相当惊人，水平也绝对要好过学院内他们这个年龄段的平均水平。而且我相信，随着人们生活水平的提高，闲暇越来越多，把历史研究当作志业的学院外人士也会越来越多。

总之，时下的历史专业混杂着"志业"和"职业"，作为一种"职业"的历史专业确实没必要保护，因为有价值的学者（比如田余庆、茅海建）不管是在学术体制内，还是在学术体制外，都会获得应有的尊重和利益；价值还没有表现出来的人转行或再接再厉好了，你若开不了专栏可以跑业务、考公务员，甚至去当泥水工，又有什么关系呢？蔡伟靠蹬三轮养家糊口，不也照样研究古文字学？所以，是不是真爱才关键。而作为一种"志业"的历史专业则无法保护，"志业"是用来感召的，而不是用来保护的。虽然由于国家主义和消费主义的双重肆虐，热爱历史学的学生是少，但学院外却成长起一大批真正热爱历史学的人，他们有着优容的时间、非功利化的心态、对自己生存根基的不懈追问，他们将乘"互联网打破学术机构知识垄断"这股"东风"，补充和发展作为一种"志业"的历史专业，完成比"草船借箭"更神奇、也更艰难漫长的范式革命。

如何有格调地反对别人吃狗肉？

每年六月，网上都会掀起"抵制狗肉节"和"反抵制狗肉节"的各种狗血剧，今年（2015）情况如何？据《法制晚报》报道：去年，爱狗人士的反对达到高峰，今年记者再来玉林，发现不管是当地人还是爱狗人士，情绪都逐渐平静。政府严禁当街屠狗，市民自发给志愿者买雪糕，而爱狗人士也意识到："吃狗肉是习俗，想感化他们。"双方由"激烈对抗"转为"和平感化"当然是好事，因为不管是理论抗辩还是肢体冲突，爱狗人士都没有击中痛点，产生闭环，也就不得不转入"持久战"。

理论抗辩无法击中痛点，形成闭环

从权利角度看，反对别人吃狗肉当然没道理。爱狗人士说，"狗是伴侣动物，能与人进行情感交流，不能吃"，那养蜜蜂的对蜜蜂有感情，还有养蛇的，养蚂蚁的……照此推论，人根本就不能吃任何动物。所以，动物权利论的鼻祖辛格就主张对动物采用平等的道德考量，他逻辑彻底，主张素食。可中国的爱狗人士却是吃着鸡肉三明治、啃着牛排反对别人吃狗肉，这是辛格所说的"动物种族主义歧视"，更是鸡贼人格。

动物保护主义率先在欧美兴起不偶然，农业社会转向城市社会后，人们对自然的态度也从实用主义转为浪漫主义。宠物不仅可以营造一个"浪漫化的自然"，更可以显示"人类的爱心"。主张保护野狼的美国年轻一代可能一辈子都没见到狼（新英格兰已灭绝百年），但蒙大拿牧民因野狼造成的牛羊损失却实实在在。更残酷的事情是，每当地震后，很多城市都会捕杀犬类，为什么？因为这些狗会吃尸体。你要那个时候还主张保护狗就是奇葩了。

所以，吃狗肉这事还是汪曾祺在《四方食事》中说得有"人文精神"："有些东西，自己尽可以不吃，但不要反对旁人吃，不要以为自己不吃的东西，谁吃，就是岂有此理。比如广东人吃蛇，吃龙虱；傣族人爱吃苦肠，即牛肠里没有完全消化的粪汁，蘸肉吃。这在广东人、傣族人，是没有什么奇怪的，他们爱吃，你们管得着吗？……总之，一个人的口味要宽一点，杂一点，对食物如此，对文化也应该这样。"

但是，目前反对别人吃狗肉没道理，并不意味着"狗肉节"不该受到抵制。康德认为，道德法则是理性人基于善的意志，为自身立法，只有理性行为者的自律才是有道德价值的。因此，人类对动物虽然没有直接的道德义务，但人对动物仁慈却可以培养对其他人的仁慈。基于这点，人类确实应该朝减少动物痛苦、少吃动物的方向前进。

逻辑上论证"权利"，经常会遇到 bug

说白了吧，从逻辑上看，目前"反对吃猫狗"是动物权利诉求中的一个 bug。什么叫 bug？系统漏洞也。比如，福柯说，从受伤害程度看，"以拳头击打某人面部，与用阳具强行插入某人阴部，没有本质区别。"我那个"人见人爱，猪见猪拱"的朋友肉唐僧就进而认为，"我们之所以判强奸重罪，完全是观念演化过程中的一个 bug 和残余。"像我们身体上的腋毛，有防汗臭、防细菌、减少运动（或劳动）时腋窝摩擦进而保护细嫩皮肤的功能，就不能说是 bug。但像扁桃体、阑尾，就确确实实属于 bug 了。

肉唐僧后面解释："原始人认为非法性交会带来整个部落的坏收成，希腊人认为强奸了一个人的妻子有可能会因为种下野种而偷走了那个丈夫的全部财产。是因为这些原因，才判强奸重罪的。"这里其实暗示了"观念发生学"原理，即人类社会最开始出于功利的考虑会因为习惯积淀为心理文化观念。举个例子，"美"这个字，许慎在《说文解字》中就释为"羊大则美"，因为羊是人类生存的重要需求对象，羊越肥越能满足人的某种需求。……再举个例子，为什么同性婚姻现在困难重重呢？用网友"灰鸽子银水"的话说："对同志婚姻最大的反对声音来自'一男一女婚姻'的神圣性，这种神圣性恰好是建立在繁殖、抚育后代的实用层面。异性的神圣化保证了'繁殖义务'这种可笑的概念存在，它保证你自己被绑进这个不断同义反复的伦理学黑洞里。"所以，用我另一朋友 fufuji97 的话说，"人口老龄化的未来，同性婚姻是不是会被再次当作异端而打入违反道德的行为行列，很难说。"

这些例子说明，从逻辑上去论证"权利"经常会遇到 bug。遇到 bug 怎么办？最好的办法就是改变人们的心理文化观念。台湾的钱永祥先生是华语文化圈主张"动物权利"的理论教父，他最近接受澎湃新闻专访时说："在过去，蓄奴、娶妾、酷刑、围观各种凌迟死刑都是正常的事，但是到了某个阶段，人们开始无法承受这类暴行，情绪上生出反感，对受害者生出同情，在价值上则谴责这类做法。为什么会发生这种变化？原因当然极为复杂，不过一个简单的总结就是：人类的道德意识、对于他人苦难的感觉方式，在历史中一直在发生变化。这种变化的关键一步就是：我所想象的自我，对自己的期待，已经不容许我再重复前人那些伤天害理的暴行。"他的思路还是靠"内省"来提高人类的道德敏感度，这一思路当然没问题。

哲学家列维纳斯有一篇文章回忆了他以前的经历。他是犹太人，在二次世界大战时在法国曾参与过抵抗运动，并因此被捕。当时他跟一些犹太抵抗者一起被关在法国的一个战俘营，集中营里的人觉得自己不像人，没有人的尊严，这不是因为吃不好睡不好，而是他们尝试跟看守互动，那些看守不理他们，他们这些人对看守而言不构成"相遇中的他者"，他们丧失了"他者"的资格。列维纳斯说他们是一群没有所指的能指，是一些空洞的符号，好像要指示什么，但是什么都没有。忽然有一天，在他们觉得自己已经失去人类资格的生活里，有一只狗出现了。这只狗是从战俘营外面的野地上跑过来的，它每天看着这些战俘白天去劳动，晚上回来。那只狗很奇怪，这些战俘根本没有什么食物可以喂它，他们甚至不能去抚摸它，但是这只狗每天都看着他们，看到他们劳动回来之后就对他们摇尾巴，有时还会跳起来快乐地大叫，这是这个集中营里唯一会对这批犹太犯人表示善意的生物。他们给它起名叫 Bobby。然后列维纳斯说了很有名的一句话：他说 Bobby 是"纳粹德国最后的康德主义者"。这事引来中国文化名人梁文道的一番感慨："列维纳斯的哲学对我来说，最重要的就是我们不要考虑这些问题。因为你考虑这些问题的时候，你就已经进入种类思考，就像我开始的时候讲的，先问这个个体具不具备某些资格，它有没有某些理性能力，有没有某些感知能力，它是属于哪一个族群，然后我才决定要不要道德地对待。列维纳斯认为这些都不重要，唯一重要的是当下相遇的这一刻，这张脸呈现出的表情，如果它痛苦，如果它让我觉得可被伤害，它就对我构成了一种道德的要求，我就已经负有责任。"

但像列维纳斯、钱永祥、梁文道这样具有极强"道德内省"能力的人毕竟是少数吧，恐怕芸芸众生、匹夫匹妇未必有这种能力，所以，在"道德自省"外，社会性的"文化涵化"或许更为重要。

"道德自省"外，更需"文化涵化"

什么是"文化涵化"？按照百度词条解释："文化涵化是指异质的文化接触引起原有文化模式的变化。具体言之，有下列特征：1. 涵化与出于资源的借用不同，多是在外部压力下产生的，经常伴随着军事征服或殖民主义统治。2. 涵化与个别文化因素的借用不同，往往意味着许多文化因素的变化。3. 相互接触的群体，总有一个是强大的，处于支配地位，另外的则处于从属地位。从属的群体通常从支配的群体借用的文化因素较多。但也存在相反的情况，若从属的群体存在强大的文化优势，最终被涵化的将是支配的群体。中国历史上北方民族入主中原的情况，就是如此。接触的群体有时也会各自丧失文化个性，而形成一种新文化。"

在中国历史上，民族间"文化涵化"的例子多不胜数，那在秉承不同生活观念的群体间的"文化涵化"有没有呢？当然也有，最典型的例子就是梁武帝推广素食的历史经验吧。

中国佛教并不是一开始就吃素，吃素是佛教传入中国将近五百年以后的事，而这事的总导演就是南朝的梁武帝。梁武帝为何要煞费苦心地推动佛教僧团的素食运动？而当时的佛教僧团为何愿意配合？"王力足相治问"固然是个重要因素，在国家力量威胁下，梁朝僧侣不管意愿如何，大概也没有太多选择余地。只是，《断酒肉文》颁布之后不过三四十年，梁朝即已灭亡，其他君主不见得有梁武帝那样的虔诚，想要严格执行素食规定。再说，就算梁武帝对僧团素食的意愿如何坚定，当时他所能掌控的领土只是淮河以南，北方僧团并不在他统治下，就算后来有北齐文宣帝的支持，文宣帝的统治时期更为短暂，为何北方僧团仍然接受了素食的要求？

对于这一问题，台湾学者康乐先生在他的《佛教与素食》一书中有着精彩解答。原来，佛教传入中国四五百年后，尽管人数在持续扩张，但相对于全国总人口，比率还是不高。在传统的士农工商社会里，出家的僧人到底扮演什么角色？梁武帝想要解决这一关键问题。"饮食男女，人之大欲存焉"，能克服这两项人类本能的重要诱惑，无疑可以得到一般人的钦佩与尊敬。所以，梁武帝在《断酒肉文》里向参与大会的僧侣指出：佛教僧侣饮酒食肉的话，在社会评价上不但比不上道教，甚至连在家人也不如，那僧侣还有什么立足之地？因此，佛教僧侣必须要有其独特且值得尊敬的生活样式，足以让人一目了然地将其与道教和一般俗众清楚区分开来，也就是说，佛教僧侣团必须塑造出一种属于自己的形象与身份，从而超然于士农工商之上。这是梁武帝坚持佛教僧侣必须拒绝酒肉的主要缘故。

后来的南宋大儒朱熹对佛教毫无好感，甚至主张"释老之学尽当毁废"，但对于素食主张却没有抨击。因为除非朱熹赞同"弱肉强食"的原则，否则面对"肉食即杀人，杀生则伤慈悲"的指控，他和儒家都无力招架。这也说明，梁武帝的素食改革契合了社会需求，使佛教格调迅速提升，一下子占住了"爱惜生命""慈悲"的精神高地，也就在中国社会有了一席之地。

看到了吧，即使如梁武帝这样握有普遍王权的九五之尊，他也没有强迫治下所有人吃素，而只是说服自己所属的宗教团体吃素。这种通过"先锋队"的道德感召来提升社会道德的模式是相当高明的——对外，它默认了社会上的精神等差和信仰多元，给各种宗教信仰与思想留下了竞争空间；对内，它使信仰者获得一种受社会尊重的身份认同激励，自信心暴增。这才是稳健的格调生产体系嘛！

　　回想前些年有一次，北京著名公知们聚餐，不知谁选了一家狗肉馆，一文化名人因为爱狗，到达后立马拂袖而去，那"大姐大 + 高冷范儿"弄得吃狗肉的公知顿觉自己格调不够，好不尴尬。如果你真的爱狗，不去做打横幅反对他人吃狗肉的 low 事，只是决然不与吃狗肉的为伍，那"有距离的尊严感"和"高冷范儿"不就油然而生吗？你身边的人吃狗肉还能心安理得吗？当无数个爱狗人士这样选择，中国敢吃狗肉的人不就难成气候了吗？那时候再主张"动物权利"不就水到渠成了吗？可中国的爱狗人士们听得进这些吗？

"文艺男"与"理工男"之争

最近因为电影《星际穿越》，又让"理工男"嘚瑟了一回。有网友调侃说："看电影的时候就听他们小嘴叭叭的跟老娘们嗑瓜子似的，根本没有停下来过，嗷嗷直叫嗨满全场，幸亏电影不是3D的，这要是在他们面前浮现出个虫洞黑洞啥的，感觉他们能当场给 × 了。"

"文艺男"与"理工男"的争论其来有自，但比较两者的书却很少，因此，万维钢这本《万万没想到：用理工科思维理解世界》算是及时雨。

什么是"理工科思维"？作者借用了卡尼曼《思考，快与慢》里对人脑"系统1"和"系统2"的划分，即前者依赖情感、记忆和经验迅速对眼前事物进行第一判断，后者则须集中注意力进行缓慢费力的计算分析。他认为，文人思维是系统1的集大成者，理工科思维是系统2的产物。

接下来，作者就以理工男的优越感列举了无数文人乱担心、瞎议论的事例，比如伦敦奥运会15万个避孕套仅开幕5天就用完了，某青年作家大谈"优秀基因花心"，殊不知1万名运动员5天用掉15万个，就是每天6次（两人用一个，所以是6次，呵呵），这不可能，唯一的解释是大部分避孕套被运动员拿走当纪念品了。

除了打击妄下断语，理工科思维的用处在于通过试验数据纠正"常识性偏见"。比如，媒体为什么喜欢煽情？有个呼吁给非洲儿童捐款的试验：公开信的一个版本是列举数据，另一版本是通过一个叫诺奇亚孩子的挨饿故事，结果是第二个版本收到的捐款多，可见，煽情是传播的必需。

理工科思维还可以帮我们解决一些历史疑惑，比如，作家章诒和的回忆性散文里大量对话记录让人诟病，章先生却信誓旦旦，孰真孰假？有试验表明回忆会受"暗示感觉性"影响而歪曲：我们看到一只小黑狗，随后被问到狗的项圈是什么颜色，很多人会自信地说出一种颜色，哪怕这只狗实际未戴项圈。再比如，鲁迅的祖父，因为行贿买乡试关节，刑部批罪充军，而皇帝批示"斩监候"，一反拟罪较重，俟朱笔轻减，以示恩出自上的惯例，刑名老吏亦为之错愕。高阳揣测，清制十二月二十五封印，此案结于当天，皇上待批奏折过多，情绪不好乃有重罪。这揣测就与《美国科学院报》"损耗对判决的影响"调查吻合：在以色列，每次用餐后，约有 65% 的保释申请获得批准，在保释官下次用餐的前两小时内，获批率又开始下降，总之，又累又饿的保释官容易否定保释申请。

理工男的肱二头肌鼓起来了，是否就意味着文人思维穷途末路了呢？作者这方面的偏见比比皆是，"低端文人研究道德，高端文人研究美感"，苏格拉底、孔子都研究道德，是低端文人吗？既然作者借用的是卡尼曼的概念，就要承认，卡尼曼可不是贬低"系统 1"，而是认为"系统 1"和"系统 2"要配套使用。作者自己也说："我们的系统 2 根本不是计算机的对手，没人能在百分之一秒内计算 111.61872 的平方根。而系统 1 却比计算机强大得多，直到 2012 年谷歌用了 1.6 万块处理器才让计算机学会识别猫的脸——而且它们肯定不会像刚出生的婴儿那样分辨表情。系统 1 这么快，显然是它在漫长的进化史中非常有用的缘故。"

文人思维的妙用可多了，你比如，作者花了好几页的篇幅谈"强力研读"，还罗列解释"不好玩；用时少；不追求快"的共同点，就差找只戴眼镜的猫来做试验了。可人家文艺男一句话就说完了，"不就是读'磨脑子'的书嘛！"朱子说得更精妙："读书譬之煎药，须是以大火煮滚，然后以慢火养之。""须是一棒一条痕！一掴一掌血！""看文字，须是如猛将用兵，直是鏖战一阵；如酷吏治狱，直是推勘到底，决是不恕他，方得。"学者叶航说了个更有趣的事：经济学家杨小凯和汪丁丁在香港时都喜欢炒股，都下功夫研究过 K 线分析技术，结果两人都输得一塌糊涂。而拯救他俩的都是自己太太。在丈夫铩羽而归后，她们都独揽了财政大权，靠投资房产积累起雄厚的家产。所以，有时候容易"理性自负"的恰恰是接近理工科思维的人。

总之，"系统 1"和"系统 2"要配套使用才行，"文艺男"与"理工男"真没必要强分高下，别忘了让理工男嗨到爆的《星际穿越》导演诺兰就是一名文艺男啊，片尾令人炫目的五维空间设计，就是借鉴了现代主义大师杜尚名画《下楼梯的裸女》……

十年一觉读经梦，错把人参当饭吃

　　唐人杜牧曾有佳句"十年一觉扬州梦"，那些十年前将孩子送去读经学校的家长们，想必有类似的怅恨。正如读经界一位人士总结："现在回过头去看，对孩子来说，这真是一场残酷的实验。"

　　读经学校的残酷在哪？首先是知识传授的保守、偏狭。这种"反体制教育"的"新"教育模式宣称"造就大才，甚至圣贤"。因此，与同龄人不同，读经学生的阅读没有科幻小说、日本漫画，除了儒家经典，就是佛经，十九岁还对小学英文不甚了解……

　　对于古代经典的价值，我向来是承认的。回顾历史就知道，人类的古典知识多是道德知识，儒典、佛经、圣经都是，它们尽管是因应古人的生活困境而生，但有的对现代人仍有教育意义。只不过，18世纪开始，知识从道德层面走向应用层面，孕育了工业革命。二战后，知识又被用在工作中，催生了泰勒的科学管理和福特的流水线模式。由此，分工制度与近代教育奠基，各种技术学校纷立，知识成为资本主义生产体系里可售卖的商品，开始经由系统的教育而不是个人经验的传递得到推广。所以，现代人被镶嵌到知识分工社会，不但需要学习"道德知识"，更要掌握一门以资源形式出现的"技术知识"，比如，你要学习物理学，才有机会获得机械制造方面的工作。读经少年们，只吃人参般的"道德知识"，拒吃米饭般的"技术知识"，自然会饿着肚子、前途渺茫。

更残酷的是教育方式。他们居于深山，无电无网，没有电子产品。学生们各占一座山头，不许互相来往，四下也没有村落，出山得坐农用拖拉机……这压根是"孤岛教育"呀！

"孤岛教育"问题在哪？金庸小说里的黄药师够有才华吧，这老家伙上知天文，下知地理，琴棋书画，奇门遁甲，无所不通，教起自己宝贝女儿黄蓉来，应绰绰有余。可黄蓉都成大姑娘了，还认为"孩子是胳肢窝蹦出来的"。生理知识这般贫乏，仅仅是因为黄药师不好意思跟女儿讲这些？记得我上初二时，遇到生理卫生那两章，女生物老师也是叫同学自己看书，就像女孩路上撞见男孩尿尿便扭头加速通过。比黄蓉幸运的是，我们有一大帮同学，会在聊天时交流性知识，俨然一条知识的"地下水通道"，为"成人"默默准备着。

现在看来，读经学校就类似"桃花岛"，切断了学生与外界的联系。而根据美国教育心理学朱迪斯·哈里斯《教养的迷思》一书的观点，孩子在家庭之外的人格，是被同龄人组成的社会环境塑造的。所以，读经学校最大的病灶是毁坏了孩子"同龄人组成的社会环境"，因为基本"与世隔绝"，读经学校的孩子不但很难获得"手机导航"之类有助于个体融入社会、提高生存能力的"默会知识"，而且对经典上的"道德知识"也会无感、气馁。

可读经再怎么不是，对孩子写作文总有用吧？多读古代经典，确能让人用语典雅简洁，比如，现代人习惯说："对李商隐的《锦瑟》一诗，不同的学者有不同的理解方式。"读古典多的就会脱口而出："李商隐的《锦瑟》一诗，众说纷纭"。但是，写作要对身边的事物有热诚和敏感，否则，那些被你从古代经典里挪来的丰富"能指"（成语、典故），也会像人体死皮一样，指示不到真切的"所指"。比如，当代作家王朔写自己少年打群架："冬天天冷，大雪封山，一出门就是一溜脚印，跟踪别人经常被人家反跟踪，搞不好就被人家抄了窝子堵着山洞像守着冰箱一样样吃。"这"被人家抄了窝子堵着山洞像守着冰箱一样样吃"实在漂亮，你要是借用古典，大概是说"被人家瓮中捉鳖，关门打狗"，可作为现代城市人，你见过瓮吗？捉过鳖吗？这比喻的准确度和意境，就比王朔的差远了。所以，"与世隔绝"也是写不好作文的，报道就说，"这群学生的功底太差，识字量不行、错字连篇、一篇八百字的作文他们写得吃力"。

读经学校标榜要造就"圣贤"，可现在学生阅读和写作的胃口都被败坏了，岂非"十年一觉读经梦"？

那位编写《资治通鉴》的司马光算是中国历史上比较接近圣贤的人物了，可他评价自己——"如人参甘草，病未甚时可用也，病甚则非所能及。"看来，"半部论语治天下"也只是"儒家牌"治国鸡汤的广告语而已。国学经典之于现代人，不是不可以学，但只能当人参用，不能当饭吃。即使当人参用，也只能给人熬鸡汤调养身体，却不能当药给人治病。

给女儿"喂"几口唐诗宋词？

如果最近要问"谁是中国最美女人"？想必很多人会想到央视美女董卿，她主持的《中国诗词大会》不但引发了席卷全国的"背诗热"，也勾起了人们对"腹有诗书气自华"的缅想。我有个平日不读书的哥们，上周末却问我该给女儿买哪些古诗词书籍，还秀逗地说："瞧人家董卿那气质，啧啧，咱也得给女儿喂几口唐诗宋词。"

该不该给孩子喂唐诗宋词？我们先要清楚，《中国诗词大会》能火，不只是古诗词的魅力，更多的是知识竞技节目的魅力。鲍德里亚在《消费社会》一书里说，对于"在场感"的建构是最高级的娱乐形式。诗词大会的现场 PK 为观众营造了亲历其中、升级引诱、即时爽爆的环境，契合了当下互联网的可视化浪潮和游戏化思维。

撤除媒介因素，古诗文的魅力自然也有。北京师范大学教授张柠从诗歌发生学的角度解释说，"人与自然之间的和谐对话关系，是古典诗意和抒情性的基础。当古人感觉到自己依然活在自然之中，像一株从泥土中生长出来的树一样（生），并产生一种回归泥土的潜意识冲动（死）的时候，感恩之心和高声吟诵的愿望油然而生。"所以，中国古诗词具有很强的切入日常生活的能力，红袖添香，渔樵闲话，市井百态，乃至草木虫鱼，俱可入诗。当你看到夕阳余晖、群鸟盘旋的美景时，如果记起"落霞与孤鹜齐飞，秋水共长天一色"，确实比"这么多鸟，真好看，真是太好看了！"强多了。古诗词不但引领你的审美，还把你与民族文化传统连接起来，这种归属感，有助于抚平现代人的存在焦虑。

但如果大家审美时都偷懒援引古诗词，就难免俗套。你看到洱海的夕阳群鸟兴起"落霞与孤鹜齐飞，秋水共长天一色"，他看到青海湖的夕阳群鸟也兴起"落霞与孤鹜齐飞，秋水共长天一色"，审美便钝化了。

更重要的是，现代世界是一个陌生化的世界，人对于市场买来的萝卜是陌生的，断不会有农民对自己地里萝卜的熟悉和眷恋，"雨中山果落，灯下草虫鸣"的抒情整体性就破碎了，古典诗意开始消亡。针对"窗含西岭千秋雪"一句，女诗人王小妮就说"现在的窗子可能是装了防盗网的塑钢窗，从这窗口看见的雪山，跟木窗棂里框起的雪山，感觉非常不一样"。

表达现代人的诗意，白话文比古诗文更熨帖，也与"默会知识"的更新有关。比如，余光中对美国诗人爱伦坡眼神的描写："这种幻异的目光，像他作品中的景色一样，有光无热，来自一个死去的卫星。"以现代地理知识"死去的卫星"作比，把知觉的敏感度调到了极致，从而犀利达成了文学语言"增加感受的复杂和时延"的陌生化效果，这是你翻烂《全唐诗》都寻不着的精彩表达。

多读古典诗文，确能改变人的气质，写信时用"顿首遥叩"就比"此致 敬礼"文雅，方文山的歌词也因为加入了古典用词（头发白了说"发如雪"）迷倒众生。但文言过度也不好，像朱自清《背影》里"我与父亲不相见已二余年了。"末尾的"二余年了"，明显太文太哑，改为"两年多了"才顺，有位主张恢复文言文的文学女博士却认为，朱的写法"徐缓多姿"，这种语言复古主义就近乎嗜痂成癖了。

现代人研读古诗词，以顾随最具"大师"风范。他曾说："白话所表现的思想感情有古文表达不出来的。今日用旧体裁，已非表现思想感情之利器"。"青年人应该创造新的东西，不应该在旧尸骸中讨生活"（顾随《致卢伯屏》1929 年 12 月 4 日）。

比起女博士来，顾老真诚可爱多了。

补注：中国古诗词具有很强的切入日常生活的能力，红袖添香，渔樵闲话，市井百态，乃至草木虫鱼，俱可入诗。最切近的典型就是聂绀弩的劳改下放时写的旧体诗，比如《搓草绳》："冷水浸盆捣杵歌，掌心膝上正翻搓。一双两好缠绵久，万转千回缱绻多。缚得苍龙归北面，绾教红日莫西矬。能将此草绳搓紧，泥里机车定可拖。"程千帆说聂诗是"诗国里的教外别传"，"敢于将人参肉桂、牛溲马勃一锅煮，初读使人感到滑稽，再读使人感到辛酸，三读使人感到振奋"。现代诗确实有些端，不够自然，尤其海子的《面朝大海 春暖花开》，歌颂普通生活居然还用"幸福的闪电"，一股诗歌皇帝流落民间的装屄感。当然，这并不代表我否认新诗的方向，更关键的是，现在已经进入散文时代。

谁杀死了"见字如面"？

最近，综艺电视节目里冒出一股"清流"。一档名为《见字如面》的节目，没有噱头，没有互撕，没有毒舌，却像静僻山谷里的桃花，安安静静地"红了"。

这档节目的模式很简单——请明星演员现场读信。我目前只看了第一期，却被台湾男星王耀庆演绎《黄永玉写给曹禺的一封信》给震撼了。温雅羞涩的王耀庆，一站在台筒前，就换了个人似的，抑扬顿挫，慷慨铿锵，把黄永玉的率真和热诚表达得淋漓尽致。王耀庆平日扮演的多是情感受压抑、内心被撕扯的角色（比如《好先生》里的江浩坤，《产科医生》里的肖诚），所以，当王耀庆说出"你为势位所误""醒来啊马克白，把沉睡赶走！"时，真是金声玉振！——那磁性的嗓音宛如历史隧道传来的启示录，那结巴的快语仿佛对"文革"压抑的狮子吼，那飘逸的潇洒感则带着六朝文士的气质，能迷死小女生。

可喜欢归喜欢，书信的时代毕竟一去不复返了，据新闻报道，北京的很多邮筒一天只有几封信，而且数量还在减少。

书信如果仅仅是信息、情感交流的载体，被手机短信和微信取代，也就没什么好遗憾的。但书信在信息、情感交流之外，恰恰具有文学性的溢出，这才是大家耿耿于怀的原因。因此，要问是什么杀死了"见字如面"，实质就是"什么在杀死文学"？

其实，《见字如面》能火，也不只是书信的魅力，更多的是书信节目表演的魅力。请明星朗读书信，正迎合了互联网当下的可视化潮流（微博文字数量下滑，短视频和网络直播兴起就是典型）。所以，当书信不再作为一种生活方式存在，而只是借时髦媒介"还魂"时，恰恰说明了书信的衰亡。

文学性之衰落，也与即时通讯的兴起有关。什么是文学？俄国形式主义大师什克洛夫斯基认为，作家的意义在于"使所描写的事物以迥异于通常我们接受它们的形态出现于作品中，借以吸引读者的注意力，增强感受的时延和难度"（见《散文理论》）。比如，说美女"皮肤好"是习惯化日常语言，而说"肤白如雪，吹弹可破"就是陌生化的文学语言。既然文学语言是为了"增强感受的时延和难度"，即让美好感受长久保存，这就暗示我们，时间才是文学性发酵的秘密。

人类通过几十万年的进化，形成了短期内难以改变的时间感知系统，比如一天没见孩子就想，半年没见朋友也想，情人之间互诉相思会说"一日不见，如三秋兮"。因此，美好的在场交互感受被阻断，才会泛起文学情愫。

但现在的高铁等交通工具和即时通讯却在修复地理距离导致的时间阻断，从而逐渐杀死这些"文学必需的间隔时间"。

春节期间，我去表哥家拜年。就撞见他通过手机视频聊天，与远在他乡的哥们操着酒瓶子对饮。两人中间还划拳，"哥俩好啊……五魁首啊，六六顺啊"，喝得酩酊大醉，看得我目瞪口呆！这种情况下，即使有文学情愫，也在即时通讯中耗散了，哪还有心力写书信。

苏轼有篇短文《记承天寺夜游》，写他晚上闲得无聊，去承天寺找朋友张怀民，然后如何美好云云。假若宋代能用手机视频聊天，苏轼就不会出来找张怀民，也就不会有这篇千古名文了。

文学会衰亡吗？至少我觉得，未来的 VR、神经模拟、做梦装置可能会取代文学，成为普通人的精神必需品。从这个角度说，中国二次元的鼻祖、明代"梦圣"董说真是了不起的先知。

海德格尔会爱上共享单车吗？

就公共问题发言，向来分为"痛派"、"痒派"，以及"不痛不痒派"。

如果说近日的中国"痛派"一号是高喊"中国制造业成本高、税收重"的企业家曹德旺先生，那近日最风光的"痒派"就是搞跨年演讲的罗振宇了。

罗胖搔到了时代的哪个痒处？网络流传最广的一段话是——"未来有两种生意的价值变得越来越大：一是帮助用户省时间；二是把省下来的时间浪费在美好的事情上。"在我看来，具备这两要素的标杆产品已经冒出，那就是共享单车。

1955年，德国哲人海德格尔在《技术的追问》演讲中说，技术是一种看待自然的方式，是让所有本质上的东西"自我揭示"（去蔽），成为人类可以加以利用的潜在能源。技术本身没问题，但现代人对技术的态度有问题。古代技术作为"去蔽"是 poiesis 意义上的"带出"，而现代技术是惹是生非的"挑起"（Herausfordern）。举例说吧，古人利用风能碾谷，是直接听任风的吹拂，没把风能固定贮存起来，风能在风车那里保持着"当场发生性"。现代技术则逼迫自然提供能够被贮存的能量，在场的关联结构被打破。比如，蒸汽机、内燃机的发明就是利用了热能转化为动能的原理，从此煤和石油被大量开采储存，并源源不断卖

到远方，当地人与煤、石油的生态关系被破坏。（见吴国盛《海德格尔的技术之思》）

作为人类最常见的代步工具之一，单车的出行效率确实不如汽车。但汽车这种技术产品正是海德格尔所说"惹是生非的挑起"，单车则是"自然的带出"，也就与人亲。

物与人亲，首先表现为"时间的切己感"，即符合人的自然节律。胡兰成说，古人"在劳动时对事物总有一种亲，好比女孩刺绣，看着绣的花从自己手里一朵朵生长出来，有欢喜"。（《山河岁月》）这"亲"里就有"时间的切己感"，今日流水线上的女工被市场主义生产时间催促着，对针织品断不会有这种情愫了。

前段时间网上流传中国首富王健林的"工作时间表"，其中有"4点起床，4点15到5点健身，5点早餐"，网友纷纷赞叹"比你有钱还比你努力"，我却同情这类个体时间被"功利目标"切割得七零八落的"忙人"。诚然，人们开汽车上班，节约了出行时间，下班后再把节约出的时间用在"美好的事情"上——健身房健身。可这不拧巴吗？骑单车出行便可兼顾"节约时间"和"把节约的时间用在美好事情上"两个目的。说白了，开汽车给人时间的异己感，骑单车却让出行和健身合二为一，就像农民下地干活一样自然。

物与人亲，还因为做事往往具有社交性。比如，古人河边洗衣，很多村里的消息就闲聊了出来，唐诗说"长安一片月，万户捣衣声"，那是丈夫出征在外，留守妇女的牵肠挂肚化入阵阵捣衣声中。现在洗衣机解放了双手，却也失去了交流信息、排遣心理的社交功能。

显而易见，骑单车也具有社交性。陈奕迅有一首歌叫《单车》，大意是说，爸爸很严格，他最温暖的记忆就是在单车后座抱着爸爸的腰。汽车则是流动的私有空间，社交性比较弱。小女上幼儿园，总要我走路送她，而不许开车，因为她不喜欢一个人被冷冷地落在后排座位上。

从表面上看，共享单车只是通过互联网扫码和支付解决了停靠和被盗难题，这技术没什么了不起，但它实质上表征了一种具有"海德格尔省思"的现代技术产品的诞生。它不是个人私产，你只是租用，不用担心被盗，还可像机器猫那样对它"召之即来，挥之即去"，骑单车的切己感和社交性就大大加强。

友人打趣，骑着红色笨重的摩拜单车俨然有老子骑牛出关的感觉。海德格尔关注过东方思想，特别是中国道家思想。他为了践行对现代技术的批判，自己不开汽车，只是忧思蹙眉地坐在老婆开的车上。如果一代哲人活到今天，就无需纠结了，他骑着摩拜单车，定会与道家始祖老子神交晗笑。

原刊 2017 年 1 月 16 日《中国新闻周刊》

给"怀旧的环保主义"看看病

近段时间,"你幸福吗?"的提问很流行。在时下中国,也许有孩子会吃到毒奶粉,也许有人出门会遇到70码,也许有人还会"被精神病"……但尽管这样,从历时态的人类状况看,我们每个人获得幸福的物质基础还是在增加。在过去的两百年里,人类生活需要和渴望的几乎每一样东西都在飞速提高,这包括寿命、清洁的水源(中国等发展中国家的河流是在污染,但欧美的河流越来越干净)、干净的空气、私人时间,快捷的交通、便捷的沟通途径,以及更多的热量、功率、照明小时、平方米、字节、兆赫、单位亩产量、食物里程……现在你在市场能买的东西很多是以前的皇帝想拥有却不曾拥有过的,比如电灯、空调、电视机,冰箱里新鲜的对虾、扇贝、羊肉片,肥皂、汽车、抽水马桶……人类为什么会取得这些进步?马特·里德利的《理性乐观派》一书认为,这是得益于交换和专业化。

然而,我们的社会里也有人认为,交换和专业化带来的物质技术进步摧毁了古典的"有情世界"。比如,作家张中行就说:"蜡烛与电灯的最大不同是什么?不是亮度,而是有没有感情——蜡烛能在夜里陪着人流泪。"有论者还附和道,"新灯比起旧灯来,确实缺少了变化、朦胧与神秘,电灯下看《聊斋》(电视剧)是无论如何也体会不到油灯下听《聊斋》那种神秘意境的。"应该说,这种"怀旧"的文学感喟吊足了现代人的胃口。但张老毕竟是受过五四运动"民主与科学"熏染的人，所以，他也明白，电灯的照明效果比蜡烛好，点蜡烛的时代是回不去了。

可有些人却没有张老这种通达，他们悲观地认为，"科学技术化"的现代生活方式如果再不改弦更张，核污染、地球变暖、人口爆炸等问题将使人类走向毁灭，这种悲观情绪与浪漫主义怀旧交织在一起，就滋生了"为了向前看而向后看"的环保主义运动。比如，环保主义者认为，我们用的电要靠烧煤来获得，烧煤会排放大量二氧化碳，形成"温室效应"，因此发起"熄灯一小时"活动。可有网友质疑，用电高峰期要是很多人遵循此行为的话，对于发电设备会造成很大损害，然后就需要更多的维修，制造新配件也要消耗更多能源。环保主义者还认为，食物从产地到你盘子里所花的路程越长，烧掉的石油就越多，导致全球变暖的碳排放也就越多，因此，他们又发起声讨"食物里程"运动。可有经济学家却指出，把食物从农庄弄到商店的碳排放量，只占他一辈子碳排放量的4%。从国外空运食物的碳排放量，只相当于把英国本地食物冷冻起来的1/10。由于各地食物生产比较优势的存在（比如新西兰养羊成本比英国低很多），把新西兰的羊羔运到英国，耗用的碳排放量是把威尔士（在英国）的羊羔运到伦敦的1/4。

"熄灯一小时"和声讨"食物里程"运动尽管荒谬，但造成的危害还没那么大。而反对农业新技术的环保主义则危害无穷。前些天，新浪微博一个叫古清生的作家发微博说："俺认识的很多农民，他们自己吃的菜也不用化肥、农药、除草剂和转基因种子。在中国，哪个职业的人口最多？当然是农民。这样就可以推论，不用上述物质，也能养活最多的人口。现在见支持农药和转基因的，见一个拉黑一个。"我反驳他，土地的碳储存量大于植被和大气的碳储存量，犁地会释放土壤中的碳，而除草剂能控制杂草，不用犁地，减少水土流失和碳排放。一般人以自己不吃打农药的食物照样能活说事，却看不到这是世界粮食分配不均导致的。你能过这种生活，并不代表世界上所有人能过这种生活。如果不使用农药化肥，现在的亩产量还停留在 1961 年的水平，要养活现在的世界总人口，那就需要耗掉 82% 的陆地，现在的大部分森林都要被毁灭。这难道就是环保主义者希望看到的？那位作家被我拍砖后，还傻乎乎地问我数据来源，我告诉他：《理性乐观派》。

确实，所有陷入"怀旧的环保主义"者都应该读读这本书，不是说不该环保，而是要明白，我们没必要悲观到用"怀旧"的方式来环保。更好的环保方式，还是应该通过技术革新来进行，比如，现代植物油里和大量红肉构成的饮食结构里奥米加三脂肪含量低，可能会导致心脏病，我们可以多吃鱼、水果、蔬菜来平衡，可以寄希望于新一代转植物品种（该书出版时美国已经培养出奥米加三脂肪酸大豆）来纠正这些缺陷。这才是我们理性乐观的理由，也是我们幸福的基础。

转基因争论困局中的信任问题

2014 年"两会"期间，央视某著名节目主持人小 C 在网上公布了前段时间他在美国考察转基因的视频，为其转基因提案造势。这视频受到粉丝赞美的同时，也遭到一些挺转基因网友的批评。

这个纪录片中，采访了多位美国专家，通过他们的研究来证明转基因食品对人体有害。这些人都不是生物学方面的专家姑且不论，片中的论证更成问题。比如，片中的退休教授认为，草甘膦的广泛使用，和高血压、肥胖症等疾病发生率的上升有 0.90 以上的正相关。可稍微懂点逻辑的人都知道，相关性不等于因果关系。有统计数据显示，冰激凌的销量和溺死事故数量正相关，这能否说明冰激凌导致了溺死事故？显然不能，这只是因为冰激凌在夏天销量会增加，溺死事故也更多发生在夏天。再比如，片中采访者提到的"Bt 蛋白能杀死害虫，所以一定对人体有害"，其实是一种简单的联想，而没有考虑到昆虫和人体消化道内截然不同的环境和细胞表面受体。更可笑的是，视频里有个人说："跟我辩论的科学家没有一个人敢喝草甘膦原液。"这居然被小 C 拿来当草甘膦不安全的证据。如果有人拿杯饱和盐水给小 C 喝，小 C 喝不？不适合喝不代表不安全。硫酸铜溶液是美国农业部批准的有机杀菌剂，请问谁敢喝？大家都不敢喝难道就不安全了？

可奇怪的是，即便这个纪录片被挺转基因的网友批得体无完肤，但还是有不少网友支持他。某位作家就是典型，他说："我不懂转基因到底安全还是有害。但坚信一点，用最接近天然的方法生产的农作物更符合自然法则，不用化肥、农药与抗生素肯定比用好。在转和非转之间我肯定选后者，因为我没必要去冒险。"正是这种心理才使小C获得了民众支持。说白了，这也是"预防原则"的死守。

所谓"预防原则"就是，如果一些做法会对社会生态造成无可挽回的损失，无论这种概率有多小，也无论这种做法带来的效益有多大，我们都不应该采纳这种做法。"预防原则"是欧洲人拒绝转基因的哲学基础，因为在欧洲发生的疯牛病印证了食物背后可能潜在的风险，也印证了他们对一心只想平息恐慌的官员的不信任。可中国网友对"预防原则"的青睐是出于什么原因呢？某网友的说法同样具有典型性："俺从来也不认为转基因食品就一定是反人类，但是作为一种新兴技术项目，技术操作逻辑表达得再严谨，也难免百密一疏，更不应该让这一疏成为对百姓不告而行的政府行为。相对于中国这个信息不畅、民意难表、假冒伪劣盛行的社会，还是看看其他先进国家的先进经验后再行引入为好。"联想到视频中C对湖南瞒着学生试验黄金大米所表达的愤怒，挺转基因的人在这点上确实无言以对。也就是说，当现代社会日益陷于"风险社会"的时候，个体要么靠宗教、社团，要么靠国家分担风险，而当一个国家的政府在历次事件中不能给民众信任感时，民众就只好死守"预防原则"，对新事物说不。

转基因推广在中国的被动，更与主管部门"不争论""息事宁人"的躲闪态度有关。越是躲闪，挺转基因的理性声音就越难进入主流电视台和报纸，只能在网络流窜。越是躲闪，清晰的法规和监管就越难出台奏效，地方政府就越会拿民众的知情权和选择权不当回事，从而引起恐慌。这也是一个没有人愿意负责，将导致整个社会信任成本、创新成本抬高的典型案例。

第四辑

吾侪所学关天意

张小龙比马云更具"产品哲学家"气质

2015年以来,"微信之父"张小龙大有"封神"之势,先是首次公开演讲赢得满堂彩,再是微信"发红包看照片"被各方点赞,后来连饭否日记都被网友扒出来膜拜,就差烧香上冷猪肉了,一个"产品哲学家"的高冷形象呼之欲出。

张小龙的"产品哲学"集中体现在他的演讲和饭否日记中。他戴得稳"产品哲学家"这顶帽子吗?下面我就不揣浅陋,从技术哲学、时间哲学、空间哲学三个角度对他的资质进行检验。

一、技术的本质:人与技术共同进化

微信是一款互联网技术产品,"产品哲学"自然首先涉及对"技术的本质"的认识。可以说,一部人类的进化史,也是人类发明利用技术的历史。有了制作石刀石斧的技术,人类可以狩猎喂饱自己;有了钻木取火技术,人类吃到了利于健康的熟食;有了织布技术,"亚当"就不会担心追猛兽时裆部的树叶脱落;有了冰箱、空调、抽水马桶等技术,我们过上了古代皇帝都享受不了的现代生活。

技术不但改变我们的生活,也改变我们的思想。标准化货币的铸造使得贸易流通更广泛,鼓励了经商乃至形成自由的思想;

1494 年复式记账法的发明使得欧洲的公司第一次可以处理复杂的业务，直接开启了威尼斯的银行业，乃至全球化的经济；古登堡发明金属活字印刷术使得欧洲基督徒第一次有机会摆脱教堂，直接阅读《圣经》，形成自己的理解，结果导致爆发后来的宗教改革。

更神奇的是，地图和钟表这种"智力技术"的出现带给我们抽象思维的能力。跟一个只会看真实风景的人相比，一个会看地图的人拥有一种高级得多的思维能力，他能通过抽象的点和线去感知一种此前的人无法想象的空间结构关系。机械钟表则把时间这个原本不可分割的自然现象变成可计量的单位，而滴滴答答前进的时间感则开启了人类探索科学的序幕。

然而，技术在带来好处的同时，也引发了忧虑。1955 年，海德格尔在题为《技术的追问》的演讲中说，技术是一种看待自然的方式，是让所有本质上的东西自我揭示（"去蔽"），成为人类可以加以利用的潜在能源。布莱恩也说，"技术的本质就是对自然的编程，它是一种对现象的捕捉，并驾驭这些现象为人类服务。"（《技术的本质》）比如，知道了能量转换定律，人类才发明了蒸汽机。

但海德格尔这种大牛也真是深刻，他认为，技术本身没问题，但现代人对技术的态度有问题。技术的本质是作为去蔽的方式，但古代技术作为"去蔽"是 poiesis 意义上的"带出"，而现代技术是一种近乎惹是生非的"挑起"（Herausfordern）。比如，古代的风车也利用风能，但它直接听任风的吹拂，没有把风能固定下来、贮存起来，风能在古代风车那里保持着"当场发生性"，是"带出"般的运作。现代技术则"制造"了一些新"事端"，它向自然提出挑战，逼迫自然提供出能够被打开和贮存的能量。贮存意味着向一种持续的在场转化，它打破那种在场的关联结构，使物脱离场景地成为贮存物，以便随时随地被打开使用，这有点类似我们现在说的"掠夺性开发"。

试考虑莱茵河上的一座水力发电站。电厂拦腰截断河流，制造压差，让水流的压差推动涡轮机，涡轮机的转动推动发电机，发电机制造电流，电流则通过变电站和电网流向远方。这里的所有东西都服务于"发电"这个单纯的目的，并从发电厂的本质中成为自己所是的东西。于是，河流成了水压供应者，它作为水压供应者在发电厂中成其所是。于是，海德格尔甚至不无讽刺地说，与其说水电站建在莱茵河上，不如说莱茵河建在水电站上。当然，准确地说是莱茵河建在现代工业体系之上。（参见吴国盛《海德格尔的技术之思》）

现代人对技术的这种态度，导致人与自然的疏离。以前，农民与土地的关系是一种"耕作"关系，意味着关心和照料，农民把种子交给生长之力，并且守护着种子的发育。但今日农业使这种"耕作"关系发生了质变，耕作成了对自然的"挑起"意义上的"预置"。所以，现在大家对蔓延各地的土地污染，都睁只眼闭只眼。

我们改造技术，技术也改造人类。我们或许只记得麦克卢汉在《理解媒介》里的名言："媒介是人体的延伸。"任何一种新技术或新媒介的出现，都是人的某种器官的延伸。报纸是视觉的延伸，广播是听觉的延伸，电视是视觉和听觉的延伸，互联网是人的中枢神经和其他感官的延伸，手机作为一种新媒体可以说是人的综合器官的延伸，因为手机综合了几乎所有大众媒介的功能，集视听读写于一体。但麦神还表达过另一观点，就是我们的工具增强了人体的哪个部分，哪个部分就会麻木。农民开始使用机器犁地、耙地的时候，也就失去了对土壤的感觉；工人用机器织布的时候，也就牺牲了手工的灵巧性，丧失了对面料的感觉。再以很多人讴歌的地图来说，地图增加了人的导航能力，刺激了探险、贸易以及战争的历史性扩张，但也使得人类领略自然风光的能力、在头脑中为周边环境绘制地图的能力衰退了，"在人们逐渐依赖地图而不是自己的方位感判断位置的过程中，他们会经历大脑中专门负责空间解析功能的海马状突起的萎缩。这种麻木也肯定会出现他们的脑神经中。"（卡尔《浅薄》）复旦大学教授严锋还怀疑："在大数据时代，人越来越把知识存储在自己的大脑以外，自身的记忆功能面临退化危机。未来人类会不会越来越健忘，回家的路都要靠 GPS，老婆的面孔都要靠机器辅助识别？"这种忧虑并非没有道理。

所以，微信作为一种方便人类交流沟通的技术工具，好处自不用说，坏处就是——人的网上交际能力增强，却可能导致线下交际能力萎缩，从而使现代人更孤独。张小龙在演讲中提出了发展微信的"四大价值原则"，其他三点卑之无甚高论，但第三点却真正牛——"一个好的产品是一个用完即走的"，"就像你买一辆汽车，你开完了，你到了目的地，你说汽车里面的空调特别好，所以要待在里面，那不是它应该做的事情。"可以说，张小龙在尽最大可能减轻微信对人的异化。

二、时间："忙"与"闲"的二重奏

也许有人会反驳，农民现在用机器种地，虽然付出了与土地疏离的代价，但改善了生活，这种"异化"是人利用技术不可避免的"代价"。真的不可避免吗？

就以钟表的发明来说，它固然推进了科学的发展，但也如芒福斯所说，"把时间和人类割裂开来"。在决定何时吃饭、睡觉时，我们不再听从自己的感觉，而是服从钟表，也就是背后的资本主义生产作息制度。

在全球化纵深发展的今天，"忙"已成为我们时代的首要特征：吸引青少年最多的是快餐业；从微波炉到加油站，节约时间的装置随处可见；在加热食品时有些人多等几秒钟都不耐烦……快节奏不可怕，可怕的是快节奏成了我们日常生活唯一的内在框架。

"忙人"以自我意志为世界立法，他们的理性以效率为方向，情感以快为特征（闪婚，闪离）。快得理性来不及展开，情感来不及相感、品尝，意志之持久性、品质之一贯性所要求起码的时间保证都被淡化，时间被挤兑，存在被敉平，于是，"耐心"在无尽的"忙"中被消磨，人的"累"、"烦"、"怕"接踵而至。

更严重的是，万物为了人的欲望而生长，不知疲倦，也就无法按照自性展开，导致人生失味。典型的就是现在的猪肉不如以前的猪肉好吃了，以前的猪肉 6～10 个月，甚至养一年才出栏，现在的猪吃饲料 4 个月就出栏了，味道能跟以前比吗？

这种状况怎么解？首先要"闲"下来。"闲不是停止劳作，不是纯粹的不用，而是停止操心之用。""闲是化限制为命分、性分的智慧。""物闲"意味着物按照本性生长，完成所有生命环节，遂其性，亦足其味，此即陶渊明主张的"竞用所好，以怡余情"。（参见贡华南《汉语思想中的忙与闲》）

张小龙在饭否日记里说，"产品极简，反而有利于在网络这个大生命体中自我繁衍，并且产品是面向连接的。"这就是"人闲桂花落"的无限生机，如果微信充斥着乱七八糟的功能，自性展不开，网友就感觉不到微信"自然连接"的"味"。

三、"身体空间"的"我在"呢喃

也许又会有人嘲笑，这不是东方老掉牙的"天人合一"思想吗？错，这不是东方特有的，而是人类反思现代性的最新思想成果。肇始于西方的现代性之展开，核心就是"技术"对"时间"、"空间"的宰制，导致人类与自然愈发疏离，生活也就愈发"无感"、"失味"。

在"阿凡达"星球上，即使有地图，你追得上阿凡达人吗？追不上的。为什么？人类学告诉我们，"原始部落中的人通常赋有一种异乎寻常的敏锐的空间知觉。生活在这些部落中的一个土人一眼就能看出他周围环境中一切最小的细节。他对他四周各种物体在位置上的每一变化都极其敏感，甚至在非常困难的环境下他都能够找到他的道路。在划船或航海时他能以最大的精确性沿着他所来回经过的河流的一切转角处拐弯。"

但原始人对空间的把握中有个缺陷。如果你要求他给你一个关于河流航线的一般描述或示意图，他是做不到的。卡西尔站在理性的岸上认为，原始人的熟悉"只是由某种不断重复不变施行的行动所获得的习惯而已"，而现代人的认识"必须对这个对象有一个总体的概念，并且从各种不同的角度来看待它，以便发现它与其他对象的各种关系。"说白了，就是要有将地理位置对象化的思维。（参见卡西尔《人论》）

可梅洛-庞蒂慧眼如炬，他认为，原始人对于周围环境的熟悉是一种身体的熟悉，身体有它理解和熟悉空间的独特方式，我们所有的空间经验总是与身体相联，不是身体"在空间中"，而是"居住在空间中"，身体与空间属于交互构造的关系。当我们用理性认知一个物理空间时，我们的身体知觉已经预先启动。由此，他在《知觉现象学》一书中提出了"身体空间"这一个概念，以区别于"物理空间"。

举个例子，我握着烟斗，并不是通过手与前臂，前臂与胳膊，胳膊与躯干，以及躯干与地面形成的角度和距离确定手的位置，而是一种身体知觉告诉我手的位置。为什么瞎子在黑夜里走路比正常人敏捷？因为他们的身体空间意识比普通人敏锐。为什么客人深夜起来上厕所，想摸到你家电灯开关不如你敏捷？因为主人的身体知觉对家里的环境更熟悉，也更敏感。

从生物学上也可以获得"身体空间"的证据。比如，马、鹿、老虎，都属于"非接触性动物"，一旦它们感觉有天敌接近，就会警觉起来，这个距离就是"逃生距离"，所以，一些环保人士反对动物园圈养的理由就是，"这样会使很多动物或多或少长时间受到人类进入他们逃脱距离的威胁，人类的存在对它们压力非常大。我们知道，荷尔蒙是随着逃脱与对抗作用机制而变化的，它使得动物的整个身体机能处于警觉状态，并时刻准备着行动。"动物失去了自由，"这种自由并非我们人类认为的那种类似崇高哲学和政治精神的东西，而是一种动物依据与生俱来的空间规则生活的实际可能性。"（参见劳森《空间的语言》）

人身上的证据同样很多，为什么人们喜欢绿化自己身边的环境，喜欢自然风景？进化心理学有个著名的"热带大草原假说"——由于人类的进化速度非常慢（二十多年一代，而且一次生育一般只有一个孩子；相比之下果蝇的进化速度就快得多，每十几天就是一代，而且一次能生好几百，所以研究进化的科学家都喜欢果蝇），而最近几千年人类的生活方式变化极快，以至于人的进化没有跟上人的生活变化的步伐。因此，人的性格和思维模式很大程度上仍然停留在史前的水平，自然选择已经在祖先身上塑造了特定的偏好、动机、决策来寻找那些资源丰富而且环境安全的地方用来居住，非洲的热带大草原一般被认为是人类的起源地，它正好满足这些条件。有实验结果表明，来自三个不同文化背景的人都对大草原式的树表示了强烈的偏好——那些树叶稠密适中、树干分为两个分支、分叉位置接近地面的树。同时，被试者们不太喜欢那些树荫过于浓密的树。浓密的原始森林想去的其实不多，所以，我们的建筑也是模拟树荫下既舒适又安全的感觉，如果生病住院时能看到窗外的树木，我们康复得更快。（参见巴斯《进化心理学》）

以上这些例子都说明了"身体空间"的存在，而且"身体空间"比"物理空间"更为根本，因为它起的是人与自然交互蕴含的作用。在前现代社会，人与自然交互蕴含导致了"主体的自然化"和"自然的主体化"，前者导致人不再是一个纯粹认识论的主体，而是通过渗透进自然获得了一个实践性的"现象身体"。自然的主体化则导致了一个主观与客观交织的"现象自然"，意识与自然相互渗透，使得"现象自然"拥有了内在的生命，成了一个活生生的有机体。

正因为人早已原初地处在自然世界中，他才永远无法将自然把握为"对象"，而只能把握为"现象"。可笛卡尔—牛顿以来的近代科学却将空间对象化、客观化，单一对象的绝对设定必然会导致原本活生生知觉经验的死亡，因为"它凝固了整个经验，就像放进溶液里的某种晶体使整个溶液一下子结晶了"。这就造成了现代人对"身体空间"的忽视和遗忘。

现代人的抑郁症、精神焦虑症为什么多了？其实也和"身体空间"的萎缩有关。身体主体不但通过把握空间的范围来制约着主体的生存范围，还能够利用现象空间的"在世结构"构造出更具主观性的"被体验空间"，比如，音乐空间、梦的空间、黑夜空间，精神病患者的空间、原始人的神话空间、电子游戏空间……这些空间并没有明确的知觉对象，它们既不是物理空间，也不是几何空间，我们无法将它们对象化，进行测量。"它们没有主题化的明确意义，但它们有一种非主体化的前对象意义，一种比几何空间和物理空间更本源的生存论意义。"以精神病患者为例，他体会到明确知觉中外物进入了自己体内，会认为自己听到了其他人听不到的声音（比如"有人要杀我"），导致幻觉的真正原因是"被体验空间的萎缩，是诸事物在我们身体中的扎根，是对象令人晕眩的接近，是人与世界的相互关联"。正常人的知觉并没有取消，而只是在某种程度上压抑了这种人与世界、主体与自然的相互关联，将它压抑在前反思和非主题化的空间结构中（感觉小明在叫我，但我知道那是幻觉，因为小明已经死了）。因此，保证正常人不陷入幻觉机制的并不是他时刻运用自己的批判能力，而是在于他的空间结构，他的知觉和所处的现象空间的自然性。（参见刘胜利《身体、空间与科学：梅洛 - 庞蒂空间现象学研究》）

　　张小龙在饭否日记里说，"人是环境的反应器。微博像是一个环境，但它不会主动刺激人，所以是个伪环境。到微博看东西是不人性的，哪有到环境里逛逛再决定做什么的，那不叫反应。而是当环境发生了点什么事情刺激到人了，人做出的行动才叫反应。"这强调的是人与环境的共融关系，不就是保护微信用户"身体空间"的美好感觉吗？

余 话

张小龙的"发红包看照片"倒没什么可吹的。支付宝今年玩集五福抢红包,"敬业福"被炒到 2000 元一张,效果杠杠的。而腾讯最近推出"抢微信红包"软件,却惨遭罗永浩"舌毒":"'用插件抢红包是犯罪,利用知识和技能上的不对等抢钱,这叫诈骗。'——张小龙。"

这也说明一个常识,"产品哲学"要求人与自然共融,但"自然"是会变的。现在的"自然"已不是非洲的大草原的"自然",而是融合了现代人的生活方式的"自然",所以,淘宝、京东打造的"双十一"能日益成为网民自然生活的一部分,这就是"自然"的进化。从民俗学角度看,春节等节日就是人们暂时放下人生的繁忙,拥抱死亡的狂欢,以这点看,马云比张小龙更会利用节日中的"人性"。

可日常生活中呢?张小龙知道,如果用户花了很多时间在微信上,那迟早有一天,用户回顾过去的几年,发现一事无成,就会抱怨微信耗费了自己的时间和精力,从而厌烦或卸载微信,那微信帝国就会瞬间瓦解。从这些忧虑出发,他明确提出了互联网产品的"极简主义"原则,还领会了"降噪"、"用完即走"、"人是环境的反应器"的奥秘,这点又确实比马云强。

互联网产品的本质是什么?就是——技术与人共同进化;救平时间焦虑;身体与自然共融。从目前看,马云与他的阿里巴巴更像是互联网时代的"罗马帝国",他总是在"挑起"(比起史玉柱那种掠夺性开发,练太极拳的马云还不算太过分);而张小龙则像是"希腊城邦"的修道者,他只是"带出"。因此,后者更接近海德格尔、梅洛-庞蒂的哲学,更靠近"原初之思",也就是更具有"产品哲学家"气质。

"跑步瘦身"风潮与"身体自治"的悖谬

　　近年来，"约炮"已经 out 了，"约跑"才是时髦的事情。2011 年，国内的马拉松比赛是 22 场；2013 年，比赛已经增加到了 44 场，两年内整整翻了一倍。北京、广州、厦门马拉松的参赛人数屡创新高，许多知名人士、企业家开始加入了跑友的行列，宣传健康运动的理念。根据耐克公司 Nike+Running 数据显示，现在中国跑者使用这一软件的年增长量高达 258%，其中绝大多数用户都在使用其跑步功能。

　　而到了 2014 年，《奔跑吧，兄弟》这种跑步秀节目也出来了，10 月的北京马拉松更是让国人对跑友的热情叹为观止。围绕"雾霾天气该不该跑马拉松"的问题，有网友认为："跑步是为了健康，而马拉松更是时间长、运动量大的跑步，故一定要选择空气优良的天气跑步。如选择雾霾天跑步，则完全违背了跑步健身的初衷，这是对参赛者健康极大的不负责任！"这观点立马引起了跑友的反驳："参加马拉松比赛不是简单地跑跑算完，每年都有不少人在比赛中'跑崩'了而不得已退赛。为了能挑战自我完成比赛或取得好的成绩，往往需要为此付出艰苦卓绝的努力。绝大多数选手都为比赛付出很多，哪会因为雾霾轻易放弃。北马都成了这位跑友的人生大事，大家还有什么好说的。如果比赛就此改期甚至取消，谁又该为其人生负责？呵呵。"

比赛改期居然要对跑友的人生负责？这个责任可够大了，可见，跑步已经不只是出于健康目的，还有心理目的乃至人格目的。人为什么要跑步？美国作家克里斯托弗·麦克杜格尔在《天生就会跑》一书中认为，跑步的兴起与社会遭遇危机、人心理压力增大有内在联系。他发现，美国的长距离耐力跑运动经历过三次大起大落，每一次跑步运动的兴起都是在国家遭遇危机的时候。第一次在大萧条时代，第二次在冷战后，第三次在"9·11"过后一年。似乎境况越是糟糕，人们就越拼命去跑，用跑步躲避恐惧，用跑步奔向幸福。"也许是因为人类心理存在着某种开关机制，意识到危险来临时，就会激活最原始的求生本能。在缓解压力和营造快感方面，跑步甚至比性更有作为。"

说跑步是为了减压，估计中国跑友们大多数不会认可。但麦克杜格尔告诉我们，跑步能带来一些正面的心理变化，则是事实。而他所举最早例子就是1920～1930年代的美国大萧条。这可绝非巧合。虽然在19世纪末期，现代医学就开始关注过度肥胖与健康的关系，1906年麦克法登提出了"健身"概念，但只有到了1920～1930年代，知识领域才出现各种"自控"的方法，探索感觉和内心的标识，强调来自内心的参照和指数。一句话，随着现代性的展开，身体开始心理化，肌肉变得"有意识"起来，才出现"把注意力放肌肉上，想象它正发挥作用并感觉到它完成自己的使命"，"成为自己身体的雕塑师"之类的话。（见《身体的历史》卷一）

由于身体的心理化，健身就不只能带来心理愉悦，它还能获得自我确认。巴耶塔认为，在人类大部分的发展历程中，因生存环境的恶劣，物品的紧缺，身体实践只能奉行"有限经济"原则，逼迫身体去扮演工具化、功利化的角色（比如奴隶的劳动工具功能，传统女性的生育机器功能）。进入现代以后，物质文明发达，宗教神学链条被打断，对自己负责的个人主义流行，我们的身体才打破"有限经济"原则，告别工具性被使用，成为自恋式投入的客体，成为意义的来源，波德里亚就敏锐观察到，"在传统秩序中，比如农民身上，就没有对身体的自恋投入，只有劳动过程及与自然关系所导致的工具式视角。"（见《消费社会》）看看现在的人造美女，基本已经相悖于身体的生理—工具需求，却生产出"美丽"、"身份"、"时尚"等各种象征意义。所以，"健身"本质上是现代人的自恋式投入，目的是获得一种自我确认。

那么，中国男人跑步是想确认什么？他们的身体又生产出什么意义呢？看看跑友连岳怎么说吧，"我一直对身材很在意，绝不允许自己的肚皮鼓出来。美是其次，主要是怕成为失去自控力的人。高矮美丑，那是先天的，正常一点的人都不会怪，外形再一般，把自己收拾干净就行了。可胖与瘦不同，它属意志力可控范畴，除少数病理性的肥胖，肥都是因为吃太多。一个胖子，被判定为意志薄弱的人，喊冤是没人信的。"另一位跑友李森也说："我一直觉得自控力的强弱是区分人类的一个重要元素。一个人活得是否轻松，他（她）是否对自己满意，是否获得世俗的成功，是否获得了经济自由，天资可能还在其次，自控力应该是第一要紧的元素。小 S 为了减肥说过经常被引用的话：'要么瘦，要么死'，无非是她自控力的一种体现。她还说过：'一个女人如果连自己的体重都控制不了，何以掌控自己的人生！'这句话当然不能做字面上的理解。如果一个女人已经知道身体健康的重要性，已经知道体型在各种场合的重要性，她还不能够控制自己的饮食，不能积极去运动，那么我们可以说她是无法掌控自己的人生的。"

连岳、李森对跑步的看法其实代表了时下白领"身体自治"的时尚。"身体自治"的本意是"反思式地筹划身体"，它表现于在各种专家、知识、资讯指导下将身体当作一个开放的可塑的筹划。可以控制自己的身体意味着可以为自己负责、"一切都在掌握中"，具有力量开创更好的生活。"身体自治"包括两个层面：一是对饮食的控制，二是对运动的热爱。单单控制饮食确实可以瘦身，但这种瘦身是防守型的，是没有力量和美感的。只有通过运动进行瘦身才凸显人的主动性，尤其是意志力。而与篮球、足球这些群体对抗运动相比，跑步所代表的健康生活、简单、节制、目标、坚韧、适当的孤独感带来的内心宁静等理念，显然更符合白领中产的价值取向和自恋口味。这也就是中国白领为什么大多选择跑步进行瘦身的原因。

　　中国男人跑步瘦身、告别土肥圆自然是一种社会进步。在男权社会下，一直只有女人作为"情欲与性感的身体"被欣赏、被选择、被指手画脚，在中国传统文化中就有透过小脚而创造"情欲与性感的身体"的文化，在北非部落，迄今仍有割除女性阴核以创造符合父权标准的身体文化。而重庆落马官员雷某某，更被认为是中国中年男人审美堕落的样板——秃顶、油光、肚腩、赘肉，即使是这样的身材，只要掌握权力，就能"睡到美女"。现在情况似乎有了变化，男人也开始作为"情欲与性感的身体"被审视、被选择了，用女作家红肚兜儿的话说："虽然男人挥金如土，永远可以找到女人，但要找优秀的女人，越来越难。当一个女人摆脱了生育的束缚，也不再为物质困扰，那么，她只想找自己喜欢的男人。比如，她可以爱那个笑起来很清新的快递员，她可以爱那个嘴唇很性感的保安，当社会地位和存款数字变得不那么重要，爱情也就恢复原汁原味。这个时候，谁会对一个常年不运动、浑身肥肉、松松垮垮、在床上坚持不了60秒的男人感兴趣？《欲望都市》里六十岁的土豪肯送给萨曼莎一辈子都花不完的钱，可是在他脱掉衣服露出松垂的屁股时，她夺路而逃。她宁愿要那个身无分文穿着破旧牛仔裤但有八块腹肌的小工人。"

"终于有些男人嗅到了那种不祥的气味"，这对于那些认同"男人有钱就等于有魅力"、"男人有啤酒肚是天经地义"的中国男人来说，确实是一记警钟。但说肥胖者"骨子里装着的，是一个懦弱的灵魂""完全丧失自我意志"，则显然太武断。如果不肥胖的外表被认为是阳光、有活力、具有理性自控力，那么，肥胖的外表就容易被认为是懒惰、意志薄弱、对自己要求低。可生活中，有的人因为消化系统的问题吃再多都不发胖，而有些人因为基因（或疾病）原因吃一点都胖，或者有的人就喜欢自己胖点（仍在健康范围内）又怎么了？（有人就举证说，爱因斯坦、莫言、罗斯福、丘吉尔和毛泽东都偏胖，你敢说这些人意志薄弱？）所以，以外表来判断一个人的自主能力就具有随意性，也涉嫌"身体歧视"。

"身体歧视"自古以来就有，亚里士多德的学生塞奥弗拉斯曾经讲过一个笑话：斯巴达人要求国王缴纳罚金，因为他娶了一个矮小的女人，而他们认为这个矮小女人无论如何生不出一个伟大的国王。而现代社会的"身体歧视"，由于借助了健身、美容广告等媒体手段，更具有"润物细无声"的效果。

首先，它会造成人的肥胖焦虑，有个中文名叫刘爱美的美国作者写过一本名为《独》的自传体小说，讲述她的减肥经历。她其实只是微胖而已，却被父母瞧不起，找工作也受歧视，在朋友圈也常被嘲讽，于是，她准备减肥，后来她的节食导致了月经的停止，她却为此亢奋，她觉得自己控制了身体的发育。但食物的

227

诱惑实在大，后来，她又一边节食，一边偷食。她会白天当着别人的面少吃，晚上偷偷地暴食冰箱里的东西，暴食过后又后悔、愧疚、怨自己意志薄弱，跑到卫生间把自己刚吃的东西又吐出来，总之，她自以为找到了拒绝的自由，结果却陷入精神奴役，这就是自由的异化。而看看我们周围的朋友圈，情况其实差不多，有的人并不会经常去跑步减肥，但总会谈到减肥或者自己正准备减肥，"今天又吃多了，明天开始减肥"之类的娇嗲此起彼伏，这样会让别人觉得自己是"正常"的。

除了滋生"焦虑"、"虚伪"、"异化"，"身体歧视"还可能让人淡漠是非。2004年，台湾《中国时报》第六版，刊发了一个全版大标题《胖妹游走立院　骗上千遍也不厌倦》，随后就遭到学者批评，林姓嫌疑犯尽管胖，但与她的犯罪有什么关系？任何体型的人都可能犯罪，报纸将"胖"突出无非是暗示此人喜欢贪便宜，乃至走上犯罪道路，这明显涉嫌对肥胖群体的歧视。类似的身体歧视，我们身边最近也有过。同样是吸毒被抓，李代沫微博下是满满的"吸毒可耻！""再也不想见到你！"而到了柯震东的微博下面，则是满满的"柯震东加油！""我们等你出来！"甚至有"即使是吸毒，东东的样子也好帅啊"。当然，好在大多数网友对这种"长得漂亮就可以原谅"的立场持批评态度。

总之，"跑步瘦身"风潮作为国人"身体自治"的觉醒，是一种值得骄傲的进步，但这种"瘦身—自治"话语，如果不经反思，很可能导致对反向的"肥胖—缺乏自治"的压迫。这样一来，原本具有（从男权审美中）解放效应的跑步风潮，却陷入了对弱势肥胖者的压迫，这难道不是对"自控力"的反讽，"消极自由"的异化吗？此之谓"悖谬"也。

苹果CEO库克"出柜"的新闻出来当天，不少网友感叹：

"'爱疯6'易掰弯。"《商业周刊中文版》发文批评说:"恶趣味笑话有很多攻击对象,但特质基本相同:对弱势边缘群体的困境毫无体察,也毫无体察的兴趣,他人的困境只有作为笑料的价值。""在权力不受监督和制约的地方,主流强势与边缘弱势的转换往往只在瞬间。也就是说,只要大多数人不履行他们为保护社会多元性发言乃至斗争的社会责任,每个人都有可能瞬间变为弱势,被推到边缘。如果一个社会的大多数人选择肆意取笑乃至攻击同性恋的性取向,这个社会也同样会对任何'不符合主流'的其他行为作出攻击——从单亲家庭,到丁克家庭,到气质'不够阳刚'的男性,到选择独身,甚至到吃素。而这种言辞的攻击,一旦汇集起来,就为公开的歧视乃至身体攻击奠定了基础。'谁都不是一座岛屿,自成一体'并不只是一句诗,而是一句基于漫长社会史观察的忠告。"

是的,现在轮到中国胖子感受库克"出柜"的感觉了……

中国"绿色—科学话语"的兴起

潘石屹最近又有新动向了，他不再测空气，也不再榨果汁，而是与名流在公司比赛俯卧撑，这在很多网友看来只是"卖萌"，在我看来，却是极高明的微博形象营销。

潘潘的微博成长史清晰表明，自从测空气火了以后，潘潘就始终围绕近些年来大家最关心的"食品—环境—健康"问题发力，进行形象营销，以保持自己在公共视野中的影响力，这测空气也好，榨果汁、做俯卧撑也罢，本质上都属于"绿色—科学话语"。所以，潘潘的牛不是因为他对互联网有多么深刻的理解，也不是因为他有思想、敢说话，而是因为他敏锐地捕捉到中国"绿色—科学话语"兴起这一趋势，并且用很萌的姿态进行贴切表达。

什么叫"绿色—科学话语"呢？按照弗洛伊德的观点，以前的文明说服是靠"超我"对"本我"的规训，像宗教啊，主义啊，儒家思想啊，就属于"超我"一代，他们就是要在我们的"本我"（食色）"爽"的时候给你敲打几下，你小子可别一下子爽完了，小心道德堕落啊。比如在古希腊的时候，有个叫赫拉克勒斯的人，他经历过青春期的情感骚乱之后，离了婚，过起自在的独居生活，以便把自己下一步生活之路的走法想清楚。……当他坐在自己人生僻静处的树下读荷马的《奥德修斯》，见到两个女人朝自己走来。这两个女人分别叫卡吉娅和阿蕾特。……卡吉娅生得"肌体丰盈而柔软，脸上涂涂抹抹"，"穿着最足以使青春光彩焕发的袍子"，走路时女性体态的性征显得格外突出。用现代话说，卡吉娅生得颇富性感，一副懂得享用生命的样子。……阿蕾特生得质朴，恬美，气质剔透，"身上装饰纯净，眼神谦和，仪态端庄，身穿白袍"。她自称与神明有特殊关系，是神明的伴侣，因为她浑身是偶然……这个名为"十字路口上的赫拉克勒斯"的故事，深刻地揭示了人类"灵与肉"的伦理困境，苏格拉底给赫拉克勒斯的教谕是"你应该与阿蕾特一起"。因为在苏格拉底看来，卡吉娅的身体向赫拉克勒斯期许的感官的适意、丰满和享受其实是"邪恶、淫荡"，而阿蕾特的身体期许的辛劳、沉重和美好则是"美德、美好"。这是所有前现代规范伦理学的特点，即借助于传统圣谕对人的"本我"进行压迫。

可进入现代以后，这种压迫就越来越让人反感，肉体的反抗也就开始了，特别到了 20 世纪 60 年代，就出现了以梦露为代表的性解放运动以及垮掉的一代，经过他们的努力，身体愉悦不再有负罪感。可问题也来了，当你完全卸掉"超我"的压制后，"本我"就流于动物性，从性解放到性乱交再到虐恋交再到同性恋再到毒品，身体追求的"快感"放纵到底，人就空虚了，总之这种爽不可持续。所以，为了让人持续地"爽"，必须有一种新的"超我"来替代旧的"超我"，这种新一代"超我"就是"绿色—科学话语"。你贪恋麦当劳的麦辣鸡翅是吧？可以，但请记住了，专家告诉我们，这些油炸食品将破坏你的肠胃，让你年纪轻轻就迈入三高……你贪恋床上疯狂纵欲是吧？没问题，但记住了哟，专家说如果一味贪爽，你不久就会肾亏前列腺报废……明星大哥"到处留精"，结果怎样？冒出几个"小龙女"啊，这不是宗教报应，是科学报应，也会影响家庭和工作，很麻烦的啦……所以，

"超我"二代不是像"超我"一代那样用口号命令你，而是贴心地建议你，它的说服力来自科学，它的温情来自绿色，即"亲，我是为你好啦"。潘潘测空气是关心大家健康，榨果汁和做俯卧撑是鼓吹健康生活，这种很萌的"超我"比较容易被人接受，受到网友追捧理所当然。相比榨果汁，俯卧撑显然更具有草根气息，潘潘不是像某些底层翻身的白领一样在健身房里炫耀性地做俯卧撑，引来仇富，而是在办公室里做俯卧撑，这就暗示了，我潘潘跟大家一样，底层得很，但底层人也要爱惜自己的健康，想想最近那些抑郁而终的媒体高管，想想富士康的 10 连跳……要是大家都能有潘潘这种爱运动的习惯，都有萌的心态，很多悲剧或许可以避免，这就是潘潘偷偷给网友奉上的"心灵鸡汤"，也是他自己这些年来越来越有人缘的奥秘。

中国"绿色—科学话语"的兴起，代表人物当然不只是潘潘，以向网友"提供负责任、有智趣的科技主题内容"的果壳网显然更有理论深度和自觉性。果壳网可不只是简单的科普，而是在倡导一种新的思考方式。今年 2 月，好莱坞著名女童星秀兰·邓波儿去世，果壳网发了篇《为什么秀兰·邓波儿能够如此走红？》，从生物学角度解释人类为什么喜欢小孩，以及大萧条时为何女孩受欢迎，此文的论证新颖、有趣，秒杀很多从电影、人文角度悼念邓波儿的文章。而最近，植物学博士顾有容在果壳网发文揭露《舌尖上的中国 2》爬树造假也引来叫好。此外，最新一期《科学》杂志的封面文章说："在种植水稻的南部，人们更为相互依赖，而北方小麦种植区人们则更加个人主义。这也可以解释为何南方离婚率低于北方，而北方发明专利数多于南方。"这一话题在中国互联网引爆后，果壳网即时对大米理论研究者托马斯·托尔汉姆进行访谈，成为国内这一话题上的领军者。

还有今年崛起的新媒体"大象公会"。看看他们的选题就明白了，《"厕所文明"的落差》《汉朝的中原人长什么样？》《地图里的中国》《进击的格林威治时间》《男女关系之一：纠结的一夫一妻制》《包皮手术：敏感地带的牺牲与奖赏》《"主席头"前传：发型与立场》《为什么南方人更会吃？》……基本上都是从历史人类学和演化生物学角度对一些有趣的人类现象进行解释分析，以丰盈我们的知识和见识，这其实也是"绿色—科学话语"的一种。

"绿色—科学话语"在中国的兴起，当然有政治因素。潘潘就是因为测空气和搞潘币都怕踩线才开始榨果汁、做俯卧撑的。但我认为，在政治因素外，内缘性的话语转型可能更为根本。为什么这样说呢？上世纪 90 年代《读书》换帅引发了几次风波，汪晖的新左立场妨碍《读书》的公正是事实，他的晦涩文风为难了读者也是事实，但不得不承认，汪晖提出的人文话语向社会科学话语转型的思路是符合时代要求的，当社会日益现代化，各领域的问题就需要专业的社会科学知识来解答，而不是人文学者的空洞情怀。作为汪晖反面的"好主编"沈昌文后来不是去搞了《万象》杂志吗？结果没几年也停刊了，现在的《读书》不也重新让王焱掌舵了吗？可影响力还是日趋衰落。为什么？话语方式过于陈旧。讨论公共问题时，这种人文话语既号不准脉、也开不出药方，所以对于读者来说，不过瘾不解渴。同理，现在"公知话语"也遇到了这一困境。每件公共事件一出，"公知"与对手很快便陷入立场性宣泄，调侃攻击对方，久而久之，显然不利于公共问题的讨论。所以，以果壳网、大象公会、知乎网为代表的"绿色—科学话语"其实也是对网络上疲软的"公知话语"的救偏和更替。说白了，网友已经厌倦那种纯价值自上而下的"压迫性说教"了，而喜欢有知识的、有趣味的平等的"卖萌式涵化"。

规劝与反噬：粉丝文化省思

何炅吃空饷的事情大家都以为随着何炅辞职就算平息了，不想，近日却再生波折，举报人乔木称，遭到何炅粉丝的辱骂、攻击和人身威胁，手机、邮箱、微信、女儿照片等个人隐私被公布，"私信收了280页"，有些还叫嚷"殴打你女儿、强奸你妻子"之类的言语，已构成侵权甚至侮辱罪。

对此，乔木已在微博上发表题为《栀子花开也会谢，何炅欠我个道歉》的文章，称何炅作为意见领袖，应当对粉丝行为进行规劝引导。《人民日报》也惊动了："尊重每个人的偏好，并不意味着可以肆意放纵；包容每个人的话语，并不意味着可以为所欲为。"有评论还"先天下之忧而忧"起来："这样的网络暴力，说轻点是缺德少教，说重点是在用不同的方式重演'文革'的某些做法，甚至发展下去，都有点让人联想到1930年代第三帝国一些受希魔蛊惑的年轻人了。"

平心静气地说，何炅粉丝的行为是错误的，给偶像帮倒忙，何炅确实也有规劝的义务，但如果要何炅因此负责并道歉，则显然是对作为现代大众文化现象之一"粉丝文化"的无知。

作为粉丝情感符号的"何炅老师"

"粉丝"就是大众文化中的偶像崇拜者，最早对"粉丝"进行研究的是法兰克福学派。在他们看来，前资本主义时代的大众文化是通俗的、民间的、有着来自泥土的芳香。而进入资本主义时代，文化产品就成了消费品，是资本主义攫取利益的工具，控制和规范着意义的生产，消费者则跟白痴一样是消极被动的。这种观点显然夸大了资本主义的控制力，也忽视了人的主动性。作为粉丝行为，难道前资本主义时代的郑板桥自称"青藤门下走狗"是风雅，当代的"王小波门下走狗"就成了牟利工具？

所以，在法兰克福学派之后，西方"粉丝文化"研究的主流采取"妥协—互动"论视角。他们认为，消费过程比生产过程更加重要，并积极肯定消费大众的主动性和创造性，用"偷猎"、"盗用"、"偷袭"、"为我所用"等游击战争术语把消费者创造性地使用文本的技术描述得神乎其技。

这里所说的"文本"不只是"小说"之类的东西，而是指"以不同语言（包括图像语言）制作的带有意味和情绪的东西"。消费社会涌现出大量"文学文本"，它能够以某种阅读体制将读者与文本之间的实用意义关系割裂，让读者将文本读作其可能的实用意义的隐喻形式，即情感符号。（参见蒋荣昌《消费社会的文学文本》）明星显然是消费社会最耀眼的文本之一，是为对人生有不同爱好和梦想的消费者制作的风格和品位各异的文学文本，粉丝倾力搜集某个明星的踪迹，并把自己对生命、爱情或人生成败的梦想和热情系于明星一身——在这种明星与粉丝"妥协—互动"的典型关系模式中，我们看到的是一种读者与作品之间的关系。何炅成为"娱乐明星"、"青年导师"，是因为他青春的长相、温和的举止、得体的表述，以及让人羡慕的青春期成长经历，满足了无数青年对帅、青春、德艺双馨的梦想。所以，当乔木出来"撕"时，何炅的粉丝自然会有被冒犯感。粉丝对何老师的崇拜已不是一年两年，而是好几年甚至十几年了，你现在居然说我们崇拜的是纸糊的菩萨，这不等于否定了我们十几年青春挥洒的汗水吗？而且，也许在何炅的粉丝看来，乔木举报的"吃空饷"问题根本是"没事找事"，因为"何老师根本就不缺那点钱嘛"，"何老师在北外教书，是北外的光荣"，"高校请名人校友当教师吃空饷也很普遍，诺贝尔经济学奖克鲁格曼都吃，丫的装什么清高。"也就是说，现实生活中的人们尽管嘴上不说，但心里是认同很多潜规则的，比如医院看病找熟人插队啊，如果遇到较真的人，他们会一致地把这个人当敌人，因为较真者有可能破坏原本"均衡"的生活体系，那种"道德优越感"也让人受不了，何炅粉丝对乔木的恼羞成怒应该也有这些成分。

相比一般人，粉丝是过度的读者

那何炅应该对其粉丝进行规劝吗？应该，但他未必有这个能力。我们都知道，"一千个读者，就有一千个哈姆雷特"，所以，消费者接受文化产品也并不全是被动的，比如，澳洲土著对好莱坞西部片就经常有相反的解读（为匪徒叫好），正是这种解释的主动权颠覆了"殖民者"的"阴谋"。德赛都在《日常生活实践》中对消费者的这种积极策略有过精彩描述："使文本变成了可以居住的空间，就像一个出租的公寓，过客通过暂时借住把个人的财产融入这个空间；租客的活动和记忆修饰了公寓，使它发生显著的变化；说话者也是这样，既向语言中加入他们的方言，也通过口音、通过自己的'句法变化'等，加入自己的历史；还有行人，让大街成为充满他们欲望和目的的森林。社会符号的使用者以同样方式，把符号转变为符合自己需求的隐喻和省略。"

粉丝和一般受众的差别在哪里？传播学者费斯克认为，粉丝是"过度的读者"，"所有大众受众都能够通过文化工业产品创造出与自身社会情境相关的意义和快感，从而不同程度地从事'符号／文化'生产，但粉丝们却经常将这些符号生产转化为可以在粉丝社群中传播的符号，并以此帮助界定该粉丝社群的某种文本生产形式。粉丝们创造了一种拥有自己的生产体系的粉丝文化。"（参见费斯克《理解大众文化》）而另一传播学者詹金斯走得更远，他认为，在粉丝身上根本就无法区分读者和作者。比如，粉丝不仅消费别人创作的故事，还生产自己的粉丝故事和小说以及艺术图画、歌曲、录像、表演等。用作家罗拉的话说，"《星际迷航》的粉丝生产书信、手工制品、粉丝杂志、花絮、服装、艺术品、粉丝歌曲、纪念章、电影剪辑、集会等。"粉丝成了一个参与性的文化。（参见陶东风《文学理论与公共言说》）

粉丝激进赛跑，却反噬偶像

既然粉丝作为"偶像"的"过度读者"，具有阐释能动性，何炅这时候即使要引导粉丝叫停，粉丝也未必会听话。现在不都说吗，"粉丝行为，偶像买单"。说白了，何炅粉丝对乔木的攻击除了因为被冒犯外，还有强烈的表达和形塑自我的需求。社会学家库利在《社会组织》一书中提出"镜中我"的概念，他认为，人的行为很大程度上取决于自我认识，而这种认识主要通过与他人的互动形成，他人对自我的态度、评价是反映自我的一面镜子。在"粉丝圈"中，外界的批评显然对粉丝无关紧要（除非粉丝的父母对其行为进行教育规劝），粉丝更在乎的是自己在"粉丝圈"的地位，也就是其他的粉丝怎么看自己，自己必须向同道证明"我是个够格的粉丝"。在这种激励和压迫下，粉丝行为就会导入"激进赛跑"，似乎对偶像付出越多，对冒犯偶像的人攻击越激烈，就越能证明自己爱偶像，也更能获得粉丝圈认同，从而找到自我价值。你看近年爆红的小男孩组合 TFBOYS，队长王俊凯一条关于"中考复习"的微博，居然就有 40 万条评论帮他复习。而在偶像被攻击时，粉丝更会进入"红色预警模式"，因为是群体性的网络虚拟攻击，法不责众，粉丝更会放肆地发泄，这也是乔木无法预料、何炅无力负责的"粉丝文化"。

精神分析大师拉康还告诫说，意义与自身的存在不可兼得，意义只能依附他人而展开，通过镜像原理，以他人为镜观得。在镜像阶段，人们通过他人的反馈看到自己存在的意义，也通过观照他人，获得自身存在意义的方向。这个时候，容易发生所谓主人与奴隶的争夺，有点类似妒忌的超级加强版。以白雪公主的故事为例，皇后的人生意义是成为最美丽的人，可当她问镜子"谁最美丽"时，得到的答案却是白雪公主。所以皇后要去干掉白雪公主，使镜中最美丽的人显现为她。但是拉康说，当主人与奴隶的争夺白热化至你死我活时，对方一死，或对方输掉，这个争斗就没有意义了。现实中，魔镜是不存在的，白雪公主本身才是皇后的镜子。白雪公主死掉，皇后也照不见自己是最美丽的人了。

在消费社会里，崇拜偶像的本质不过是"自恋反射"而已。何炅粉丝以为扑灭"撕"自己偶像的人，偶像就会亮堂起来，可现在的结果是，偶像在更多的"镜子"（他人）中呈现出更糟糕的形象（"何炅，你怎么不训导你的粉丝啊"），而随着偶像的破落，粉丝自我的意义也就破灭了。

网络表情与世界的"萌化"

近日看到一条有趣的新闻，4月29日—6月2日，全球著名的动漫作品《樱桃小丸子》在上海举办中国首次官方大展，也是亚洲最大规模的"樱桃小丸子"纪念展，中国粉丝们可以一起庆祝樱桃小丸子二十五周岁生日了。微信表情的加入，成为这次纪念展的一大亮点，摇一摇得纪念表情、ibeacon、趣味卡券等线下互动的创意玩法，为樱桃小丸子带来了亲切的伴随感，也为动漫文创展览增添了一份移动社交带来的新气息。

而在2007年，也有网友为微笑符号"：）"庆祝二十五岁生日（美国法尔曼教授1982年发明），学者蒋原伦当时诗意地评论："以至2008年11月的某一天傍晚，当人们看到一轮新月的左侧有两颗明亮的星星时，马上就联想到微笑，这仿佛是一个祥瑞，普天同辉，其实只是人们臆想将电子文明书写在天空。"（参见蒋原伦《观念的艺术与技术的艺术》）

照片"杀"死了朱自清的《荷塘月色》？

网络表情为什么深受广大人民群众欢迎呢？首要原因是，网络表情视觉的生动性承担着修辞功能，它不是由语意的转换、移置、繁衍来达成，而是通过形象来表达，以传递感染力。所以，

239

作为一种图像／图符语言，它能很好地补充文字语言的功能，它不是追求一般的表达，而是更好、更新奇、更有感染力的表达。比如"囧"，表困窘、汗颜，也表无奈、惊恐；再比如"orz"，既表跪下，也表臣服、拜托、五体投地，据说这一图标起源于日本，表示一个人受挫，跪倒在地，低着头，"天啊，为什么是这样？"形象生动至极！至于动漫表情就更不用说了。

图像／图符语言对于文字语言的优势，复旦大学中文系教授严锋曾有深刻揭示："设想朱自清活在 21 世纪，有一天晚上院子里坐着乘凉，忽然想起家边荷塘，悄悄地披了大衫，带上门出去。看到月光淡淡的，忍不住拿出锤子／粗粮／华强北手机，咔嚓一下发到朋友圈／微博：写了句'今天的荷塘很美'。然后就木有了。文字木有了，《荷塘月色》木有了，散文木有了。技术就是这样把文学干掉的。"

凤姐向刘姥姥讲解茄鲞，文字比图片更馋人

对严老师的话，我后来有过弱弱的反驳："《荷塘月色》写景太绕，其想象不如图片瓷实，才被秒杀。可有些文字却不容易被图片扼杀，比如《红楼梦》里凤姐向刘姥姥讲解茄鲞（'把才摘下来的茄子把皮去了，只要净肉，切成碎丁子，用鸡油炸了，再用鸡脯子肉并香菌、新笋、蘑菇、五香腐干、各色干果子，俱切成丁子，用鸡汤煨干，将香油一收，外加糟油一拌，盛在瓷罐子里封严，要吃时拿出来，用炒的鸡瓜一拌就是。'），《林海雪原》里给小分队准备的年夜饭菜单（'杨子荣向剑波等人报告他给小分队准备的年饭。什么烩大锅鸡，多料鸡杂汤，软捶野鸡胸，火烤山猫肉，清炖野猪下杂，整炸狍脑，清煮虎骨汤，野猪耳蹄冻……

他一口气说了有个二十来样，全是飞禽走兽'），文字就比图片更馋人。"

图像／图符语言只能传达视觉，味觉是传达不了的，传达带心理描写的画面更蹩脚，比如，冒辟疆《影梅庵忆语》写董小宛："姬最爱月，每以身随升沉为去住。夏纳凉小苑，与幼儿诵唐人咏月及流萤纨扇诗。半榻小几，恒屡移以领月之四面。"你若从动画图中看到一个美妇不停地在庭院换位置，不以为是神经病才怪呢，哪会想到是"爱月"啊。再比如，白行简的《天地阴阳交欢大乐赋》里写到"女乃色变声颤，钗垂髻乱。慢眼而横波入鬓，梳低而半月临肩"，翻译过来就是，"这时的女子，姿色更艳丽可爱，她声音变颤，首饰掉下，发髻散乱，眼神迷离，散乱的鬓发中露出半个脸来，犹如半月落在肩膀。"想象力之丰富美丽，你就是给"张曼玉＋苍井空"拍一万张照片恐怕也难尽其妙。又比如《洛丽塔》开头："洛丽塔，我的生命之光，欲望之火，同时也是我的罪恶，我的灵魂。洛—丽—塔；舌尖得由上腭向下移动三次，到第三次再轻轻贴在牙齿上：洛—丽—塔。"多形象啊，让"梁朝伟＋金城武"来表演，嘴巴动歪了恐怕也没这意境吧。

除了直接、灵活，图像语言还有夸张的快感

即便文字语言有上述优点，但也有一点致命的不足，那就是——对文字语言的这种精细体味是需要经过一定的文学训练才能感受到的，而图像／图符语言却具有直接性，村夫野妇、渔夫樵夫见了都懂。而且，图像／图符语言也可以通过变形扩充语义，用索绪尔的话说，文字语言往往是能指丰富，所指贫瘠，多个"能指"指向一个"所指"，比如冯唐的"春水出生／春林初盛／春风

十里／不如你”；而图像／图符语言则是一个“能指”吸纳一系列"所指”，比如，“哭泣”表情本来表示悲伤，现在普遍却成了“撒娇”的代名词。

除了表达的直接性、灵活性，图像／图符语言在表达上还具有带着面具宣泄的快感。“反正在网上，我们动不动就哭得稀里哗啦，一不高兴就拿炸弹轰人，拿刀捅人，还丢大便”，在这里，卡通的夸张表现得淋漓尽致，这不禁让人想起巴赫金“狂欢广场”里的假面舞会，人们戴上夸张恐怖的面具，跳啊闹啊，肆无忌惮地哭笑，毫不节制。在这里，网络表情营造的世界还有点福柯所说的“异托邦”的味道。“乌托邦”是超脱于时空之外的美好地方，"异托邦”则是现实存在的异质美好空间。与英国本土比较，美国是一个“异托邦”，是被创造出来的另一个空间，但同时又是一个绝对真实且又完美的空间。所以，广义而言，异托邦可被视为任何含有异域情调的地方，不同于日常生活所熟悉的空间。这种异托邦情结植根于人类的内心深处。在工作和生活的重压下，许多人希望能短暂逃离当下环境，去心仪的异托邦舒展身心。

“异托邦”情结植根于人类的内心深处

为什么说网络表情之类的“异托邦”情结植根于人类的内心深处？心理学大师家荣格有个漂亮的说法，“我们要发现一座建筑物并对它做出解释，它的上层建于19世纪，底层上溯至16世纪，对建筑的更细致的考察显示，它是在2世纪的一座城堡的基础上建造的。在地窖里，我们将发现罗马时代的地基，地窖之下还埋藏着一个填满了的洞穴，我们在洞穴的上层发现了燧石器具，在更深的几层发现了冰河期的兽类骸骨。这大致上是我们灵魂的结构。"（参见荣格《分析心理学论文集》）我们的意识是怎么回事？荣格的比喻更经典，"意识在那种情况下的行动就像一个人可能听到了来自地窖的声音，却冲到楼阁去确认没有小偷，以此确认声音是纯粹的想象。事实上，这些谨小慎微的人从来不敢去地窖冒险。"也就是说，我们内在灵魂结构中有不少过去世纪的残留冲动，比如原始部落的群婚啊、乱交啊、斗狠啊、放肆的狂笑啊，这些原始冲动有部分被转换成了拳击、赛车等体育比赛，还有部分则经过理性化的教育后被掩埋在灵魂结构的"地窖"里了。被掩埋的部分冲动会在我们身心疲劳时（理性放松警惕时）发出响声，我们仅仅在意识的"阁楼"里探望是解决不了问题的，声音造成的疑虑仍在，必须经过催眠做梦之类的办法进行释放才行。而网络表情所营造的空间氛围有如巴赫金"狂欢广场"里的假面舞会，也有如福柯的"异托邦"，具有类似催眠和做梦的功能，它的直接、变形和夸张，让我们有了发泄渠道，也让我们与灵魂结构中的"地窖"素面相对，从而卸下沉重包袱，把现实暂时性的萌化了。

网络动漫表情把世界萌化

看看网友怎么回答"我们为什么会爱上动漫世界？"——"因为动漫世界比现实生活更加真实。动漫里有我们平时在生活中找不到的感情，动漫世界是我们心情的寄托。动漫世界是我们梦幻的国度，爱的领域。在那里我们的梦可以不受干涉地自由翱翔。动漫世界的人，纯真善良，他们不像现实生活中的人，那样虚伪。那是一个用真诚用爱塑造的国度，因为爱，我们爱上它。因为梦，我们对它，矢志不渝！那是希望之源！"

网络表情当然没动漫这么让人上瘾，但两者都作为人们对

"假面舞会"和"异托邦"的不竭渴念却是类似的。以"樱桃小丸子"系列表情的流行为例，"每一个人的心里永远装载前行的，往往不是什么大人物，而是童年里纯真的记忆，这份记忆让我们不忘记来时的路，纵使天崩地裂、寒暑易节，也不忘初心。倔强、任性、乐观、勇敢的樱桃小丸子一直伴随我们成长。"（参见柳华芳《微信表情里的大生意》）还有我最喜欢的那套食品表情，一根胖墩墩的薯条，紧锁眉头，大汗淋漓，艰难做着仰卧起坐，既辛酸也可爱，确实把胖子的世界萌化了。

"丑星"的现代兴起

今年（2014）国庆长假后，不少人感慨电影国庆档成了"黄渤时代"，国庆档票房榜上前三名《心花路放》、《痞子英雄2》、《亲爱的》均是由他主演或参演，票房总和11.72亿，去年贺岁档他的票房总和近30亿，被称为是葛优与冯小刚组合的接班人。而之前被各方看好的《黄金时代》（百度大数据预测票房在2.3亿左右）却只收获了可怜的3000多万票房。于是，有人发问：《黄金时代》为什么没能PK过"黄渤时代"？"女神"汤唯没能PK过"丑星"黄渤，我们进入审丑时代了吗？

有人怪《黄金时代》时间太长，观众坐不住，电影院更愿意上短片增加场次以抬高票房收入，可《泰坦尼克号》、《阿凡达》不也是长片吗？可见长不是问题。也有人说，现在的人肤浅，长假喜欢看轻松的喜剧，可《亲爱的》跟催泪弹似的，不能算喜剧吧？归根结底，影片的可看度才是关键。黄渤在《痞子英雄》里不是主演，而且该片是3D，跟《黄金时代》确实不好比较，但说到黄渤在《亲爱的》、《心花路放》两部电影里的表现，其"丑星"魅力确实是杠杠的。

影视作品吸引人首先因为戏剧情节，尤其惊恐苦难桥段，因为这是人的天性，席勒在《论悲剧艺术》里说："伤心、可怕，甚至是恐怖的事物，对我们有难以抵挡的吸引力；苦难与恐怖的场面，我们既排斥，又受吸引，看见有人讲谋杀之事，就围拢过去；我们渴切读鬼故事，故事愈令我们寒毛直竖，我们愈手不释卷。人的精神的这股冲动，在现实里更加明显。从岸上望去，暴风雨刮沉的船队，其令我们的想象力快意的程度，一如令我们心情激动。罪犯赴刑，多少人拥上去看他毙命！正义得伸的快意，与不高贵的报复欲，都无法解释这现象。"要演惊恐苦难桥段，丑星比起美星来，具有天然优势。你看桂纶镁，在《触不可及》里与孙红雷跳探戈多美啊，但演受电刑尿裤子那段实在不像。再看汤唯，在《色·戒》里与梁朝伟演床戏多漂亮啊，但在《黄金时代》里演孕妇，走路姿势就太不像了。而在《心花路放》里，当黄渤与美女坐的车子失去刹车即将撞到朋友车子的时候，黄渤下车往车底扔石头、又使劲地拖住车，那歪嘴绷牙的架势让观众看得心惊肉跳，着实过瘾。

　　当然，对受苦的展示不只是能满足观众的"看客"心理，艾柯在《丑的历史》里说，"早期基督教艺术自我限制，只呈现基督这种'好牧羊人'的十分理想的形象，不认为钉死十字架是适当的画像题材，到中世纪晚期，那个十字架上的人才开始被视为真实的人，遭受刑罚、浑身血污、痛苦而身躯变形，暗示信徒应该同情此人，认同此人。"在《亲爱的》里面，黄渤演找孩子被骗子围攻、攀着桥栏杆边哀号边挥刀乱舞，"我都这样了，你们还骗我"，这就具有基督受难的效果，他可不是帅明星耍帅，一个鱼跃跳入桥底河水中，而是筋疲力尽时无奈松手，像沙袋一样下坠，那是沉重的失望，能勾起人最大的同情，"他可是我们的同类哟"。

　　如果说美是因为规则、完整、匀称、和谐、符合一定的比例给人以愉悦感，那丑就有打破禁忌、习惯、传统思维的意味，因此，丑星是一种"破坏性幽默"。你看城市嘉年华上那些化装舞会，多少丑怪动作，包括亵渎神明的举止，还有萨德小说中那些放肆的性描写，这都给人破坏陈规的发泄感。在《心花路放》的结尾，旅店剪辑黄渤前妻录像进行玩亵，黄渤要求旅店删除以至冲突，黄渤并不是叫熟人兄弟干群架，而是一个人突然发飙，以防狼喷雾作武器，尽管后来被人打得哇哇叫，但观众还是觉得这架打得爽。想想看，要是帅气的金城武打架，肯定是啤酒瓶砸人头，耍帅啦，又怎么能表现生活中的意外和忍无可忍？

"丑星"出现其实也是一种现代性现象。刘东在《西方的丑学》分析说，因为丑在近代以来的介入，人类感性心理的空间得到了拓展，"丑，就像贝多芬《命运交响曲》里那个著名的三连音一样，来势汹汹地敲打着艺术的大门！""让我们拿德拉克洛瓦的《海上遇难的唐璜》与古希腊的《拉奥孔群像》比较一下，拿雨果的加西莫多与古希腊的阿波罗像比较一下，拿罗丹的《老娼妇》与古希腊的《米洛斯的阿芙洛荻特》比较一下……他们的艺术倾向不再是单一的，单向度的，唯美的，而是美丑并举，善恶相对，哀乐共生。因此，正像近代的理性精神在自身的重重背反中转化为辩证理性一样，近代的感性，也同样因为感受到自己内部的美与丑的对比冲突而成为辩证的感性。"对此，黑格尔在《美学》里也有精彩论述："希腊人不能说是已理解了死的基本意义……他们把死看作只是一种抽象的消逝，值不得畏惧和恐怖，看作一种停止，对死人并不带来什么天大的后果。但是等到主体性变成精神本身的自觉性因而获得无限的重要性的时候，死所含的否定就成为对这种高尚而重要的主体性的否定，因而就变成可怕的了——就成为灵魂的死亡，灵魂从此就成为对本身的绝对的否定面，永远和幸福绝缘，绝对不幸，受到永无止境的刑罚。但是希腊的个人，作为精神的主体，并不自认为有这样高的价值，所以对于他来说，死有比较和悦明朗的形象。因为人只有对他认为最有价值的东西的消亡才产生畏惧。只有当主体认识到自己是精神的具有自我意识的唯一的实在，有理由怕死，把死看作对自己的否定时，他才意识到上文所说的生的无限价值。"也就是说，只有人的主体性确立后，人身上的"丑"（死亡、恐惧、沮丧、空虚）才有了切身性，才被人正视，从而也使人的感性丰富起来。

也因此，现代人对"丑"的文艺需求相当强烈，表现主义艺术、存在主义文学、黑色幽默小说、荒诞派戏剧，往往都富于喜剧性，其人物都往往滑稽得类乎丑角。（1881 年，一位西班牙医生接生了一个死婴，他狠狠吸了口雪茄朝婴儿脸上一喷，本来死寂的婴儿开始抽动，接着脸部一扭，哭出声来。这婴儿就是大画家毕加索。难怪毕加索画里的人都是一副抽烟得肺病但又很践的样子！画出最美艺术的人却因为"吸烟"丑事而活下来，这大概也是现代艺术的生动隐喻吧？）这种表面逗笑的喜剧，是为了故意叫每一个观众难堪，没有人会从这种对整个人生的嘲弄中，悟出自己一丁点儿优越性来，因而具有象征的普遍性。前现代的笑话多是，"一个穷人发誓当了皇帝以后，要一手拿柿子饼，一手拿馒头，想吃什么就吃什么"，这种"出丑"是对弱者的嘲笑，"美—丑"截然二分，旁观者高高在上。而经历了"丑"洗礼的辩证美丑观则不是这样，他们着意塑造的多是喜剧式"反英雄"，是碌碌无为而又心灵敏感易受伤害的宵小，是扭曲变态、心灰意懒有时却又不甘心堕落的庸人……比如，《推销员之死》里由于职业原因不得不成天强堆笑脸直至步入死亡的可怜推销员，《第 22 条军规》里怕当炮灰的尤索林，以及电影《阿甘正传》里的阿甘，《士兵突击》里的许三多，还有黄渤在《斗牛》《春天里》演的一系列角色，他们表现人生既通过"美"的坚强、勇敢、乐观，也通过

"丑"的沮丧、畏缩、自私。

最近不是兴起"萧红热"吗？萧红的天才表现在哪？我认为，《生死场》好就好在看到了"文明"以下"丑"的生存挣扎和爱欲冲动，她对写作对象没有太太小姐的鄙夷，也没有启蒙者的居高临下，而是跟污垢世界里的人一起疼痛，这种疼痛经验诉诸文字就像是柴火米锅烧出的喷香锅巴。比如说，《生死场》里麻面婆听说自己家的羊丢了，就去柴堆里找，"她为着要作出一点奇迹，今后要人看重她。表明她不傻，表明她的智慧是在必要的时节出现，于是像狗在柴堆上耍得疲乏了！手在扒着发间的草杆，她坐下来。她意外地感到自己的聪明不够用，她意外的对自己失望。"这就写活了污垢世界的人对尊严的追求。再比如，《呼兰河传》里写冯歪嘴子，他老婆死了丢下两个孩子，很多人等着看他笑话，"可是冯歪嘴子自己，并不像旁观者眼中的那样地绝望，好像他活着还很有把握的样子似的，他不但没有感到绝望已经洞穿了他。因为他看见了他的两个孩子，他反而镇定下来。他觉得在这世界上，他一定要生根的。要长得牢牢的。他不管他自己有这份能力没有，他看看别人也都是这样做的，他觉得他也应该这样做。于是他照常地活在世界上，他照常地负着他那份责任。于是他自己动手喂他那刚出生的孩子，他用筷子喂他，他不吃，他用调匙喂他。喂着小的，带着大的，他该担水，担水，该拉磨，拉磨。早晨一起来，一开门，看见邻人到井口去打水的时候，他总说'去挑水吗！'若遇见了卖豆腐的，他也说一声：'豆腐这么早出锅啦！'"这些描写是以"丑"的艰难、笨拙、死亡来烘托"美"的坚强、乐观、希望，将美丑辩证起来了，也就跟启蒙主义文学"怒其不争，哀其不幸"那种僵硬的、高高在上的美学观拉开了距离。你看鲁迅写闰土，两人小时候亲密无间，长大后，闰土却毕恭毕敬地叫鲁迅"老爷"，鲁迅感觉悲哀，这已算很有同情心的知识分子了。但鲁迅的同情毕竟还是启蒙知识分子本位的，他还是有"我的人性比你们健康"的优越感。而萧红却没有这种优越感，她是从普通人的视角"说出"世界，所以，萧红的感性是被"丑"拓宽加深的感性，相比鲁迅，她的人性观更符合弗洛伊德以后的人性观，也就更有现代性。（鲁迅对现代性生死的感受在散文诗《野草》有精彩呈现，但他小说里对生死的呈现实在不如萧红好。）

　　"丑星"黄渤能火起，自然也有他相比以前"丑星"更突出的地方。比如陈佩斯，陈老与朱时茂演的《主角与配角》，滑稽幽默表现了演员对尊严的维护，够有现代深度了，但陈老毕竟因为众所周知的原因多年不演小品了，也没有进入更有市场的影视行业。再看看中国影视作品中以前的"丑星"，比如《沙家浜》里的胡传魁，《芙蓉镇》里的王秋赦，《乌龙山剿匪记》里的独眼龙，以及《还珠格格》里的容嬷嬷，他们往往因为"典型性"过于脸谱化，也就缺乏人性深度。唯一的例外或许是给外国影视作品配音的中国演员，比如陈丹青在《多余的素材》里曾描述配音演员邱岳峰的声音，"是他在压抑的年代替我们发怒、还嘴、嘲骂、耍赖、调戏，在出于常态的语音发作中，是他的声调引我们作虚拟的自我作践、自我扩张，便是我们日常话语中的虚伪造作也因他而获至声调之美，我们假借邱岳峰语调的变态、狂态、丑态获得自我治疗，异化为'外国人'，释放自己，在倾听中人我错置，想入非非。"可邱岳峰毕竟只是配音，而且是配外国作品。

　　只有到了黄渤，中国"丑星"才比较醒目地表现出现代深度。黄渤丑得一目了然，但这种丑不是智人的丑（如苏格拉底"外貌丑如森林之神"，如伊索"肥肥的肚子、骨突的脑袋，朝天鼻，一副猴样"，如中国的十不全、刘罗锅），也不似王宝强的憨傻（王演《盲井》浑然天成,演《士兵突击》就有近乎乌托邦的虚假了),林永健的猴精(林演《金婚》里的工厂油子活灵活现,演《黎明之前》里的军情人员就很局促),廖凡的深沉(廖演《白日焰火》里的警察认真感人,演《北平无战事》里的教授则有形无神),说白了,他有一张农民工的脸,这种"丑"具有最大的平民性。所以,在庞大而复杂的中国,最能演出民众的喜怒哀乐,又不失现代喜剧的荒诞感的,非黄渤莫属。

在《心花路放》里,黄渤想用钱买那个"小姐"对自己说"我爱你",却遭到"小姐"嘲笑,冲突后"小姐"又叫来"流氓大哥"撑腰,逼着黄渤唱"敢问路在何方"。当徐铮险象环生打跑流氓后,黄渤却漫不经心地发笑,这种笑如果周星驰来演一定是狂笑,是对强权的不屑和嘲讽,帅呆了;可黄渤来演,却只能傻笑,是对沉重命运的苦涩接受,这就打破了"好人好报"、"正义必将战胜邪恶"的俗套,反而加深了悲剧感。

黄渤跟萧红一样,他们的美丑观是辩证的,是用"丑"来拓宽加深人的感性,"美"起来也就不会教条化、脸谱化、概念化,反而更真实,更现代,也更震撼人心。

中国"男神"：从高仓健到"池海东"

　　过去的一周里，内地的 40 后、50 后、60 后纷纷在微博和微信朋友圈悼念日本著名演员高仓健逝世。对于这位"妈妈辈的男神"，我本来就有些隔膜。而悼念高仓健的人调侃"奶油小生"唐国强就更让我有些迷糊了。

　　在我看来，《追捕》里高仓健有些灰冷，还真不如《孔雀公主》里光鲜的唐国强好看，男性气质应该可以有多种表现嘛，为什么一定要排斥奶油小生呢？现在万人迷的"都教授"也有些奶油啊。想来想去，我的理解是：改革开放前的男神是革命军人王成之类，高仓健在中国 80 年代的走红预示男神的"去革命化"进程，即由政治锻造的刚毅、简单、冷漠向传统男人的坚忍、细腻、有礼回归，这才是当时让中国女性着迷的东西。

　　其实，对男性气概的寻找一直是现代社会若隐若现的经典话题。80 年代由于高仓健的走红，全国一些媒体发起轰轰烈烈的"寻找男子汉"活动。而进入 21 世纪后，《士兵突击》、《亮剑》、《雪豹》的热播也在一定程度表达了"寻找男子汉"的向往。而在美国，针对虚无主义的流行，施特劳斯学派的曼斯菲尔德也寄希望于重振"男性气概"。

　　什么是"男性气概"？曼斯菲尔德在《男性气概》一书里认为，男性气概强调自信和控制的内涵，目的是践行不想为外力决定的生活。因此，充满暴躁和进攻性的预备役男性只是具有男性气概的雏形——雄性动物的侵略性罢了，在根源于身体的进攻性进化为精神上的自我概念前，我们是不能将年轻雄性动物发情期的暴躁和攻击性与男性气概混为一谈的。不管是古代还是现代，一个真正的绅士是那种出于策略而非软弱而举止温和的人；他不会在自己处于优势和感觉受到威胁时冲女人吼叫甚至攻击女人。父权制社会的荣誉规范部分体现在男性面对女性时体现出来的殷勤。殷勤是一种保护的礼节和要求，具有男性气概的男人，最喜欢荣誉，对男人来说荣誉是保护个人、家庭和财产的声明。荣誉将私人环境与公共信念结合起来，通过对荣誉的主张，他们超越那种没有头脑，没有原因的进攻性。

根据曼斯菲尔德的这一观点，像王成、李云龙之类的人只是具有雄性的攻击性而已，如果说有责任感，也是国家主义化的责任感，这与普通女性期望的家庭责任感不是一回事。所以，当中国女性遭遇高仓健时，就被这个坚忍、细腻、有礼、默默承担一切的男人一下击中了。你看《远山的呼唤》里，他是为了保护妻子而杀人的逃犯，隐身埋名远遁他乡。在异乡的旷野上，一个单身女子的农场上，他默默耕作，任劳任怨。他不说什么，却像全身都在说：我，是可以信任、可以依靠的。《夜叉》里面，他是金盆洗手、隐身江湖的前黑社会老大。不做大哥已经很多年，只是背上有一巨幅夜叉刺青，是隐藏的过去。一位带着孩子的单身母亲，在这小村开了家酒吧，美貌柔弱的她，遇到沉默如钢铁、也坚硬如钢铁的他……

张艺谋还回忆说，当年他兴致勃勃拿着《英雄》的剧本到日本去找高仓健。老爷子看完，毫不客气地说："张艺谋，这不是我想演的电影。你记住了，我跟你的合作，绝不是仅仅为了合作。我是想表达人与人之间的那份情感，我现在很愿意去演一个表达人与人之间真实情感的东西。这种打打杀杀的，虽然有很豪华的大场面，但我不感兴趣。"这与"文革"后期中国人"开始思恋厨房里的火鸡"，"女同学热衷于编打毛衣，男同学热衷于在宿舍里装半导体收音机"的心理高度共振，俏皮的说法是"尼姑思凡"，形象的说法是"由广场回归家庭"，正经的说法是"回归日常生活"，而高仓健效应就开启了"中国男神"去革命化的进程。

但国家化"男神"要回归个体化"男神"，仅有"去革命化"还不够，还要反对呆板的、男权中心主义的"男性气概论"。曼斯菲尔德将"男性气概"定义为自信的责任，想以此为"男性气概"辩护，这思路是没问题，但也不能回避传统"男性气概"与当下"中性社会"的基本矛盾。在当今时代，也许最大的特征就是男性气概日益被现代文明的理性所扼杀，因为新的法律关系尊重性别间的平等，抛弃了令人厌恶的男强女弱的假设，要追求一种男女平等，甚至要建立一个消除两性之间差异的中性社会。民主制的标志就是坦诚地交换意见，是排斥暴力和血气的。说民主反男性气概是因为它与现代理性控制的发展合作，迫使男性气概无法施展。你比如说，电视剧《离婚律师》里面，池海东撞见了自己老婆去跟别人偷情，照传统的"男性气概"，他不让奸夫淫妇"血溅当场"才怪呢，就算不血腥，打一顿出气总可以吧？把老婆扇两耳光总可以吧？就算不采用暴力，离婚时以对方是"过错方"为由让她丢人又丢财总可以吧？但池海东恰恰没有这样做。在传统"男性气概"看来，丈夫对妻子是独占性的，自己的东西被人家用了，所以就有羞辱感，必须暴力维护自己尊严，像池海东这样太窝囊了。而在池海东看来，毕竟夫妻一场，爱就在一起，不爱就让好好散了，丈夫与妻子是独立个体，妻子出轨也就是妻子不爱自己而已了，不存在羞辱感，没有爱却勉强在一起才有羞辱感。后来，池海东还给前妻当证婚人呢，这时候，池海东表现出一种让中国当代女性着迷的"男性气概"，那就是细心、体贴、尊重女性、有包容、有责任、有担当。这是一种对传统"男性气概"进行了"转化性创造"（"创造性转化"还不够）的"男性气概"，它与中性社会的民主法治就不会冲突了。所以，只有到了池海东和都教授，中国"男神"才算真正完成个体化进程。

而悼念高仓健的人讥讽唐国强"奶油小生"，恰恰说明高仓健只是中国"男神"个体化的过渡人物而已。为什么这样说？现在悼念高仓健的人喜欢说高对妻子如何如此忠贞不渝。可据我的朋友叶克飞透露，"婚后的高仓健与拍拖时的体贴形象迥异，时常不辞而别，甚至几个月不回家，并暴露出大男子主义倾向。1962 年，江利智惠美不幸流产，并无法再生育，这使得抱子心切的高仓健更为冷淡疏离。1970 年，二人的住所被大火焚毁，开始分居，并于 1971 年离婚。"

总之，中国"男神"的个体化包括两个步骤：先是把男人从国家牵回家庭，让男人承担起保护女人和家庭的责任；然后是在家庭中确立男女平等、互相尊重的价值观，反对将女性当物品、工具或附属。在公共领域，我们必须尽量中性化，限制动物性的攻击本能，建构中性化的民主法治社会；而在私人领域，则应该允许多元化的审美偏好，让各类"男神"百花齐放（可以喜欢韩寒的狂野，也可以喜欢郭敬明的娘炮）。由一个日本男演员来开启中国男神的"去革命化"进程，其实并不讽刺。因为高仓健代表的是东亚国家传统男人的形象，比如坚毅、有礼、重视家庭，甚至是男权主义和威权主义色彩，想要中国女性的"男神"一下由革命军人回到普通奶油小生，实在突兀，所以才需要一个没有意识形态色彩、具有东亚传统男人气概的日本人来过渡一下。

"钱钟书式记忆"还有用吗？

对于中国的文艺青年来说，钱钟书无疑是谜一般的天才人物，其天才又首先表现在"照相机式的记忆力"。然而，到了信息时代，你只需打开电脑进行搜索，各种需要的知识都会涌现，"钱钟书式的记忆"还有用吗？也许爱因斯坦的故事会有助于我们寻找答案。据说，大发明家爱迪生想找一个助手，却总是找不着。爱因斯坦问他判定应征者合格或不合格的标准是什么，爱迪生把一张写满问题的纸条递了过来。"从纽约到芝加哥有多少英里？"爱因斯坦读完一个问题，便说："这需要查一下铁路指南。""不锈钢是用什么做成的？"爱因斯坦依然自问自答："这得翻一翻金属学手册。"

爱因斯坦想查的"铁路指南"、"金属学手册"类似于我们今天的搜索引擎。因此，钱钟书与爱因斯坦的差别固然有部分是因为人文学者与理工学者的差别，但从钱钟书"照相机式的记忆力"到爱因斯坦"不记忆具体知识"，确实也有条知识演进的"灰线"可寻：信息时代的到来，使得我们以往渴望的知识不是太少了，而是太多了，甚至到了爆炸的程度，这时候，我们的大脑最该做的事情不是记住一些具体的知识，而是要优化自己对信息捕捉、筛选、处理、消化的能力，并且不时地对旧知识进行删除、格式化或升级。

也许有人会反驳，钱钟书记忆的东西是"活"的，比如，钱老的《诗分唐宋》一文，就算你知道应该找些涉及唐宋诗比较的诗话作例子，但像宋人严羽在《沧浪诗话》中说的"本朝人尚理而病于意兴，唐人尚意兴而理在其中"，你如果没读过，恐怕以"唐宋诗"在网上搜索也是徒劳吧？这反驳蕴含的道理就是：电脑只能记忆"相关性联系的内容"，而钱钟书记忆的却多是"因果联系的内容"。

那这是不是表示电脑记忆的这些"相关性联系的内容"就是"死"的呢？非也，现在有了"大数据思维"，电脑的记忆一样是"活"的。什么是大数据？维克托·迈尔-舍恩伯格与肯尼思·库克耶合著的《大数据时代》一书界定了大数据的三个特点："不是随机样本，是全体数据""不是精确性，而是混杂性""不是因果关系，而是相关关系"。

第一个特点好理解，就是通过对"整体"数据的分析认识问题。比如，在2009年的甲型流感中，谷歌通过观察人们在网上的搜索记录（比如"哪些是治疗咳嗽和发烧的药"）来判断流感是从哪里开始传播的，这对变革公共卫生管理相当有价值。

第二个特点也有个经典案例，那就是谷歌翻译系统。在用电脑进行翻译的研究中，最开始是打算将语法规则和双语词典结合在一起，在经历短暂成功后，研究人员发现，翻译不只是记忆和复述，还必须教会电脑处理特殊的语言情况，比如法语中的"bonjour"就一定是"早上好"吗？有没有可能是"日安"，"你好"或者"喂"？这需要视情况而定。于是，IBM的研发人员提出一个新的想法，与其单纯教给计算机语言规则和词汇，不如让计算机自己估算一个词适用于用来翻译另一种语言中的一个词的可能性。谷歌翻译就是在这一思路下，从各种语言的公司网站上寻找联合国和欧洲委员会这些国际组织发布的官方文件和报道的译本，结果证明这种电脑翻译目前最有效。

第三个特点尤其具有革命性。现在我们上网购物时，经常会有一个栏目向我们推荐其他的商品，这种根据以往的购物习惯和爱好向用户推荐的方式是亚马逊的创举。最初，亚马逊聘请了一个由二十人组成的书评团队，他们写书评、推荐新书，对亚马逊书籍的销量大有帮助。随着亚马逊的书越来越多，这样的人工操作越来越显得乏力。不久，贝索斯决定尝试新做法，根据用户个人以前的购物喜好，为其推荐具体的书籍。这只需要找到产品之间的关联即可。结果数据证明，书评家带来的销售量远不如系统带来的商品销量。在亚马逊的带领下，越来越多的公司开始使用这种个性化推荐系统，推动了电子商务的发展。

总之，在"大数据思维"处理后，电脑记忆的"含混"数据会因为"大"而由"相关性"成长为"因果性"，就好比我们大脑里的神经元，单个之间的连接不会产生效果，但多个神经元之间的连接却产生了"智能"。所以，我们时代的精神是越来越倾向爱因斯坦。

私密关系与纸书的未来

最近，《每日新报》报道，2012 年全国新书平均定价已经高达 52.23 元。作者版税、运营费等人工成本一直在上升，书价也不断上涨。以《悲惨世界》（上、下册）为例，2003 年定价 32 元，2006 年 49.8 元，2010 年 52.1 元，2012 年高至 98.6 元。这一新闻被 @ 央视新闻 转发后引起了网友的激烈讨论。随之，也就引出了最近常被人们提及的一个话题——纸书会被电子书完全取代吗？

这里，先要澄清一个事实，内地的书价真的涨了很多吗？看看网友们的评论就知道了，@ 草玄 说："央视新闻的编辑，真这么想看《悲惨世界》的话，赶紧来当当网购，又有活动了。中央编译出版社的原价 49.8 元（上、下册），现在抢购价 20.4 元，不够一杯咖啡的钱。二十一世纪出版社的少年读本只要 5.8 元，这价能买对鸡翅么？别一天到晚尽扰乱视听，多看看书吧。"@ 木石 说："美国亚马逊的书，基本没折扣，单价大多是 9.9 美元以上，前些天在京东买 10 本书，定价 300 元，折扣后只用了 66 元。相比起来，港台书也比内地的贵三四倍啊。"@ 兰州板砖二世 说："说书贵的都是装傻！我今天在外面吃顿炸酱面要了一份卤肉就 30 多块，基本可以买一本书了，而要是朋友聚会吃一顿饭过千也很正常吧？1000 块的书有些人一年也不见得读完。有些作家穷其一生就写一本书，才卖一顿炸酱面的钱，你能说它贵？这个民族不读书难道是因为书贵吗？天价烟不便宜，照样有人抽。"

当然，网友中喊贵的也有，但基本上可以总结出这么条规律：收入和文化层次都比较低的人群喊贵，而收入和文化层次比较高的人群则喊便宜。这种舆情分裂其实有助于我们预测纸书的未来。也就是说，今后肯定会有更多的人因为电子书便宜、方便等特点放弃买纸书，但也有一部分人会因为迷恋纸书的享受坚持买纸书。那问题就转换成了——纸书的哪些功能是电子书不可取代的？

从内容和视觉效果看，现在的电子阅读器基本与纸书没有多大差别。以我试过的汉王、kindle 阅读器为例，页面可大可小，颜色可深可浅，连手感都能做出来，还能在旁边做批注。更夸张点想象下，若干年后，电子阅读器能设计成各种感觉，要是那屏幕像梁朝伟的眼睛一样好看，像刘德华的鼻子一样好捏，像黎明的脸一样光滑，像郭富城的臀部一样有弹性，像张学友的酒窝一样醉人……将这种阅读器抱在怀里，你身体不出轨，灵魂也肯定会出轨的！所以，我的朋友 @西门不暗 说："电影没被电视完全取代，是因为电影的视听享受、社交功能是电视无法取代的。但是纸媒的所有功能，除了有毒的铅墨外，其他都能在手持设备上实现，而且可以做得更好。不用有侥幸心理，加快转型的步伐才是正道。"

然而，电子书真的能取代所有的纸书功能吗？麦克卢汉说"媒介即信息"，即信息与载体不能截然分开。知识在不同载体中，意义和功能是不一样的。而且，每种媒介都是人的延伸，"每一种技术都延伸或增强了用户的某一器官或功能。因为敏感性是守恒的，所以当某一区域的体验增强或加剧时，另一区域的体验将减弱或失去知觉。"所以，印刷图书可以让我们进入聚精会神的状态，从而促进深度思维和创造性思维的发展。相比之下，屏阅读鼓励我们蜻蜓点水般地从多种信息来源中广泛采集碎片化的信息，其伦理规范就是工业主义，这是一套速度至上、效率至上的伦理，也是一套产量最大化、消费最大化的伦理——如此说来，屏阅读正在按照自己的面目改造我们。我们变得对扫描和略读越来越得心应手，但是，我们正在丧失的却是专注能力、沉思能力和反省能力。更关键的是，纸书不但承载文字，也向人传送其他信息：触感、气味、视觉、品味……从美学到心理的种种东西，这些是电子书很难模仿的。你比如说，有的人看《金瓶梅》的性爱描写流下了口水，多年后翻看见这口水印会心一笑，电子书有这效果？有的人看《水浒传》扈三娘嫁给矮脚虎，用颤抖的笔批曰："为什么不嫁给林冲？"电子书有这效果？有人抚摸着一本三十年前初恋情人送的《红与黑》陷入了美好往事的回忆中，电子书有这效果吗？

可见，爱书人与纸书能很容易地建立私密关系，但与电子书却很难。爱书人与书的私密性关系，在中国读书人身上已经有过精彩的表现，比如清末民初的藏书家叶德辉为防止亲朋好友借书，在书橱标贴一字条："老婆不借书不借"。台湾作家三毛则在《梦里不知身是客》中说："我的书和牙刷都不出借，实在强求，给人牙刷。"香港作家董桥说得更是撩情："人对书真的会有感情，跟男人和女人的关系有点像。字典之类的参考书是妻子，常在身边为宜，但翻了一辈子未必可以烂熟。诗词小说只当是可以迷死人的艳遇，事后追忆起来总是甜的。又长又深的学术著作是半老的女人，非打点十二分精神不足以深解；有的当然还有点风韵，最要命是后头还有一大串注文，不肯罢休！至于政治评论、时事杂文等集子，都是现买现卖，不外是青楼上的姑娘，亲热一下也就完了，明天再看就不是那么回事了。"

总之，对于大部分人来说，纸书与电子书的关系是替代品，有了便宜的电子书，他们就不再买纸书了。但对于少部分在乎纸书的私密性享受的人来说，纸书与电子书的关系是互补品。那么，真的会有人为了这虚幻的私密性享受多掏钱吗？会的，同样的内容，现在为什么有人愿意多掏钱买精装本呢？一言以蔽之，精装本与简装本已经是两种不同商品。同理，电子书与纸书的差别就更大了。以我个人买书的经验为例，先有陆键东《陈寅恪的最后二十年》三联版；后来看了台版电子书，觉得人家排版好看，且未删节，于是花100元又买了台版；现在三联又要出修订版，准备再买。

那么，纸书的未来到底会怎样呢？那些适合浅阅读的纸书显然会被电子书完全取代，而适合深阅读的优质纸书会顽强活下来。当纸书的市场需求减少，发行量就会下降，再版的时间间隔也会不可控地拉长，由于书的固定成本已经付出，要维持利润只好推高纸书的零售价。中华书局出的书近些年涨价快的已经三年翻一番了，以后需求少了重印的间隔时间更长，涨价越多，就逐渐地会成为奢侈品（价格贵）、收藏品（以后难买到），以及个性化产品（新媒体将旧媒体逼上艺术形式，正如电视将电影逼成艺术，汽车将马车逼成皇家礼仪。商业的未来是为每个终端消费者提供专属性的产品与服务，根据自己的喜好选择书的装帧、纸张、颜色等会有一定市场，甚至会出现复古的趋势）。当纸书成为三品后，市场大有可为，就像现在的木材家具一样，它能吸引很多有品位或者附庸风雅的消费者，或许还不失为一种装样子的利器吧？

附录

缘分之书 100 部

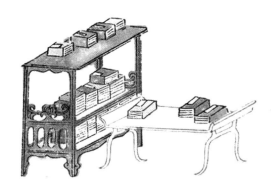

都说"书单就是读书人的精神内衣",我以前开过两份书单:一份是"启蒙书单",偏重思想和社会批判,公知味浓郁,跟运动内衣一样绷紧;另一份是"家庭人文书单",偏重人文知识的普及,像睡衣一样松垮。而这份书单则是要脱下读书人呆板的外套,在阳光和沙滩中,秀出松紧适度、性感撩人的情趣内衣。

"情趣"者何?明末文人推崇之性灵癖好也,袁枚说:"余观世上语言无味面目可憎之人,皆无癖之人耳。若真有所癖,将沉湎酣溺,性命死生以之,何暇及钱奴宦贾之事。"张岱也说:"人无癖不可与交,以其无深情也;人无痴不可与交,以其无真气也。"

张潮《幽梦影》又说:"少年读书,如隙中窥月;中年读书,如庭中望月;老年读书,如台上玩月。"这窥月、望月、玩月,固然有趣,但都在月之外,难免美中不足。只有"享月"是"在月之中,与月起兴、共舞",恰如冒辟疆笔下的董小宛:"姬最爱月,每以身随升沉为去住。夏纳凉小苑,与幼儿诵唐人咏月及流萤纨扇诗,半榻小儿,恒屡移以领月之四面。"情趣书单者,供你"享月"之用也。

【文学语言类】

1.《鲁迅全集》

推荐理由：有些作者适合晨读，比如梁启超陈独秀，读者慕其朝气活力；有些作者适合上午读，比如黑格尔朱子，读者取其勇猛精进；有些作者适合下午读，比如知堂董桥，读者学其闲适风雅；而有些作者则只适合夜读，比如鲁迅卡夫卡，夜总与孤独死亡相关。

夜是巫鬼、狐仙、精灵、男盗女娼与一切神秘、幻想、禁忌的发源地。如果说白天是儒法的世界，夜晚就是老庄的天下；白天是政经法商，夜晚是玄思、诗与艺术；白天是梁启超的朝气、胡适的微笑、陈独秀的敞亮，黑夜就是鲁迅的阴冷、卡夫卡的荒诞、陀思妥耶夫斯基的拷问。鲁迅是中国作家里死亡意识和孤独感最强烈的，因此其作品也最具有现代性深度。

现在很多人谈鲁迅的局限性，但不管怎样他都是中国现代文学史上绝对的第一把交椅。鲁迅的文章简约、精练、短小，在平面范围内追求纵深感。他的散文，给人厚重、蕴藉感，像青铜器里的酒爵；他的散文诗，浑凝却流转，苦闷又焦灼，像毛公鼎；他的旧体诗，在给人浩茫、深邃的同时，一股苍劲、郁勃之气，喷薄欲出，像鸮尊；他的小说，文字凝练而开掘深刻，行文舒展而情思沉郁，像鬼斧神工的四羊方尊；他的杂文则凌厉肃杀，像一把带着斑驳铜锈的青铜匕首。

正是鲁迅，最大程度地发挥了汉语的"及物性"，他创造出一种"像盐酸一样的溶解力，镭一样的放射力"的话语，来架空一个"文化—社会"的既成保守秩序。

也正是因为有了鲁迅，我们才可以像俄罗斯人提到乞乞科夫、拉斯科利尼科夫，美国人提到亚哈船长、桑地亚哥老头，法国人提到纽沁根、"局外人"那样，提到我们自己的祥林嫂、阿Q和"赵家人"。

参考阅读：朱正《鲁迅史料考证》，李欧梵《铁屋中的呐喊》，王晓明《无法直面的人生：鲁迅传》，汪晖《反抗绝望》，王富仁《中国文化的守夜人：鲁迅》，钱理群《心灵的探寻》，徐麟《鲁迅中期思想研究》、《鲁迅：在言说与生存的边缘》，王乾坤《鲁迅的生命哲学》，郜元宝《鲁迅六讲》，陈丹青《笑谈大先生》，《沈从文全集》，《老舍全集》

2.《周作人自编文集》

推荐理由：董桥跟木心一样像极了港式甜品，只求享口腹之我乐，对清润、温补、疗效毫无讲究。而周作人则像一杯苦茶，使人平静、温厚、真切，最关键的是没有价值上的压迫感，也没有审美上的造作。一句话，革命文学把人当工具，董桥木心把人当读者（因此有太多表演），周作人则把人当人。

知堂之妙，首在苦涩，犹如陈年普洱"苦不叮嘴，涩不挂舌"。刚刚入口时有一点苦，但马上回甘；有一点涩，但马上化开，生津出韵——口腔里感觉风生水起但层次分明，变化丰富却自然流畅如行云流水。茶道里面说，心脏好苦味，所以，苦是五味里的至味，苦是香气的骨架，一如梁柱之于房屋，抽离了苦味，游离于空气中的香气将显得抽象而恍惚。涩是"初相的刻度"，"适度地在行茶时展现一定的涩度，像蓄墨饱满的毫笔在纸上运行时，最后以一笔减速的拖墨留在字间，形成比起笔更有精神的力量"。赵孟頫的运笔比王羲之还精致，为什么却不如王？盖因为王的书法里有不少破笔、贼毫，甚至戛然而止，恰恰增加

266

了整个空间的想象力，迸发出艺术和生命光芒。

还有就是余裕，"读书如此之多，而不被书籍弄昏了头，处世如此平实而能不超俗，亦不随俗，真是大有根底的人。在这凡事急促，局限，而潦草的时代，他使人感觉余裕。可是对于那时代的遗老遗少，以其沉淀为安详，以其发霉为灵感之氤氲者，他所显示的却是是非分明，神清气爽的一个人。"（胡兰成语）"他的广博还表现在不忌小大、不分精粗，可以非常生活化，更不避讳写极其琐碎的事物。东拉西扯、上天下地，构成独特的、无法模仿也无法取代的趣味。"（杨照语）

参考阅读：钟叔河编《周作人文类编》，刘绪源《解读周作人》，止庵《周作人传》，钱理群《周作人传》，赵京华《周氏兄弟与日本》，《废名全集》

3. 曹雪芹《红楼梦》（脂砚斋批评本）

推荐理由：木心说"《红楼梦》中的诗，如水草。取出水，即不好。放在水中，好看"，这话是很精妙的，但一般人只理解为"红楼梦中的诗不够好"，却忽略了另一层意思"红楼梦的结构太好了"。

比如，第五十回大致情节是这样的：在大雪天，大观园众女子和宝玉在芦雪庵争联即景诗。众女子脱口而出，即景成诗，而宝玉却卡壳掉链子了。活动主持者李纨要罚他，说妙玉"栊翠庵的红梅最有趣，我要折一枝来插瓶。""如今罚你去取一枝来"。宝玉倒乐为，应着就走。李纨又怕路滑，要派人跟着。黛玉忙阻拦说："不必，有了人反不得了。"（即有人跟着就得不到红梅了。）宝玉独自去了。一会儿，就要来红梅。在场之人，个个欣赏。

就这么一个看来平淡的情节，妙处可多了：一是，正联句呢，却要宝玉去折梅，回来继续联，这贾府真跟桃花源一样，给人岁月悠长的美好感觉；二是，李纨青年丧夫，平日心如槁木死灰一般，但她毕竟也是人，"死灰"也会见机复燃。积极参与诗社，罚宝玉去折梅的鬼主意就是她真实的自我表现；三是，大伙要宝玉去妙玉处折梅，在宝玉动身时，李纨要派人跟着，黛玉忙加阻拦，说："不必，有了人反不得了。"可见，聪明的黛玉也看出了妙玉和宝玉的微妙感情。若有人跟去，变成了碍手碍脚的"第三者"，妙玉反生讨厌，故意不给红梅。宝玉独去，才是妙玉所望，定会慷慨相赠。可黛玉为什么不吃醋呢？因为这乞梅一事发生在第五十回，而她对宝玉的爱情试探、怀疑阶段，在第二十九回已经告终。此时黛玉已坚信宝玉专爱着自己，才多么自信。

所以，陶杰说红楼梦，"它表面上没有甚么事情发生，其实是很重大的变化在发生。吃螃蟹、喝酒、行酒令、对联、做生日、八十回的故事，以今日的标准，一点也不 Eventful，但掩卷追思，一个家族帝国，原来在不动声色之间衰落崩溃了。""真正的杰作，如山岳、如海洋，以短小的人生来观览，山还是山，海依旧是海，但以一百万年的时间比例尺，其实山在暗暗飘移，海在悄悄加深，地壳在千万年的荒老之间默默地变化，只是我们的肉眼太浅，从来不曾察觉。"

参考阅读：《蒋勋说红楼梦》，李劼《历史文化的全息图像：论红楼梦》，邓云乡《红楼风俗谭》，周汝昌《红楼梦新证》，黄一农《二重奏：红学与清史的对话》，《西游记》（李卓吾批评本），《三国演义》（毛宗岗批评本）

4.《金瓶梅词话》（梅节点校本）

推荐理由：小伙子问《金瓶梅》好不好看，我告诉他潘金莲

"常含着雨恨云愁，勾引得蜂狂蝶乱"之妙，又跟他解释"一双玉腕绾复绾，两只金莲颠倒颠，何孟浪也"。就是手像水蛇一样缠绕你脖子，小脚在你身上颠来倒去摩挲……互相爽歪歪，他听了流哈喇子窃笑。

我随后又告诉他，东吴弄珠客在《金瓶梅序》中说："读《金瓶梅》而生怜悯心者，菩萨也；生畏惧心者，君子也；生欢喜心者，小人也；生效法心者，乃禽兽耳。"他闻之笑得更浪。

穿过表面的"黄色"成分，我倒觉得，《金瓶梅》比《红楼梦》更全面深刻，更严厉，也更慈悲。《红楼梦》也是一样，对贾宝玉和他的女儿国是赞美有加，对赵姨娘、贾琏、贾芹、晴雯嫂子则未免下笔太狠，完全是反面典型，丝毫没有生存挣扎和人性光辉，这不符合弗洛伊德以后的人性观。相比起来，西门庆府上的人有着各种世俗的欲望，真实多了。

参考阅读：《新刻绣像批评金瓶梅》，田晓菲《秋水堂论金瓶梅》，黄霖《金瓶梅讲演录》，格非《雪隐鹭鸶》，梅节《瓶梅闲笔砚》，白维国《金瓶梅风俗谭》，王汝梅《金瓶梅版本史》，康正果《重审风月鉴：性与中国古典文学》，亚历山德里安《西洋情色文学史》

5.《水浒传》（金圣叹点评本）

推荐理由：读《水浒传》，当然不可错过"弹幕王"金圣叹的即兴点评。比如，在第二回"史大郎夜走华阴县 鲁提辖拳打镇关西"里——

扑的只一拳，正打在鼻子上，【金批：第一拳在鼻子上。】打得鲜血迸流，鼻子歪在半边，却便似开了个油酱铺：咸的、酸的、辣的，一发都滚出来。【夹批：鼻根味尘，真正奇文。】郑屠挣不起来，那把尖刀也丢在一边，【夹批：忽叙尖刀。】口里只叫："打得好！"【金批：还硬。】鲁达骂道："直娘贼！还敢应口！"【金批：硬，再打。】提起拳头来就眼眶际眉梢只一拳，【金批：第二拳在眼眶上。】打得眼棱缝裂，乌珠迸出，也似开了个彩帛铺的：红的、黑的、紫的，都绽将出来。【金批：眼根色尘，真正奇文。】两边看的人惧怕鲁提辖，谁敢向前来劝。【金批：百忙中偏要再夹一句。】郑屠当不过，讨饶。【金批：已软。】鲁达喝道："咄！你是个破落户！若只和俺硬到底，洒家便饶你了！你如今对俺讨饶，洒家偏不饶你！"【金批：软又打。】又只一拳，太阳上正着，【金批：第三拳在太阳上。】却似做了一全堂水陆的道场：磬儿、钹儿、铙儿，一齐响。【金批：耳根声尘，真正奇文。〇三段，一段奇似一段。】鲁达看时，只见郑屠挺在地下，口里只有出的气，没了入的气，动弹不得。

这段文字将拳头的味道用鼻、眼、耳的感觉描绘了出来，是影视无法替代的，而金圣叹以辞赋家心法评之（"冥想入微，舍去自己面目，与外物融化"，"运用小说家的描写技术"），就使小说的细节和结构魅力汩汩流出。

清末邱炜菱说金氏"托小说以见意，句评节评，多聪明解事语，总评全序，多妙悟见道语；又是词章惯家，故出语辄沁人心脾。"可谓的评。但到了新文化运动，搞严肃文学的胡适鲁迅等人却批评这是八股式分析，是脱离内容的形式主义分析，实在莫名其妙。倒是写通俗文学的范烟桥能看到金圣叹"有科学的头脑"、"能体会"。

直到 1980 年代，海外学者王靖宇才给金圣叹彻底平反。他认为，金圣叹只是借用了枯燥呆板的八股文法这一为当时的人熟悉和普遍接受的形式，对小说艺术作了创造性的总结，并且暗合了西方新批评的很多观念。比如"草蛇灰线法"，就与"复调意象"吻合，即"作者在作品中反复而又不露痕迹地使用某一关键的意象或象征，成功的达到某种和谐效果。犹如交响乐中某一基调的重复出现所达到的和谐效果一样。最突出的就是武松景阳冈独立制服巨虎的整个场景中，作者对'哨棒'这一意象的有效使用。"

参考阅读：《金圣叹全集》，王靖宇《金圣叹的生平及其文学批评》，陆林《金圣叹史实研究》，萨孟武《水浒传与中国社会》，黄永玉《水浒人物》，马幼垣《水浒论衡》、《水浒二论》，虞云国《水浒乱弹》，王学泰《游民文化与中国社会》

6.《陶渊明集》

推荐理由：对于陶渊明的解读，我最赞赏朱光潜的《诗论》。

1935 年 12 月，朱光潜在《中学生》杂志上发表《说"曲终人不见，江上数峰青"》一文，用西方美学中的"静穆"说分析了唐代诗人钱起这句诗的美学特征，并顺带把陶渊明尊为"静穆"的代表："'静穆'是一种豁然大悟，得到皈依的心情。它好比低眉默想的观音大士，超一切忧喜，同时你也可说它泯化一切忧喜。这种境界在中国诗里不多见。屈原、阮籍、李白、杜甫都不免有些像金刚怒目，忿忿不平的样子。陶潜浑身是'静穆'，所以他伟大。"

不料，此论却引来鲁迅的讥评："不过我总以为倘要论文，最好估计全篇，并且估计作者的全人，以及他所处的社会状态，这才较为确凿。要不然，是很容易近乎说梦的。……自己放出眼光看过较多作品，就知道历来的伟大的作者，是没有一个'浑身是静穆'的……就是诗，除论客所佩服的'悠然见南山'之外，也还有'精卫衔微木，将以填沧海，刑天舞干戚，猛志固常在'

之类的'金刚怒目'式，在证明着他并非整天整夜的飘飘然。"

对于鲁迅的冷嘲热讽，朱光潜当时没回应，但之后收入《诗论》的《陶渊明》一文，暗暗指向了鲁迅对他的批评。该文不再如过去仅仅以"摘句"方式把陶渊明诗作为西方美学理论的印证，而是对陶渊明的诗、人和时代都作了较为全面的评述。针对"悠然见南山"与"猛志固常在"的争论，朱光潜各打五十大板："渊明侠气则有之，存心报仇似未必，他不是一个行动家，原来为贫而仕，未尝有杜甫的'致君尧舜上，再使风俗淳'那种近于夸诞的愿望，后来解组归田，终身不仕，一半固由于不肯降志辱身，一半也由于他惯尝了'樊笼'的滋味，要'返自然'，庶几落得一个清闲。他厌恶刘宋是事实，不过他无力推翻已成之局，他也很明白。所以他一方面消极地不合作，一方面寄怀荆轲、张良等'遗烈'，所谓'刑天舞干戚'，虽无补于事，而'猛志固常在'。渊明的心迹不过如此，我们不必妄为捕风捉影之谈。"然后作了漂亮的调和："他和我们一般人一样，有许多矛盾和冲突；和一切伟大的人一样，他终于达到调和静穆。"

这"调和"也并非折中、和稀泥，而是有理论基础的。比如陶渊明的《责子》（白发被两鬓，肌肤不复实。虽有五男儿，总不好纸笔。阿舒已二八，懒惰故无匹。阿宣行志学，而不爱文术。雍端年十三，不识六与七。通子垂九龄，但觅梨与栗。天运苟如此，且进杯中物。）和《挽歌辞》（有生必有死，早终非命促。昨暮同为人，今旦在鬼录。魂气散何之？枯形寄空木。娇儿索父啼，良友抚我哭。得失不复知，是非安能觉？千秋万岁后，谁知荣与辱。但恨在世时，饮酒不得足。）胡适认为"有打油诗的风趣"，朱光潜则澄清说："'对于命运开玩笑'是一种遁逃，也是一种征服，偏于遁逃者以滑稽玩世，偏于征服者以豁达超世……陶潜、杜甫都是伤心人而有豁达风度，表面上虽诙谐，骨子里却极沉痛严肃。如果把《责子》、《挽歌辞》之类作品完全看作打油诗，就未免失去上品诗的谐趣之精彩了。"

用现在的话说，陶渊明最可贵的精神就是"不装"，"自钟嵘推渊明为'隐逸诗人之宗'，一般人都着重渊明的隐逸的一方面；自颜真卿作诗表白渊明眷恋晋室的心迹以后，一般人又看重渊明忠贞一方面。渊明是隐士，却不是一般人所想象的孤高自赏、不食人间烟火气，像《红楼梦》里妙玉性格的那种隐士；渊明是忠臣，却也不是他自己所景仰的荆轲、张良那种忠臣。在隐与侠以外，渊明不定期有极实际极平常的方面。这是一般人所忽视而本文所特别要表明的。隐与侠有时走极端，'不近人情'；渊明的特色是在处处都最近人情，胸襟尽管高超而却不唱高调。他仍保持着一个平常人的家常便饭的风格。"

当然，朱光潜有时候也挺"毒舌"的，"渊明在中国诗人中的地位是很崇高的。可以和他比拟的，前只有屈原，后只有杜甫。屈原比他更沉郁、杜甫比他更阔大多变化，但是都没有他那么醇、那么炼。屈原低徊往复，想安顿而终没有得到安顿，他的情绪、想象与风格都带有浪漫艺术的崎岖空兀的气象；渊明则如秋潭月影，澈底澄莹，具有古典艺术的和谐静穆。杜甫还不免有意雕绘声色，锻炼字句，时有斧凿痕迹，甚至有笨拙到不很妥帖的句子；渊明则全是自然本色，天衣无缝，到艺术极境而使人忘其为艺术。后来诗人苏东坡最爱陶，在性情与风趣上两人确有许多类似，但是苏爱逞巧智，缺乏洗练，在陶公面前终是小巫见大巫。"哈哈，苏东坡躺着中枪。

参考阅读：朱光潜《诗论》，《叶嘉莹说陶渊明饮酒及拟古诗》，袁行霈《陶渊明研究》，胡不归《读陶渊明集札记》，张炜

273

《陶渊明的遗产》，陈寅恪《陶渊明之思想与清谈之关系》，王叔岷《陶渊明诗笺证稿》

7.《李太白全集》

推荐理由：每到清明节前后，网络文青都会拽一句"春天，十个海子复活"。可海子戾气重，哪能代表春天呀，你看《面朝大海 春暖花开》里，歌颂普通生活居然还用"幸福的闪电"，一股诗歌皇帝流落民间的装屄感。

看看人家《诗经》，"春日迟迟，卉木萋萋。仓庚喈喈，采蘩祁祁"，这才是和煦的春天嘛。即使到了李白，"春心荡兮如波，春愁乱兮如雪，兼万情之悲欢，兹一感于芳节"，也是古朴隽秀，难怪吴经熊将李白作为"代表春天的诗人"。

李白的诗好在哪？苏轼曾说："予尝论书，以谓钟、王之迹，萧散简远，妙在笔画之外。至唐颜、柳，始集古今笔法而尽发之，极书之变，天下翕然为宗师。而钟、王之法益微。至于诗亦然。苏、李之天成，曹、刘之自得，陶、谢之超然，盖亦至矣。而李太白、杜子美以英玮绝世之姿，凌跨百代，古今诗人尽废；然魏晋以来高风绝尘，亦少衰矣。"青年学者张定浩的解释是，李白之后的诗人们都"极其自觉地致力营造各自独特的、或大或小的诗歌世界"，但在李白之前的那些诗人们，"苏、李之天成，曹、刘之自得，陶、谢之超然……他们作为一个人的不同存在，诗歌于他们，并不承担创造与自我确认的责任，他们甚至有力量把拟古和相互仿效当作最自然的诗歌形式。"

李白的诗好在自然地切入日常生活的能力，就是不端，他追踪事物的形象和本质时，不求助于思想和逻辑，而是借着敞开另一种事物的状态，使前者变得更透明而实在，仿佛水消失在水中。比如，"床前明月光，疑是地上霜。举头望明月，低头思故乡。"以明白如话的预言雕琢出明静醉人的秋夜，清新朴素，脍炙人口。许渊冲先生"Abed，I see a silver light；I wonder if it's frost；aground.Looking up，I find the moon bright；Bowing，in homesickness I'm drowned."也是神译。正因为李白的诗好翻译，西方人对中国诗的了解，都是从李白开始的。但这绝非胡适"两个黄蝴蝶，双双飞上天"之类的傻白甜的浅白，李白的浅白是"经过后天努力抗争的"。

前人尝言李白曾以乐府学授人，可见"毋论诗文，皆需学问；空言性情，毕竟小家。"吴经熊说李贺，"他作诗时思想每能曲折地透进几层，故一平常观念也能写成奇语，好像太阳射过三棱镜，映出璀璨的七色光线一般。"那李白呢？只是一道月光而已，深沉丰富、新鲜明净。

至于李杜的优劣，我等凡夫俗子最好闭嘴，因为他们犹如梅列日科夫斯基在形容托尔斯泰和陀思妥耶夫斯基的关系时所说的，"像是两块对立竖放的镜子，无限地反射对方、深化着对方"。

参考阅读：张定浩《既见君子》，杨义《李杜诗学》，薛爱华《撒马尔罕的金桃》，张大春《大唐李白》

8.《杜甫全集》

推荐理由：天才总是成群的来，唐诗璀璨，且不说"郊之寒，如岛之瘦，如卢仝之怪诞，如李贺之诡奇"，光是大诗人就有"摩诘之高妙，太白之俊逸，昌黎之奇崛，义山之窈眇。"

但叶嘉莹认为，即是号称诗仙的大诗人李太白，其歌行长篇虽有"想落天外，局自变生"之妙，而却因为心中先存有一份"自从建安来，绮丽不足珍"的成见，贵古贱今，对于"铺陈终始，排比声韵"的作品，便非其所长了，所以虽然有着超尘绝世的仙才，然而终未能够成为一位集大成的圣者。只有杜甫"生而禀有着一种极为难得的健全的才性——那就是他的博大、均衡与正常。……杜甫是一位感性与知性兼长并美的诗人，他一方面具有极大且极强的感性，可以深入于他所接触到的任何事物之中，而把握住他所欲攫取的事物之精华；而另一方面，他又有着极清明周至的理性，足以脱出于一切事物的蒙蔽与局限之外，做到博观兼采而无所偏失。"

杜甫的诗好在哪里？首先在句法的突破、意象超越现实。以《秋兴八首》里"香稻啄余鹦鹉粒，碧梧栖老凤凰枝"一句来说，"啄"是用嘴去啄，香稻没有嘴，怎么可以啄呢？碧梧是树，它又不是一只鸟，怎么可以"栖"呢？应该倒过来，变成"鹦鹉啄余香稻粒，凤凰栖老碧梧枝"，这样文法才通。不过这样一倒，就变成了完全的写实，诗意就没了。而杜甫本意所要写的，却是香稻之多，多到不但人吃不了，连鹦鹉都吃不了；碧梧之美，不但引得凤凰来栖落，而且凤凰还要终老在这碧绿的梧桐树枝上再也不离开。由此可见，这两句本意不是要写鹦鹉和凤凰，而是要写香稻和碧梧，以表现开元天宝年间那太平的"盛世"。这其实很契合什克洛夫斯基的"陌生化"理论。什么样的语言具有文学性？什克洛夫斯基认为，只有"陌生化"的语言才具有文学性。艺术是把那些习惯成自然的事物陌生化，使我们能够感受到它。比如跳舞是走路的陌生化。

还有就是驾驭音型的杰出能力。高友工、梅祖麟分析称，"他能通过改变音型密度以加快或放慢语言的节奏。在有限的范围内，音型的密集或不同音型之间的强烈对比，会使诗的内部出现分化。造成这种效果的根源在于：语音相似的音节互相吸引，特别是一行诗中出现几个相同音节时，它们便会形成一个向心力场；同时，如果一行诗中重复了前面出现过的音型，前后的相同音型也会遥相呼应。这两股力量无论是单独或共同发挥作用，都会为它们影响所及的诗行提供聚合力，并使这些诗行有别于其他诗行。相反，某些音型的缺乏，也会产生引人注目的效果。至于不同音型的并存，则会使人强烈地感受到它们之间的对比。"比如，"千家山郭静朝晖，日日江楼坐翠微。信宿渔人还泛泛，清秋燕子故飞飞。"描写的是诗人所乘的那只还乡的小船仍然羁泊未发。在这样迟暮的季节，燕子应该飞往南方了，然而现在它们却迟迟未去，"这些燕子任何时候都可以随心所欲地飞起，他们有意地淹留，似乎正是对身处困境的诗人的嘲弄。江上的景色也许是令人悦目的，但'日日'词在'泛泛'和'飞飞'的映衬下，更加引人注目，它显示了诗人每天坐在江楼上凝视江流的倦怠心情。在这里，音型的作用很清楚，连续三次重复一个平衡的结构，使人产生一种单调乏味的感觉。"

参考阅读：叶嘉莹《杜甫秋兴八首集说》，高友工、梅祖麟《唐诗三论》，高友工《美典》，什克洛夫斯基《散文理论》，洪业《杜甫：中国最伟大的诗人》，莫砺锋《杜甫诗歌讲演录》，萧涤非《萧涤非杜甫研究全集》

9.《李商隐诗歌集解》

推荐理由："一篇《锦瑟》解人难"，古今诗家讨论李商隐的《锦瑟》的文章汗牛充栋，无不被其深钩广索的结构、冷隽隐曲的寓意和绚丽旖旎的意象所折服。

商隐喜欢用典，胡适斥责"只是笨谜而已"，盖因胡适的文学观主张"言之有物"，语言的"及物性"相当重要，与"能指"

对应的"所指"要比较清晰、透明、固定，能在现实世界找到对应物。而废名等现代派作家却认为，骈文律诗是人工化的自然，词句相互间的抽象关系，比现实世界与心灵的对应更为重要。用索绪尔、罗兰·巴尔特、德里达的语言观就是说——"能指"与其说对应的是一个固定"所指"，毋宁说对应的是一群"能指"。诸"能指"之间互相指涉、交织、覆盖，甚至冲突，"能指"在到达"所指"前就已经转向了其他"能指"，这种词句间的漂移、断续、延异反而加深了文学性。这也就是李商隐诗歌尽管晦涩难解，却被人津津乐道的原因。

商隐当然也有不足。比如，论单朵，荷花比起牡丹来逊色多了；但论整簇，以及与周围环境的搭配，荷花就比刺眼的牡丹有意蕴多了，所以，商隐的《赠荷花》说得好："世间花叶不相伦，花入金盆叶作尘。惟有绿荷红菡萏，卷舒开合任天真。此花此叶常相映，翠减红衰愁杀人。"其实，即便残荷，不也美得醉人吗？李商隐的生命悲剧意识带有才子佳人怀才不遇的脂粉气，缺乏博大宽厚慈悲，这是我唯一对他不满的地方。但又反过来想，李白的高亢飞扬，杜甫的沉郁厚重，陶渊明的淡定悠然，小时代的我们或许只有欣赏并敬而远之的份，只有李商隐的迷离和卡夫卡的孤独一直陪伴慰藉着我们。

参考阅读：刘学锴《李商隐传论》，董乃斌《李商隐的心灵世界》，王蒙《变奏与狂想》，黄世中《类纂李商隐诗笺注疏解》，宇文所安《晚唐：九世纪中叶的中国诗歌》

10. 李一冰《苏东坡大传》

推荐理由：苏轼无疑是中国文化史上最全能的天才，所以要给他做传，林语堂是有文采缺学养，王水照是有学养缺文采。台湾李一冰先生此传则是以时间为枝，以轶事为叶，以诗词文章书画收藏为花。结构合理，不枝不蔓；叙述清晰，收放自如。而且文笔典雅、古意盎然，将苏东坡的才性淋漓尽致地表现了出来。比如，东坡爱墨，李先生的分析就很见学养和文采，"墨，原是单纯的一种黑色，完全靠融合的水分多寡，和画家运用的技巧，形成浓淡、干湿、深浅多种色泽层次"。"层次外，必须彻底清澄，不见一丝浑浊渣滓，倘墨色沉滞，画面怎能光彩照人"，"苏轼以浓墨画竹，叶皆肥厚，假使用墨不佳，岂不满纸尽是'墨猪'"。

参考阅读：王水照《苏轼评传》、《苏轼研究》，伊俊《苏东坡美食笔记》，朱刚《唐宋"古文运动"与士大夫文学》

11. 张岱《陶庵梦忆》

推荐理由：夜读故宫出版社《陶庵梦忆》，不觉已天明。张岱之文情切意笃，栾保群之注切中肯綮，十竹斋之图清幽韵雅，该书装帧精美、排版疏朗、字体得宜，是我见过的最美的中国书。

史学世家出身的张岱，家风俨然，即便写作《西湖梦寻》、《陶庵梦忆》那么理当有些飘忽的小品文字，也遵循其"事必求真，语必务确"的宗旨，落笔实在。广览简取如《柳敬亭说书》中状柳敬亭说景阳冈武松打虎一节："其描写刻画，微入毫发，然又找截干净，并不唠叨。哱夬声如巨钟，说到筋节处，叱咤叫喊，汹汹崩屋。武松到店沽酒，店内无人，蓦地一吼，店中空缸空甓，皆瓮瓮有声。闲中着色，细致如此。"刀削斧劈如《自为墓志铭》："少为纨绔子弟，极爱繁华，好精舍，好美婢，好娈童，好鲜衣，好美食，好骏马，好华灯，好烟火，好梨园，好鼓吹，好古董，好花鸟，兼以茶淫橘虐，书蠹诗魔，劳碌半生，皆成梦幻。年至五十，国破家亡，避迹山居。所存者，破床碎几，折鼎病琴，与残书数帙，缺砚一方而已。布衣疏莨，常至断炊。回首二十年前，真如隔世。"真堪比尼采之"血书"、米开朗琪罗之"刀斧痕迹"也，怪不得章诒和四百年后赞叹："若生在明清，就只嫁张岱。"

参考阅读：《李渔全集》，张潮《幽梦影》，胡正言《十竹斋笺谱》，冒辟疆《影梅庵忆语》，胡益民《张岱研究》、《张岱评传》，张则桐《张岱探稿》，吴承学《晚明小品研究》

12.《卡夫卡全集》

推荐理由：许由听到尧让位给自己而感觉耳朵受到了污染，因此临水洗耳。卡夫卡1914年4月2日的日记中只写下"德国向俄国宣战。——下午游泳。"面对强暴世界，中国读书人倒霉透了仍狂妄，表演性极强。卡夫卡则始终守其弱，真实面对自我，捍卫消极自由，他对现代人内心世界的"深描"让人绝倒。

读李白诗，对什么"宇宙精神"、"明月意象"，我的感觉是美则美矣，但太不真实了，或者说李白和盛唐太特别了。即使到了平民化的宋代，读苏轼的诗文集和传记，他那么倒霉还写出"大江东去……"实在匪夷所思。倒是"长恨此生非我有"真实多了，"个体小我"没必要依附什么"宇宙大我"嘛。

卡夫卡散文中大量奇异的、梦幻般的不合逻辑与他严谨的逻辑推论和冷静的事实描述形成了对比。有人说，黄仁宇的文笔有一种"卡夫卡式的魔力"，我认为，这种魔力表现为叙事时特有的冷静、克制和精确。但这又不是科技说明文般的精确，而是靠意象化的语言说出人的具体的本真感受。即细节上感觉很真实，但整体上却感觉很荒谬。

参考阅读：布朗肖《从卡夫卡到卡夫卡》、《文学空间》，残雪《灵魂的城堡》

13.《博尔赫斯全集》

推荐理由：博尔赫斯属于"渊博却不压抑性情"的典型，他擅长于将极其形而上的话题，旁征博引地诉诸日常言说，不露丝毫的概念痕迹。比如，他写过一个叫"富内斯"的人，由于一次骑马事故，变得记忆超群，通过阅读积累了大量文学作品的记忆，但却因此无法超越文字去领会作品内涵，这对于浅阅读泛滥的当下就很有警示意义。而他随手杜撰的一段从中国古老百科全书上摘抄的文字更是启发了福柯写作《词与物》。

参考阅读：残雪《解读博尔赫斯》，《莎士比亚全集》，《里尔克诗全集》，马尔克斯《百年孤独》，福克纳《喧哗与骚动》，《卡尔维诺文集》，布罗茨基《悲伤与理智》、《小于一》，纳博科夫《俄罗斯文学讲稿》

14.《张爱玲全集》

推荐理由：什么是"张看"？张爱玲善于用意象来传达人物特定的心理状态，理查兹认为："使意象具有功用的，不是其生动性，而是它作为一个心理事件与感觉奇妙结合的特征。"比如说，"她的手臂像热腾腾的牛奶，从青色的壶（穿青色旗袍）里倒了出来"，这比我那"手臂像新出条的莲藕"就要高些。张爱玲之所以喜欢塞尚，一是因为塞尚藐视庄严和神圣，关注普通的人性。二是因为塞尚放弃了对自然的客观摹写，而是把反复感觉的自然存入记忆，然后运用色彩的对比、混搭、冷暖表现孤独、焦虑、恐惧等情绪和人生况味，比如灼灼的红、幽幽的绿、凄冷的银灰、魅惑的紫蓝、恐惧的黑、惨淡的白。因此现代派的每一幅图画都是心里的真实和独特的自我，这就是文学上典型的"张看"。

参考阅读：余斌《张爱玲传》，高全之《张爱玲学》，夏志清《中国现代小说史》，陈子善《张爱玲丛考》，王德威《落地的麦子不死》，刘川鄂《传奇未完》，张惠苑《张爱玲年谱》，宋以朗《宋家客厅》，钟正道《弗洛伊德读张爱玲》

15.《萧红全集》

推荐理由：鲁迅写闰土，两人小时候亲密无间，长大后，闰土却毕恭毕敬地叫鲁迅"老爷"，鲁迅感觉悲哀，这已经算很有同情心的知识分子了。但鲁迅的这种同情毕竟还是启蒙知识分子本位的，在鲁迅意识里有个国民性乌托邦在支撑他的启蒙批判。而萧红才是真正体味到底层的况味，从他们的视角感知"说出"世界。《生死场》的语言虽然比沈从文、巴金、茅盾有才华，但跟鲁迅、张爱玲比还是有差距，但正因为其语言的粗野，反而使她在描摹人物心理时有了意识流的梦幻感。比如，麻面婆听说自己家的羊丢了，就去柴堆里找，"她为着要作出一点奇迹，今后要人看重她。表明她不傻，表明她的智慧是在必要的时节出现，于是像狗在柴堆上耍得疲乏了！手在扒着发间的草杆，她坐下来。她意外的感到自己的聪明不够用，她意外的对自己失望。"这就写活了污垢世界的人对于尊严的追求。

写《呼兰河传》的萧红，无论语言还是技法，都已炉火纯青。"所以没有人看见过做扎彩匠的活着的时候为他自己糊一座阴宅，大概他不怎么相信阴间。假如有了阴间，到那时候他再开扎彩铺，怕又要租人家的房子了。"前面是女性作者的"细致的观察"，最后一句是"越轨的笔致"，鲁迅的艺术直觉相当靠谱。

《呼兰河传》更让我震惊的是：生命嘘气形成的语言风格。在小团圆婆婆向人解释为什么打小团圆时，那语言似乎一气呵成，却又不时地伸展、断裂、回缩，再伸展、断裂、回缩……如此往复递进，不但表现了小团圆婆婆的矛盾焦虑，也表现作者刻画人物时在进行"语言换气"，跟游泳时换气一样，优美极了。

为什么说萧红"伸展、断裂、回缩，再伸展、断裂、回缩……"的语言风格与她的生命嘘气相关呢？因为她性急，却又认真；勇敢，却又缺乏安全感；渴望被爱，却又不想看人同情；自负，却又有时候没自信。这些导致她对人与物的平等、自尊极为敏感，但又不是沈从文那样美化写作对象，而是直面、悲悯、兀立。

参考阅读：葛浩文《萧红传》，叶君《从异乡到异乡》，林贤治《漂泊者萧红》

16. 梁实秋《雅舍文集》

推荐理由：梁实秋的文章，成在"理趣圆融"，败也在"理趣圆融"。

何谓成？比如《中年》一文，前面部分好，"哪个年青女子不是饱满丰润得像一颗牛奶葡萄，一弹就破的样子？哪个年青女子不是玲珑矫健得像一只燕子，跳动得那么轻灵？到了中年，全变了。曲线都还存在，但满不是那么回事，该凹入的部分变成了凸出，该凸出的部分变成了凹入，牛奶葡萄要变成为金丝蜜枣，燕子要变鹌鹑。""脸上的皱纹已经不是熨斗所能烫得平的，""女人的肉好像最禁不起地心的吸力，一到中年便一齐松懈下来往下堆摊，成堆的肉挂在脸上，挂在腰边，挂在踝际。听说有许多西洋女子用赶面杖似的一根棒子早晚混身乱搓，希望把浮肿的肉压得结实一点。"这一连串比喻写出了人到中年的惶惑和尴尬。

但后面部分又滑到了"教人做人"的思想品德说教上，"如果年届不惑，再学习溜冰踢毽子放风筝，'偷闲学少年'，那自然有如秋行春令，有点勉强。半老徐娘，留着'刘海'，躲在茅房里穿高跟鞋当做踩高跷般的练习走路，那也是惨事。中年的妙趣，在于相当的认识人生，认识自己，从而作自己所能作的事，享受自己所能享受的生活。"这就搞得两头不讨好。

梁实秋对他的英式幽默有些自得，但他的比喻往往因为追求"理趣圆融"显得不够痛快犀利，有点隔。同样是描写一个少女变成中年妇女，严歌苓《白蛇》里的比喻就更精彩："实际上孙丽坤一发胖就成了个普通女人。给关进歌舞剧院的布景仓库不到半年，孙丽坤就跟马路上所有的中年妇女一模一样了：一个茧桶腰，两个瓠子奶，屁股也是大大方方撅起上面能开一桌饭。脸还是美人脸，就是横过来了；眼睫毛扫来扫去扫得人心痒，两个眼珠子已经黑的不黑白的不白。"

梁实秋的比喻，给人的感觉是，不管人生的多么沉重，多么苦涩，他都能化解。他像一个智者在旁观作文（但不是钱钟书的讥诮），与真实的人生有点隔。相比起来，知堂文章要"苦涩"些，但"苦"乃五味之骨，"涩"乃"自由意志"挣扎的痕迹，这才是生命的本色。

参考阅读：《王佐良全集》，《吴兴华全集》

17. 流沙河《白鱼解字》

推荐理由：这老爷子有趣，算是近些年内地鼓吹恢复繁体字的要角之一。

关于繁简之争，比较流行的是某台湾学者说，"汉字简化后，亲（親）不见，爱（愛）无心"。但有网友反驳，看看你蒋大总统的手书"親爱精诚"的"爱"就没有心，有人看到繁体的"愛"字里有个"心"就感动得一塌糊涂，殊不知整个"愛"字都跟今天所说的情爱毫无瓜葛，是因为字形相近才被借来用的。它之所以有"爱"的意思（也就是恩惠/可怜/喜好这些意思），全是因为这个"爪"字头。"爪"的这一功效要比"心"古老得多。不知道这一点，就会说出"爱无心"这种把自己感动得要死、把别人笑得要死的蠢话。简化的"爱"字里不但有"爪"，还有"友"，看起来比它的三个古体字都要"有爱"多了，省去一个赘余之"心"，又有何妨？

参考阅读：张大春《认得几个字》、《送给孩子的字》，裘锡圭《文字学概要》，申小龙《汉语与中国文化》、《申小龙自选集》，郜元宝《汉语别史》

18. 钱钟书《谈艺录》

推荐理由：钱钟书博闻强记，爱之者誉为"文化昆仑"，恶之者讥为"学术恐龙"。

读书多有说明好处？古人云，"观千剑而识器"，又云"触物圆览"，读书多了，就会明白各种理论的长处和短处，而不会轻易为一种新潮的理论俘获。"至少在文学里，新理论新作品的产生，不意味着旧理论旧作品的死亡和抛弃，有了杜甫，并不意味着屈原的过时……法国的新批评派并不能淘汰美国的新批评派，有了什克洛夫斯基，并不意味着亚里士多德的消灭……"

钱氏的天才是不可否认的，比如"唐诗、宋诗，亦非仅朝代之别，乃体格性分之殊。天下有两种人，斯分两种诗。唐诗多以丰神情韵擅长，宋诗多以筋骨思理见胜。"引来后学竞相阐发。

李劼批评钱钟书是"被驯化的家禽",甚至"没有鸭子的欢快,只有鸡的自得",指其不敢挑战权力和儒家话语,将西方人权等于韩非子鄙视的"竞于道德"。相比起来,"老实得像火腿"的王国维却有"中国恐以共和始,以共产终"的准确预言,其恢弘的视野和高远的审美让人叹服。

沪上学人夏中义指出,从1949-1979年,在这三十年里,不管当时中苏关系如何,文学学术方法论只有一个,这就是言必称反映论。包括朱光潜、郭绍虞、刘大杰在内,他们在反映论面前,在作为苏联理论模式的哲学标志的反映论面前,都用反映论(苏联模式)来修改自己在民国时期已定型的学术观点。那年头,大概只有一个人的脊梁未被折断,这就是钱钟书。钱1955-1957年写《宋诗选注》,1958年出版。此书有篇重要文章叫《宋诗选注序》对反映论的态度很微妙。微妙到什么程度?"整篇序论18000字,9次用了'反映'一词,但其18000字又几乎每个字都在暗示用反映论来研究宋诗不恰当,但又不直接说不。细读此文,有一感觉,即钱是披着'反映'这件词语的大红袍在变古彩戏法,最后变出来的结论是反映论不宜作为宋诗研究的方法论,但又不明说。这现象很妙,值得研究。""钱指出这些写历史真实的宋诗往往在艺术感染力上不怎么样,可谓是押韵的文件,相当枯燥,用今天的话说即公式化、概念化。诗的真正魅力不在这里。假如诗的魅力仅仅在于它写了史书曾提及的史实,那么,我们就无法评价雕塑家所塑造的人体美。因为雕塑家只在乎肢体造型,而不在乎其骨骼、神经网络或内脏病灶。否则,艺术审美的眼光也就异化为 X 光了。这在实际上,已把反映论作为文艺研究方法论的正当性,消解得差不多了。""钱找了一首范成大的诗《州桥》。他说凡是了解范成大诗歌的人,了解宋代生活的人,都知道范成大这首诗写的不是宋代的真实，那是他的纯粹想象。就像在写一场梦，那个梦很迷人，写得也很迷人，这是一个好作品，但这与现实无关。写一个美丽的梦和美丽地写一个梦，与反映论也无关，因为科学认知上的反映是不主张你抒写虚无缥缈的美的。这已把反映论与文艺审美性的异质界限说明白了。"

参考阅读：钱钟书《围城》、《管锥编》，王国维《人间词话》，张文江《〈管锥编〉读解》,《周振甫讲〈管锥编〉〈谈艺录〉》

19. 叶嘉莹《迦陵著作集》

推荐理由：叶嘉莹的老师是 20 世纪诗学大师顾随。顾随是将诗词化作生命的人，谈起各种诗学问题来，识断非凡，举重若轻。比如，他认为，创造新词并非使用没使过的字，只是使得新鲜就好。如鲁智深打戒刀，要打八十二斤的，铁匠说："师父，肥了。""肥"字原是常字眼，而用于此处便新鲜。他还主张唐情宋思，用宋人炼字句功夫去写唐人优美之情调。但也不能像黄庭坚和江西诗派那样"锤炼之结果往往仅有形式而无内容"。"如《诗》之'杨柳依依'，岂止是经锤炼得来？且'依依'等字乃当时口语，千载后生气勃勃，即有人情味。"

有人觉得叶嘉莹在识断方面不如其师自恰、有体系，但我觉得，叶嘉莹还是有其过人之处的，那就是借用西方的理论把中国诗学里一些模糊的感觉说清楚了。比如，诗歌本质是什么？以前有"兴象说"、"韵味说"、"神韵说"，叶则提出"兴发感动"。什么是"兴发感动"呢？"遵四时以叹逝，瞻万物而思纷。悲落叶于劲秋，喜柔条于芳春。心懔懔以怀霜，志眇眇而临云。"文赋这段话都是象喻之语，让人似懂非懂，叶嘉莹引进西方现象学概念解释说:"我们重视内心与外物感应的这一点,与西方的现象学也有暗合之处。现象学重视内心主体与外物客体接触后的意识活动。他们所说的主体就是人的意识,我们中国称之为心。当你的主体意识与外在客体的现象一接触的时候,就一定会引起你主体意识之中的一种活动。所谓现象学就是要研究你这个主体投向客体的时候,你的主体意识的活动。你可以感受,你可以感动,可以是回忆,可以是联想,各种活动都包括在其中了。我们中国所重视的心与物,交相感应的作用就正是相当于西方现象学所说的主体意识与客体的外物现象相接触的时候所产生的活动。这本来是我们所有的人类、凡是有意识的人类一个共同的意识活动。"

再比如,花间词多是男性写女性之事物,为什么却给人要眇幽微的美感?叶嘉莹认为,这与花间词中所写的女性介于写实与非写实之间,并无明确的象喻意义有关。法国女学者朱丽亚·克利斯特娃的"解析符号学"把符号(sign)的作用分为"符示的"(semiotic)和"象征的"(symbolic)两类:"象征的"符号来说,其本身与所指对象之间的关系是被限定的;对于"符示的"符号来说,则二者之间并没有任何限制关系。一般语言大抵属于"象征"的层次,而诗歌的语言则有"符示"的作用。叶借此解释说,"其本身与其所指对象之间的关系往往带有一种不断在运作中生发(productivity)的特质,而诗歌的文本(text)就成了一个可以供给这种生发之运作的空间。在这种情况下,文本就脱离了其创作者的主体意识而成为了一个作者、作品与读者彼此互相融变(transformer)的场所。"这就把西方文学理论与中国古代文学理论作了巧妙结合。

参考阅读:《叶嘉莹演讲集》,缪钺、叶嘉莹《灵谿词说正续编》,《顾随全集》,施蛰存《唐诗百话》,《唐诗鉴赏辞典》,《宋

词鉴赏辞典》,《郁达夫诗词笺释》,《聂绀弩旧体诗全编注解集评》, 李元洛《诗美学》

20. 黄维梁《从〈文心雕龙〉到〈人间词话〉》

推荐理由：黄永年怼大师陈寅恪，只是在陈寅恪学术思想体系的延长线上作文章，尽管细部精彩，却不足以撼动大师体系。

黄维梁怼大师王国维则不然，他先是对境界说理论的核心观点（真情、自然、不用典、不隔等）进行知识考古，指出它们没有跳出传统的五指山；然后对境界说理论逐个进行批判，比如王国维在《人间词话》中提出词"忌用替代字"，主张词"不使隶事之句"，但同时他又认为"咏物之词，自以东坡《水龙吟》为最工"，而东坡《水龙吟》明显用典处有二。陶渊明也是王国维激赏的，可"商歌非吾事，依依在耦耕"也用了典。

最精彩的是，黄指出中国的诗话词话多为印象式批评。菜鸟级的印象式批评就是"好"、"妙"、"境界全出"，升级版的印象式批评则如严羽批李白杜甫的诗"如金鸡擘海，香象渡河"。缪钺"读唐诗如啖荔枝，一颗入口则甘芳盈颊；读宋诗如食橄榄，初觉生涩，而回味隽永"。

印象式批评的弊端在于，它无法像实际批评那样进行深入细致的解读。《人间词话》就未能摆脱印象式批评的老套，比如"太白纯以气象胜。西风残照，汉家陵阙，寥寥八字，遂关千古登临之口。"太白给人的感觉诗多飘逸，"气象"是指飘逸？可王国维下一则又说："词至李后主而眼界始大，感慨遂深，遂变伶工之词而为士大夫之词。周介存置诸温韦之下，可谓颠倒黑白矣。'自是人生长恨水长东'、'流水落花春去也，天上人间'，《金荃》《浣花》，能有此气象耶？"李煜给人的感觉是悲怆怨苦，那这"气象"是指悲怆吗？再往下看，王国维又将"跌宕昭彰"和"韵趣高奇"当作"二种气象"。所以，"气象"这个术语根本就含混不清。以这样的术语是无法对作品作出精细分析的。

与王国维的《人间词话》相比，刘勰的《文心雕龙》更显得体大思精，也与重视文本精读、矛盾性、多歧性等术语的新批评方法相吻合。所以，黄维梁作了很多阐发工作，他上承余光中，下启江弱水，也让"新古典主义的批评"一派长脸了。

《文心雕龙·辨骚》说："故才高者菀其鸿裁，中巧者猎其艳辞，吟讽者衔其山川，童蒙者拾其香草。"黄先生这书，尽显"菀其鸿裁"之才，不但感受力和思辨力碾压王元化、钱谷融这些中土文论家，恐怕吴承学、陈尚君这类古典文学研究的佼佼者也要慕其体大思精。西方学术训练确实有助于个体结构能力的养成。

参考阅读：王国维《人间词话》，严羽《沧浪诗话》，刘勰《文心雕龙》（范文澜注），叶维廉《中国诗学》，郭绍虞《中国文学批评史》，韦勒克、沃伦《文学理论》，弗莱《批评的解剖》，布鲁姆《影响的焦虑》

21. 阿城《棋王》

推荐理由：多数人有才华就恨不得像油一样漂浮在汤面上，阿城却是那种"油全撇开，只留一湾清汤的人"。所以，阿城的文字白描淡彩的，却镇定准确，凝练有古意，"拿到饭后，马上就开始吃，吃得很快，喉结一缩一缩的，脸上绷满了筋。常常突然停下来，很小心地将嘴边或下巴上的饭粒儿和汤水油花儿用整个儿食指抹进嘴里。若饭粒儿落在衣服上，就马上一按，拈进嘴里。若一个没按住，饭粒儿由衣服上掉下地，他也立刻双脚不再移动，转了上身找。这时候他若碰上我的目光，就放慢速度。"

这文字真是"成精"了。

参考阅读：阿城《树王》、《孩子王》、《威尼斯日记》、《常识与通识》、《闲话闲说》，贾平凹《古炉》，朱天文《荒人手记》

22.《王朔文集》

推荐理由：当代以"二王"的文字最有趣，也对正统语言最有挑战性。王小波除了那些妙趣横生的杂文，小说文字也甚有趣，比如，"我在山下十四队，她在山上十五队。有一天她从山上下来，和我讨论她不是破鞋的问题……这时陈清扬的呻吟就像泛滥的洪水，在屋里蔓延。我为此所惊，伏下身不动。可是她说，快，混蛋，还拧我的腿。等我'快'了以后，阵阵震颤就像从地心传来。后来她说她觉得自己罪孽深重，早晚要遭报应。"而王朔的语言更了不得，单论"引口语以丰富现代汉语写作"，王朔绝对是当代第一。他的文字干脆如嗑瓜子，通脱如放响屁，俏皮如光屁股追小偷。比如："冬天天冷，大雪封山，一出门就是一溜脚印，跟踪别人经常被人家反跟踪，搞不好就被人家抄了窝子堵着山洞像守着冰箱一样样吃。""煲汤比写诗重要，自己的手艺比男人重要，胸和腰和屁股比脸蛋重要，内心强大到混蛋，比什么都重要。"以"大院子弟的痞子腔"论断他，说他冒充"平民文化"，有失公允，因为连阿城也承认王朔具有颠覆性，"由王朔开始，整个正统语言发生了变化"。

参考阅读:《王小波文集》，余华《活着》，莫言《丰乳肥臀》，东野圭吾《白夜行》，刘慈欣《三体》，《金庸全集》，《古龙全集》

23.野夫《乡关何处》

推荐理由：野夫、章诒和、高尔泰、陈丹青是当代散文最重要的收获。章老太的文字是贵族的幽怨，高老头的文字是自由鸟的啼血，陈教授的文字是猫头鹰的直视；而野夫的文字则有着青铜的质地、狼的孤独、厉鬼的哀号、楚辞的瑰丽想象，他是以文字完成了对庙堂，以及权力戏子们的复仇。《江上的母亲》是当代写母亲最好的文字。

参考阅读：老鬼《母亲杨沫》，李南央《我有这样一个母亲》,《李敖回忆录》，章诒和《往事并不如烟》，高尔泰《寻找家园》，龙应台《亲爱的安德烈》、《目送》、《孩子你慢慢来》

24.《黄裳文集》

推荐理由：黄裳文思波俏驰荡，掌故信手拈来，下笔如刻刀，短促有力，确是文人书话的代表。比如，在《秋柳》一文中，黄裳先是全录王士禛的这首诗，再谈到各家和诗，有人认为此诗是"悼明亡之作"，也有人反对此说，黄裳并不急着亮出自己观点，他像老鹰一样围绕着母鸡护翼下的小鸡旋来旋去，突然来个俯冲——《秋柳》诗在当时传颂南北，对原诗的作意虽然没有明确指出，数十年来读者自有默契。这样过了一百三十年，终于有人站出来向皇帝告发了。李慈铭《越缦堂读书记》光绪丙子七月初六日记……"最后便是一段议论："奴才是善于吹毛求疵的，他们往往比主子更酷刻，只要嗅到一点气味，就会狂吠不已的。这是古今一例概莫能外的事实。这位某大宗伯可谓读书得间，竟翻起百多年前的旧案来，如果此议招可，不但王渔洋会得到如屈翁山毁墓暴尸的下场，当时纷纷和诗的人也将无一幸免。但有人出来说话，竟自不了了之，不能不说是这位王文简公的大运气。秋柳诗的主题也因此大白于天下，这在渔洋生前是绝对料想不到的。"这煞尾借古讽今，让人回味无穷。但此公思想有点左，被止庵嘲笑。

参考阅读：《阿英书话》，韦力《芷兰斋书跋初集、续集、三集》、《失书记·得书记》，谷林《书简三叠》

25.郑振铎《西谛书话》

推荐理由：郑振铎的书话是学者书话的典范，很耐看。首先是因为他有学识，对于明代万历休宁人汪懋孝的《梅史》，郑老写道："今人翻刻古画，于精致的界画，飘拂的衣袂，纤丽的蜂蝶，乃至博古、人物，均能不失原作的精神，但于翻刻老干嫩枝时，则笔力大弱，仅具形似，少有生气，完全抹煞了'疏影横斜'的风度。黄时卿刻《梅史》，则刀法极有力，也能表现出画家的本意来。这里面一定有些道理，应该加以深刻的研讨。"他所提出要研究的就是徽派版画为何独有的表现力和感染力，确是"识断非凡"。

最难的是，文气不被学识窒息，这点郑也做得比较好。他谈明万历年间万寿堂刊本《大明一统志》，先叙版本源流，再笔锋一抖，"乃直至万历间尚未重修，仍沿用旧本，至可诧怪。若清《一统志》，则一修于乾隆，再修于嘉庆，于斯可见明廷官吏之不知留心时务与经世之术。地理之不知，方位之不明，风俗人情之不了解，何能谈'政治'之设施乎？"宛如书法中的顿笔、折逆、圆转，波俏好看。

参考阅读：《金克木集》

26.《汪曾祺文集》

推荐理由：确实是文人谈草木虫鱼吃第一。周作人的文章是雅的、清淡的，即使写野菜这般普通俗常的物什，亦无改其气质，如"日本称为'御形'，与荠菜同为春天的七草之一，也采来做点心用，状如艾饺，名曰'草饼'，春分前后多食之，在北京也有，但吃去总是日本风味，不复是儿时的黄花麦果糕了"。

汪曾祺的散文，思想的历练不及苦雨斋远甚，但其特出之处在于文字的灵动鲜活，多小说的笔法。如"枸杞头带着雨水，女孩子的声音也带着雨水。枸杞头不值什么钱，也从不用秤约，给几个钱，她们就能把整篮子倒给你。女孩子也不把这当做正经买卖，卖一点钱，够打一瓶梳头油就行了"，语调温婉，且极具画面感。

正如他自己所说："语言的美不在一个一个句子，而在保存语句之间的关系。包世臣论王羲之字，看来参差不齐，但如老翁携带幼孙，顾盼有情，痛痒相关。好的语言正当如此。语言像树，枝干内部液汁流转，一枝摇，百枝摇。"

参考阅读：《孙犁文集》，《张中行文集》

27. 胡兰成《今生今世》

推荐理由：我开始只是欣赏胡兰成的见识，比如，他在《山河岁月》说"秦朝起于私情，却亡于不许天下人私情"，鱼在荷叶间东游西荡，居然被他解释为"鱼有鱼路，虾有虾路，是谓可以群"，历史洞察力和文化想象力都可谓丰沃肥美矣！

后来，我觉得他的文学观也挺可取的，比如他说，宇宙洪荒，在一片没有之中我们有了诗情，这就是"兴"，就像数学的"0"里长出了"1"；也像是"赋"，直道本事；还有"比"，事物的繁会。因为有了赋比兴的关系，整个的人间事物的连锁就生长开来。中国文学的抒情传统被他三言两语就惟妙惟肖地说破了。像"这时有人吹横笛，直吹得溪山月色与屋瓦皆变成笛声，而笛声亦即是溪山月色屋瓦，那嘹亮悠扬，把一切都打开了"，多漂亮的句子啊，人生有了兴发，万事万物才变得可感可亲。

唐诗张扬了中国文化的抒情因素，但这一因素后来却被宋儒压制了，胡兰成的厉害在于，他将五四后奄奄一息的儒家伦理"有情化"。但他的抒情不是西方文化那种"主体"对"客体"的驾驭，而是人与物游，与事亲，就好比女孩刺绣，"看着绣的花从自己手里一朵朵生长出来，有欢喜"。所以，胡兰成的文章与身亲，可滋养身体和性情。

胡兰成的思想，可以用"跌宕自喜"来形容，康正果的评论最犀利："胡兰成出身农家，早年在家乡读过经书，但并未受正规的私塾教育。后来受人资助，进城求学，也未读到中学毕业。也许正由于新旧知识均一知半解，做学问未形成款式，他后来著书立说，才与国学大师规格或留洋博士级别的套路天然地划清了界线。对比他同时代的文人学者，还很少有人像他那样做新派却绝不追随激进，颂古道而并不显得学究。知识资本的匮乏反倒挽救了他的心智，使他更实在地感受了人世的庄严，以至多年后写回忆，还能用平实的笔调写出胡村的原乡风情。对比鲁迅式的世纪末阴暗色调或乡土文学造作的民粹情怀，胡兰成那些散漫的田家纪事宛似顺手拍下的快照，不经意间留下了只有在悦慕的聚焦下才捕捉得到的民国世风。他说他们乡下人只知道过端午节与白蛇娘娘相关，并无人知晓屈原，连天下兴亡、国家大事，也只在渔樵闲话中平和地讲出。由此可见，胡兰成的知识构成，最先是在节庆戏曲和村社礼俗的熏陶下打好了感性的根基，早在流行的理论尚未眩惑他年轻的思虑前，重感通而轻文献的民间史观就已浸润了他的史识。因而他长于直觉打量风物，往往能点出庸常事物固有的非凡之处。所谓'村落人家的现实繁华'；所谓'中国的文明便是在寻常巷陌人家，所以出得来帝王将相'；所谓'乡村里也响亮，城市里也平稳'，诸如此类的囫囵吞枣话散见《今》书各处，其反复强调的就是从民间转向现代化进程中的地方自主性和伦常生活本身具备的文化资源。这一现存的社会总和被描绘成一幅城乡双向流动，由传统的礼俗自然融入现代形态的发展图景。'胡说'的这一出发点确有其值得深入讨论、充分发挥之处，只可惜他学养不足，思想亦乏深度，又好用外行话论断普遍原理，却无坚实的理论支起架构，致使他那些全面否定西方文化和绝对拥抱中国传统的论述或流于乱发议论，或武断到强词夺理的地步。"

至于胡兰成的文风，喜欢的誉为"摇曳生姿"，厌恶的斥为"艳俗造作"。其中以江弱水的评论最精彩："江湖之气自不会烂熟。胡兰成的文章，虽然处处像鲜茶叶子揉得出碧绿的浆水般的诗意，味道却总带一点生涩。这又叫人想起周作人，但知堂老人文笔雅驯，其涩在意；胡兰成却颇有些粗头乱服的样子，其涩在语。《今生今世》不是那种纯净流畅的白话文，他常爱掺一点文言，与一点方言，又好用单音字，造句有时经不起严格的推敲，像他形容他父亲的说话那样，'尚在文法之初'。对这种只七分熟的文字，胡氏有清醒的自觉，说'我今使用的言语文字，如小孩乳齿才堕，新齿未生，发音不准确，连自己听了都未见得能意思明白。'别人亦说他的话'如鸡雏尚未啄破蛋壳'，叫人看了替他吃力。"

参考阅读：胡兰成《山河岁月》，薛明仁《胡兰成：天地之始》，江弱水《抽丝织锦》，康正果《诗舞祭》

28.《余光中文集》

推荐理由：余光中是新古典主义的代表人物，语言上的唯美主义者，他组合了文言、西洋、方言，把中国的词汇和句型加以改变和铸造……这种语言节奏快、密度大、呈现出高度的现代感。比如，在《听听那冷雨》这篇名文里，既有"听听，那冷雨。看看，那冷雨。嗅嗅闻闻，那冷雨，舔舔吧，那冷雨。"的快节奏，也有"先是料料峭峭，继而雨季开始，时而淋淋漓漓，时而淅淅沥沥，天潮潮地湿湿，即连在梦里，也似乎有把伞撑着"的高密度，既有"雨敲在鳞鳞千瓣的瓦上，由远而近，轻轻重重轻轻，夹着一股股的细流沿瓦槽与屋檐潺潺泻下，各种敲击音与滑音密织成网，谁的千指百指在按摩耳轮"的古典诗意，也有"现在雨下下来下在水泥的屋顶和墙上，没有音韵的雨季。现在只剩下一张黑白片，黑白的默片"的现代情愫。

但也有人批评他"过度注意散文的弹性、密度、质料，企图把语言的力量提高到顶点，而忽视了语言的自然性和均衡性，以致形成语言过分膨胀的病态。珠玉满眼，掩盖了国色天香。文章韵味，全被语言破坏。"比如《借钱的境界》、《幽默的境界》、《朋友四型》，看起来就有些做作，不如其师梁实秋理趣圆融。

他多次强调，作家的本分就是要在描写事物的细节上放手一搏，充分发挥自己的想象力进行描写，而不是依靠古诗文、典故、书袋偷懒。所以，他的游记写得好。比如，在《黑灵魂》一文里，他描写爱伦坡墓碑上的照片就很经典："分披在两侧的鬈发，露出应该算是宽阔的前额，郁然而密的眉毛紧压在眼眶的悬崖上，崖下的深穴中，痛苦、敏感、患得患失的黑色灵魂，自地狱最深处向外探射，但森寒而逼人的目光，越过下午的斜阳，落入空无。这种幻异的目光，像他作品中的景色一样，有光无热，来自一个死去的卫星，是月光，是冰银杏中滴进的酸醋。"简直把知觉的敏感度调到了极致。

参考阅读：古远清编《余光中评说三十年》，思果《翻译研究》、《翻译新究》、《译道探微》，江弱水《卞之琳诗艺研究》

29.《董桥散文》

推荐理由：董桥的文字像插花，尽管雕琢甜腻，但还是有才，比如"中年是只想吻女人额头不想吻女人嘴的年龄"。又比如，周作人给俞平伯的信有一封说："陶渊明说读书不求甚解，他本来大约是说不求很懂，我想可以改变一点意义来提倡它，盖欲甚解便多故意穿凿，反失却原来浅显之意了。"董桥读后补一句："这是知堂一生盘桓心头的偏爱，做人为文从来不屑穿凿，不屑甚解。"这书袋吊得实在漂亮。

周泽雄觉得董桥这种蜻蜓点水的博学，不如钱钟书的博学那样让人有收获，可不正是这种"半仙笔法"成就了"对中国文化熟稔到有能耐从《本草纲目》中读出心旌摇荡的内容，对英伦风情又有着亲切真挚的体验，可以用与谈论曹雪芹差不多的口吻谈论查尔斯·兰姆"的董桥吗？

还有人怪董桥文风雕琢、不自然，董桥自辩道："或曰：拙文过分雕琢，精致有如插花艺术，反不及遍地野花怒放之可观云云，闻下不禁莞尔。尝与陈子藩书信往还谈论文章'自然'之说，其见解甚精辟，大意谓：六朝诗文绘画皆不自然，却凄美之至；芙蓉出水虽自然，终非艺术，人工雕琢方为艺术；最高境界当是人工中见出自然，如法国妞儿貌似不装扮其实刻意装扮也。"江弱水也声援："有太多的坏文章借'自然'的名义大行其道，它们文字上不加斟酌，体式上不施剪裁，立意不尚巧，格调不求高，一味任真而不自知其面目可憎。董桥的散文迥异时流而自成风格，首先一点就在于他力破'自然'的迷信，力避散漫的时弊，老老实实地承认文章是做出来的，写文章是技术劳动，是智力活动。""诗是跳舞而散文是走路，董桥为文，不喜欢直奔其目的，不轻易走过场。他要一边走路，一边跳舞。一般所谓的诗化散文只是徒有诗的情绪，董桥却真的拿作诗的功夫来作文。"

参考阅读：木心《文学回忆录》，江弱水《文本的肉身》，王鼎钧《昨天的云》、《怒目少年》、《关山夺路》、《文学江湖》

30. 陶杰《洗手间里的主权》

推荐理由：陶杰确是才子，视野开阔，比较浪得起，谈文艺生活的文章基本都好看，比如《湖恋》、《米勒论女人》，尤其在《法国风流总统到底想干什么》里写道："法国南部地中海岸到意大利北岸的蔚蓝海岸，阳光、葡萄园、海滩、棕榈树，是世界地理之中最性感的一弯曲线，像一个美丽女子的腋窝。"堪称金句。

孩子为什么应该学芭蕾？他以《国王与我》女主角黛博拉为例，"黛博拉小时候学过芭蕾舞。她没有成为芭蕾舞后，但芭蕾舞的训练，令她一生焕发风采。一个学过芭蕾的女子，坐着是一幅画。站着不动，也是一场风景，胸停到什么位置，脸侧到什么角度，一对脚怎么并拢，一对手臂如何支着下颌，芭蕾舞的教育，为一个女孩的一生提供了一套优雅的密码。"

但陶杰谈时政的文章多不好看，比如《作家侯赛因》里谈领袖的文艺气质，他的政治学社会学经济学知识明显不足，居然认为最高级的政治家要兼哲学家，这不就是柏拉图"哲人王"的死狗吗？前人的教训已经足够。盖文学者，可爱比可信重要，有时候错误也可爱，所以越浪越有味；政治却不然，可信比可爱重要，必须从常识和历史出发，条分缕析，以理服人，也就浪不得。

参考阅读：李劼《李劼思想文化文集》、《百年风雨》，林贤治《五四之魂》，张远山《寓言的密码》、《齐人物论》，康正果《百年中国的谱系叙述》，梁文道《常识》

【读史明智类】

31.《陈寅恪集》

推荐理由：陈寅恪是中国现代史上最有学问、最具风骨的知识分子，人称为"教授之教授"。

现在看来，他的不少具体结论都被后学推翻了，但用葛兆光的话说，"没有人能够改变陈寅恪用种族、文化和政治来分析中古史的框架，人们还得在他的延长线上走"，这就是陈寅恪了不起的地方。

比如，陈寅恪的《狐臭与胡臭》一文要点是"中古华夏民族曾杂有一部分之西胡血统……疑吾国中古医书中有所谓腋气之病即狐臭者，其得名之由来或与此事有关。""疑此腋气本由西胡种人得名，迨西胡人种与华夏民族血统混淆既久之后，即在华人之中亦间有此臭者，傥仍以胡为名，自宜有人疑为不合，因其复似野狐之气，遂改'胡'为'狐'矣。若所推测者不谬，则'胡臭'一名较之'狐臭'实为原始而且正确欤？"这一观点颇具有文化想象力和历史解释力，但论证却有漏洞：第一，陈文并没有找出一例胡人有狐臭的实例，黄永年偏偏利用《太平广记》里的"士人甲"材料指出，"'我国中古旧籍明载某人体有腋气，而其先世男女血统又可考知者'并非绝无。……虽小说虚拟，似非《教坊记》、《鉴诫录》等史实之比；然实可表示至迟在刘宋时代，已成立西胡体具'胡臭'之观念"。第二，陈先生论"胡臭"与

"狐臭"之问题，所据仅限于隋唐史料，陷入了"胡臭"与"狐臭"谁先的牛角尖。黄永年则继续利用更早的《太平广记》，统计其中"狐"的意涵的变化，得出"西胡之入中国，本为华人之所歧视；乃缘'胡'、'狐'读音相近之故，遂以'狐'称之"的观点，也就避开了"胡臭"与"狐臭"谁先的牛角尖。可黄永年的论证再漂亮，也确实是在陈寅恪的延长线上走。

参考阅读：余英时《陈寅恪晚年诗笺释》，陆键东《陈寅恪的最后二十年》，张求会《陈寅恪丛考》，胡文辉《陈寅恪诗笺释》

32. 黄仁宇《万历十五年》

推荐理由：黄氏作品之所以能迅速风靡大陆读书界，而且三十几年来长盛不衰，究其原因，与其文笔风格有密切关系。有人说，是因为沈玉成先生的文笔润色，该书才有白描诗韵论史的奇效。但考究黄氏其他史著，其自身文笔的质地还是很清脆的。黄氏的文笔有一种"卡夫卡式的魔力"，这种魔力表现为叙事时特有的冷静、克制和精确。也许正是因为黄氏在叙事方面的天才过于饱满，反而他在制造"概念"时有些拖泥带水，不够严谨。比如这"数目字管理"，到底是指"定量的统计分析"，还是指"银行信贷等中间架构的出现"，抑或是"用技术官僚执政，以数学风格治国"？

参考阅读：樊树志《晚明史》,《梁方仲文集》，巫仁恕《激变良民：传统中国城市群众集体行为之分析》，赖建诚《边镇粮饷：明代中后期的边防经费与国家财政危机》，黄阿明《明代货币白银化与国家制度变革研究》，徐瑾《白银时代》，周卫荣等《中国古代银锭科学研究》

33. 葛剑雄《统一与分裂》

推荐理由：安德森《想象的共同体》让你明白，民族主义跟打飞机一样虚妄伤身。葛剑雄《统一与分裂》让你明白，中国历史上分裂比统一多，"大一统"情结比"处女膜情结"还可怜。奇迈可的《成为"黄种人"》让你明白，人种分类是伪科学，"黑眼睛黑头发黄皮肤"的感动过于傲娇。

参考阅读：谭其骧主编《中国历史地图集》，《谭其骧全集》，安德森《想象的共同体》，王明珂《华夏边缘》，冯天瑜《"封建"考论》，姚大力《读史的智慧》，刘凤云等编《清朝的国家认同》，《讲谈社·中国的历史》，钱穆《国史大纲》，张荫麟《中国史纲》，台湾"三军大学"编著《中国历代战争史》，武国卿《中国战争史》，侯家驹《中国经济史》

34. 秦晖《传统十论》

推荐理由：秦晖长于对各种历史理论进行解构，国内史学里有个"租佃关系"神话，即地主剥削农村到极致导致农村造反。可黄宗智、秦晖的历史实证研究表明，至少在华北、长江中下游、关中三地区，"租佃剥削并不严重，农民起义原因更多是官逼民反，即地主与农民联合造官府的反"。秦晖还区分了儒家中的"看门狗"与"丧家狗"，主张"西儒会融，解构'法道互补'"，给文化保守主义与自由主义找到了一个接榫点。

参考阅读：秦晖《田园诗与狂想曲：关中模式与前近代社会的再认识》、《走出帝制》，李零《丧家狗：我读〈论语〉》，黄宗智《华北的小农经济与社会变迁》、《长江三角洲小农家庭与乡村发展》，杜正胜《编户齐民》，董正华《走向现代小农》，王国斌《转变的中国》，李丹《理解农民中国》

35. 田余庆《东晋门阀政治》

推荐理由：该书从动态的政治斗争中，揭示了门阀是如何凭借其政治军事实力，而得以与皇权平起平坐。但同时也强调，门阀政治是汉唐皇权政治之间的一个变态，一个短暂的插曲，而且本质上并不是对皇权政治的否定。这就使得中国政治史研究摆脱了马克思主义经济史观的束缚，又回击了日本的"六朝政治论"。唐长孺的学生王素认为，1949 年后，唐这个群体很不适应，全军皆墨。而田余庆 1950 年参加工作即遇政治运动，一方面很快适应，一方面也学会变通。加上原属睿智之人，又精通政治史，见惯了各式权谋，工于谋国时也学会了谋身。因此后来清查梁效，田先生因身不由己，常在边缘，得以平安无事。其实反过来说，现实政治的高超躲避术或许也成就了田氏治史独特的魅力——"钩沉索隐，见微知著"，"没预设，一心一意寻找历史线索，找不到则沉默"。

参考阅读：田余庆《秦汉魏晋史探微》，仇鹿鸣《魏晋之际的政治权力与家族网络》，李凭《北魏平城时代》，《史念海全集》，《黄永年文史论文集》，辛德勇《建元与改元》、《制造汉武帝》，李碧妍《危机与重构：唐帝国及其地方诸侯》

36. 余英时《朱熹的历史世界》

推荐理由：朱熹是中国文化的枢纽式人物，该书以丰富的史料、精细的论证说明"宋代士阶层不但是文化主体，而且也是一定程度的政治主体"。作为海外最负盛名的中国文化学者，余先生曾以一段佛经故事道出自己的"中国情怀"："昔有鹦鹉飞集他山……山中大火，鹦鹉遥见，入水濡羽，飞而洒之。天神言：'汝虽有志意，何足云也？'对曰：'尝侨居是山，不忍见耳！'天神嘉感，即为灭火。"真有赓续道统的气概和苦心孤诣。

参考阅读：余英时《论戴震与章学诚》、《方以智晚节考》，孙机《中国古代物质文化》，扬之水《古诗文名物新证》，束景南《朱子大传》、《朱熹年谱长编》，钱穆《朱子新学案》，陈荣捷《朱子新探索》，《邓广铭全集》，刘子健《两宋史研究汇编》，邓小南《祖宗之法》，王曾瑜《岳飞和南宋前期政治与军事研究》，汪圣铎《两宋财政史》，黄宽重《南宋地方武力》，陶晋生《宋辽关系史研究》

37. 孔飞力《叫魂》

推荐理由："心态史"认为，历史态势中的人，面对混杂信息，其行为决策并非全是理性设计，反有不少是心理在支配。叫魂恐惧为什么会演变成这样丑恶的社会歇斯底里？读该书我们可以看到，在近代中国的前夜，整个社会充满了一股戾气，在这个人口过度增长，人均资源比例恶化，并受社会道德不断堕落所困扰的社会，人们怀疑他们可以通过辛勤工作来改善他们的境况。这种情况"由于腐败而不负责任的司法制度而变得更令人无法容忍，没有一个平民百姓会指望从这个制度中得到公平的补偿。"于是，人们会不择手段地抓住任何趋利避害的机会，并不惜牺牲他人，特别是弱者，来保护和增进自己的利益。妖术和妖术恐惧恰好触到了民间社会的这根神经。而官府发动的清剿则把作为一种潜在威胁的妖术恐惧变成了一种实在的生存斗争，把广泛弥漫社会的冤冤相报的相互敌视变成了实实在在的相互攻击。

参考阅读：欧立德《乾隆帝》，高王凌《乾隆十三年》，戴逸《乾隆帝及其时代》，曾小萍《州县官的银两：18 世纪中国的合理化财政改革》，赖惠敏《乾隆皇帝的荷包》，姚念慈《康熙盛世与帝王心术》，王汎森《权力的毛细管作用：清代的思想、学术与心态》，江绍原《发须爪》

38. 何炳棣《明清社会史论》

推荐理由：何老是利用西方社会科学方法治中国史最成功的学者。该书分析了进士及举贡共约四万个案例，发现这些人祖上三代为布衣出身的比例很高，甚至高达百分之四十以上，因此他认为明清时期中国具有高度的社会流动性，远远超过英国18世纪的情形。还探讨了个人与家庭的地位转移、社会流动的制度化和非制度化因素，比如清代晚期所广泛施行的捐纳制度，如何使富与贵紧密结合，且影响力量趋强，造成平民向上流动机会大减。"寒门为何难出贵子"？将此书与唐长孺关于魏晋南北朝史的研究对读，有豁然开朗之效。

参考阅读：何炳棣《读史阅世六十年》，唐长孺《魏晋南北朝史论丛》，全汉昇《中国经济史研究》、《中国经济史论丛》、《中国近代经济史论丛》，加藤繁《中国经济史考证》，宫崎市定《九品官人法研究》，许倬云《中国古代社会史论》，赵园《明清之际士大夫研究》、《制度·言论·心态——〈明清之际士大夫研究〉续编》，罗宗强《明代后期士人心态研究》，左东岭《王学与中晚明士人心态》，朱鸿林《〈明儒学案〉研究及论学杂著》，顾诚《南明史》，杨念群《何处是江南？》

39. 李中清、王丰《人类的四分之一：马尔萨斯的神话与中国的现实》

推荐理由：一些为计生叫好的傻蛋认为，如果放开计生，以中国人"多子多福"的习惯势必造成更严重的人口膨胀，可我听外婆说，以前的人也并不是都想多生，一般认为生两三个就可以了，但为什么常常生出五六个呢？一是因为婴儿死亡率高，多生保险系数大，二是当时没有避孕药，用草药打胎的话很贵且很痛苦。此书对清朝人口的研究表明，经济状况较好的清朝宗室成员与经济状况较差的辽宁旗人农民相比，不但节制生育的欲望较为强烈，而且采取的节育手段和方法也较为充分。这也就告诉我们，国人"多子多福"的观念并没有想象的那样强大。而且随着经济发展，"自我中心主义"的现代人不愿意为了多生孩子牺牲太多自己的幸福，所以，市场经济当然是最好的避孕药。马尔萨斯恶劣影响中国半世纪有多，其代表"何炳棣—葛剑雄派人口史观"也该检讨了。

参考阅读：何炳棣《明初以降人口及其相关问题：1368-1953》，葛剑雄主编《中国人口史》，易富贤《大国空巢》，梁中堂《中国计划生育政策史论》

40. 茅海建《天朝的崩溃》

推荐理由：近代史当然是茅海建第一，桑兵太陋，罗志田太滑，杨念群太巧。台湾王汎森得余英时真传，可惜偏内缘解释，对社会转型的解释力有限。在这本书里，作者就以深厚功力揭示了"中国必须现代化"的铁的逻辑。

参考阅读：茅海建《近代的尺度：两次鸦片战争军事与外交》，刘鸿亮《中英火炮与鸦片战争》、《中西火炮与英法联军侵华之役》，蓝诗玲《鸦片战争》

41. 黄彰健《戊戌变法史研究》

推荐理由：该书是改变戊戌变法史地平线的经典著作。何谓经典？就是以后的研究只能印证他的观点或者在延长线上作出补证。

黄彰健的研究贡献有二：其一，他发现康有为在宣统三年（1911）发表的《戊戌奏稿》中作伪，全是康后来之作。而他最重要的证据，竟然是1958年北京中华书局出版、国家档案局明清档案馆所编《戊戌变法档案史料》。这部国内出版的史料集，大陆学者在当时的环境下没有认真利用，反被他占了先。他由此断定，康有为另有其"真奏议"，并自编一册《康有为戊戌真奏议》。到了1981年，内府抄本《杰士上书汇录》在北京故宫博物院图书馆发现，为他这一预言作了近乎完美的证明：该《汇录》所抄录的康有为十八篇奏议，与《戊戌奏稿》无一相同。这真是史学研究中的经典案例。其二，他认为戊戌政变并非起因于袁世凯告密，但袁世凯告密却加剧了政变的激烈程度。这是在未看到北京所藏档案的情况下作出的经典论断，三十多年过去了，依然光芒不灭。

向来重视史料的大陆学人茅海建，于2000年初在台北近代史研究所、故宫博物院文献馆查档，企图有所斩获，一个多星期的工作后，他不得不叹服："有关戊戌政变的档案已被黄先生悉数扫尽，一点汤都没有给我留下。"黄老在餐桌上还雄霸地对茅海建说："如果我年青时有机会来北京查档，你们这点事情我老黄一个人全做了。"

参考阅读：孔祥吉《晚清史探微》、《清人日记研究》、《康有为变法奏议研究》，茅海建《戊戌变法史事考》、《戊戌变法史事考二集》、《戊戌变法的另面："张之洞档案"阅读笔记》，桑兵

《庚子勤王与晚清政局》，马忠文《晚清人物与史事》、《荣禄与晚清政局》

42. 高阳《慈禧全传》

推荐理由：高阳对晚清的历史场域有着惊人准确的直觉，比如，鲁迅的祖父周福清，因为行贿买乡试关节，刑部批罪充军，而德宗批示斩监候，一反拟罪较重，俟朱笔轻减，以示恩出自上的惯例，这是什么缘由？高阳就推测说，清朝的衙门有"封印"之制，自腊月下旬至次年正月中旬，为时约一月，但官中的新年假期，约只十日。定制，凡年内需了结的案件，截至十二月二十五日止，必须奏清裁决；所以，这一天须皇帝批示的奏章，常达两三百件之多。此案结于十二月二十五日，待批奏折过多，影响皇帝情绪，故而有近乎迁怒的处置。再有，针对翁同龢推荐康有为的说法，高阳也目光如炬，翁同龢是醇谨之士，与康有为气味本不相投，无可交往；且翁氏居官，素持明哲保身之道，故翁不可能"荐康"，荐康的只有张荫桓。然则，翁同龢"荐康"之说何来？有两点原因："一则是后党如荣禄等人，有意散播流言，因康有为与张荫桓同乡交密，而翁倚张为左右手，故此种流言，易为人所信。再则康有为刻意攀附翁同龢以自高身价，其《自编年谱》中，虚构与翁交往的情形，实不值一哂。"

参考阅读：高阳《胡雪岩全传》、《翁同龢》、《李鸿章》、《清朝的皇帝》，林文仁《派系分合与晚清政治》、《南北之争与晚清政局》，马幼垣《靖海澄疆：中国近代海军史事新诠》，陈悦《甲午海战》，王家俭《李鸿章与北洋舰队》，姜鸣《龙旗飘扬的舰队》，宗泽亚《清日战争》

43.《曾国藩全集》

推荐理由：曾国藩论豪气不如曾国荃，论才气不如左宗棠，论城府不如李鸿章，但为什么最受人尊敬的却是他？因为文明本身就是化性起伪，与英雄、豪杰相比，圣贤不是少一些东西，而是多一些东西。多的是什么？就是"读书改变气质"，"超我"对"本我"的有效调教。赵烈文说他"历年辛苦，与贼战者不过十之三四，与世俗文法战者不啻十之五六"，可谓的评。

参考阅读：唐浩明《曾国藩》、《唐浩明点评曾国藩家书》，赵烈文《能静居日记》，罗尔纲《太平天国史》，潘旭澜《太平杂说》，萧一山《曾国藩传》，刘忆江《曾国藩评传》、《胡林翼评传》、《袁世凯评传》，杨国强《义理与事功之间的徘徨：曾国藩、李鸿章及其时代》、《晚清的士人与世相》、《衰世与西法：晚清中国的旧邦新命和社会脱榫》，谭伯牛《战天京：晚清军政传信录》，陶短房《这个天国不太平》

44.唐德刚《晚清七十年》

推荐理由：行文诙谐生动，落笔如燃烧的豆萁，不时有见识噼哩啪啰的爆出来。历史三峡说俨然有"历史哲学"的风采。

参考阅读：蒋廷黻《中国近代史》，陈恭禄《中国近代史》，徐中约《中国近代史》，郭廷以《近代中国史纲》，陈旭麓《近代中国社会的新陈代谢》，朱维铮《走出中世纪》，李剑农《中国近百年政治史：1840-1926》，侯宜杰《二十世纪初中国政治改革风潮》，朱宗震《真假共和》

45.高华《革命年代》

推荐理由：高华以《红太阳是怎样升起的》名世，有精神弑父之味。他太强调某个领袖品格和权力欲的重要性了，似乎历史就是某人获得、使用权力的历史，缺乏对社会经济结构、地缘政治、国际国内政治事态发展的互动分析。过多地归罪于某一个人，也是对他的重要性的过度想象，可能高华一生都活在他的阴影下。所以该书政治意义大于史学意义。但此书则不然，高华已经修成史家克制的美德，迈向炉火纯青的境界。

参考阅读：高华其他著作，杨奎松《国民党的"联共"与"反共"》、《西安事变新探》、《"中间地带"的革命》，沈志华《毛泽东、斯大林与朝鲜战争》，罗志田《乱世潜流：民族主义与民国政治》，陈永发《中国共产革命七十年》，石川祯浩《中国共产党成立史》，李博《汉语中的马克思主义术语的起源与作用》，杨天石《蒋氏秘档与蒋介石真相》，《两个局外人的对谈》

46. 黄道炫《张力与限界：中央苏区的革命（1933～1934）》

推荐理由：苏区的失败以往的中国革命史是归咎于路线错误，但黄道炫先生通过大量资料，证明在第五次"反围剿"前后，中央苏区在人力、物力、管理等方面已达极限，由于人口少，兵员补充难，耕作只好依靠妇女，导致大量土地放荒，新战士最短只训练六天即上战场，逃亡率增加。为筹备军粮，农业负担加重，有的地方税负较苏区成立前增加了一倍。苏区食盐完全依赖外界，在封锁下，价格飙升数倍，不得不组织人挖厕所下的硝土等炼盐，由此引发了多起中毒事件……说白了，地域狭小，一旦遭遇挤压式进攻，资源难以支撑，这可能是造成挫折的更根本的原因。这一"经济结构—组织资源"分析框架相当有后劲。

参考阅读：何高潮《地主·农民·共产党：社会博弈论分析》，齐小林《当兵：华北根据地农民如何走向战场》

47. 王奇生《党员、党权与党争》

推荐理由：国民党为什么失败？作者认为，弱势独裁政党的组织宣传缺钙是根本原因。"中间选民理论"是一个在民主选举中得出的结论，它对于非民主社会的政党竞争的解释可能就要倒转。在某些非常规情况下，对某些敏感而没有社会共识的话题进行深度挖掘，利用这一话题分化社会群体，然后采取极端立场，反而可以更加有力地动员政治力量，赢得更加广泛的权力基础。国民党在这套动员手段上，输给了中共，同样输给了民进党。

参考阅读：王奇生《革命与反革命》，金以林《国民党高层的派系政治》，吕芳上《民国史论》，李志毓《惊弦：汪精卫的政治生涯》

48. 江勇振《舍我其谁：胡适》

推荐理由：迄今为止最全面、最深入、最少意识形态色彩的胡适传记。

参考阅读：罗志田《再造文明的尝试：胡适传（1891-1929）》、唐德刚《胡适杂忆》，耿云志《胡适研究论稿》、《胡适新论》，欧阳哲生《探索胡适的精神世界》，欧阳哲生编《胡适文集》（安徽教育出版社的《胡适全集》有删节，慎买）

49. 蒙森《罗马史》

推荐理由：想要了解西方必须了解罗马。

参考阅读：盐野七生《罗马人的故事》，吉本《罗马帝国衰亡史》，林国荣《罗马史随想》，马尔蒂诺《罗马政制史》，刘津瑜《罗马史研究入门》

50. 吴军《文明之光》

推荐理由：中国人写的目前最好的文明史。比如瓷器一章，欧洲工匠研究瓷器比东方晚了很久，但最终超越亚洲，为什么？吴博士认为，这是西方整体科技进步可工业化的成果：1. 他们擅长定量分析和比较试验，因而完全弄清楚了瓷器的成分和烧制原理。2. 研制过程中，他们特别注重保留全部原始数据和实验报告，这不仅代表了实验的严谨性，也能让后续人不用重新造车而直接受益。相比之下，中国工匠更多的是感性认识，传帮带过程中徒弟靠悟性居多。中间的发明创造也因为"秘方"和"保密"缺乏保留和记载导致渐渐失传。这样导致的更灾难的后果是后人不得不重复前人的失败，使得整体的制造技术进步缓慢。

参考阅读：吴军《大学之路》、《浪潮之巅》、《数学之美》，芬雷《青花瓷的故事：中国瓷的时代》，芬利《颜色的故事》，马未都《瓷之纹》、《瓷之色》，莱文森《集装箱改变世界》，麦克法兰《绿色黄金：茶叶的故事》，罗斯《茶叶大盗》，林满红《茶、糖、樟脑业与台湾之社会经济变迁》，戴蒙德《枪炮、病菌与钢铁：人类社会的命运》，布罗代尔《15 至 18 世纪的物质文明、经济和资本主义》，辛格《技术史》，里德利《理性乐观派：一部人类经济进步史》，赫拉利《人类简史》

【艺术审美类】

51. 王贵忱、王大文编《可居室藏书翰·罗振玉》

推荐理由：我一直觉得刘涛论"八大体"，妙！"借欧（阳询）法开拓方势，挹董（其昌）韵活畅血脉，凭黄（庭坚）字造险逞怪"，"常态的稳重被他写得倾斜，众人取肥他作瘦；该放纵处，他要收敛起来，人作大方他逼仄，故意与结字的公共秩序较劲。好像是凫胫虽短他要续，鹤胫修长他要截，不顾续短截长的忌讳。好在他造型的手段高强，惹是生非的移位之后都能化险为夷，绝处逢生，反收动人心魄的变形之美。""他不是把空白当作笔画交结后剩余的边角，放任不管；也不是作为墨痕的被动陪衬。他利用空白做造型变形的积极手段，大胆运用空白虚灵空远的视觉效果，让书写时被动出现的空白，常常处于视觉的主导地位，虽虚却实，犹如园林中设置的池水一泓，现出空灵透敞的美妙。王维有诗云：'空山不见人，但闻人语响'，可以移来形容八大借虚白造书境的机趣。"

但毕树棠论罗振玉书札更妙——罗振玉"书籍题跋之小字颇有小米稀饭之意味"，而郑之气派则"正西贡大米干饭也"。"康有为粤人也，其字亦有似罗汉斋，使人有鸡毛蒜皮之感。梁任公作品则仿佛菜市上之胡萝卜摊，诚去北海远矣。叶誉虎之字好像徐娘半老，个个都患腰痛，有不得劲儿之劲"。

参考阅读：黄濬《花随人圣庵摭忆》，高伯雨《听雨楼随笔》，陈巨来《安持人物琐忆》，毕树棠在《螺君日记》，刘涛《书法谈丛》，管继平《纸上性情：民国文人书法》，方继孝《旧墨记》（1-6）

52.齐白石《白石老人自述》

推荐理由：董桥的文字像插花，胡兰成的文字像盆景，木心的文字像玻璃鱼缸，白石先生的文字则像是自家地里的庄稼。同样是自然的文风，张中行絮叨，丰子恺飘逸，汪曾祺自恋，唯白石像泥土一样厚实朴茂，充满对人事的眷恋和感恩。罗家伦说："白石画常以粗线条见长，龙蛇飞舞，笔力遒劲，至于画的韵味，则断难与八大相提并论。"多少有些偏见，显系不承认身边的大师。八大的冷逸孤傲，获知识分子芳心，而白石天真的俗气，则是"见众生"了。

一般人看齐白石画册总喜欢围着虾呵，螳螂呵，边看边赞叹，艺术家徐冰却被《白菜辣椒图》里红得不能再红的辣椒吸引了，"什么人能把辣椒看得这么红？只有那种对生活热爱至深，天真、善意的眼睛才能看到。我好像看到了白石老人艺术的秘密：他为什么可以是在艺术上少见的、越老画得越好的人？因为，他越到晚年对生活越依恋，他舍不得离开，对任何一件身边之物都是那么爱惜。万物皆有灵，他与它们莫逆相交了一辈子，他们之间是平等的，一切都是那么值得尊重与感激。他晚年的画，既像是第一次看到红辣椒的感觉，又像是最后再看一眼的不舍之情。爱之热烈是恨不得能把一切都看在眼里带走的。这是超越笔墨技法的。"

参考阅读：《齐白石画集》，《吴冠中画集》，徐冰《我的真文字》

53.《丰子恺全集》

推荐理由：漫画多用来讽刺，难免有"杀气"。丰子恺的漫画却让观者的心灵得到净化，比如，他画了很多燕子，简洁秀劲，生意盎然，《春燕衔泥》的题词是"一年社日都忘了，忽见庭前燕子飞。禽鸟也知勤作室，衔泥带得落花归。"不免让人想起梭罗援引的哈利梵萨名句"无鸟雀巢居的房屋如未烹之肉"。《护生画集》里的"谁道群生性命微，一般骨肉一般皮，劝君莫打枝头鸟，子在巢中望母归"，则是呦呦鹿鸣般的规劝，尽显慈悲。怪不得他的学生华君武说："子恺漫画深入浅出，乍看先生的作品，貌不惊人，但和吃青果一样，越到后来越感到味之隽永。"

也许你也发现了，丰子恺画人时，仅画一张嘴，一般都不画眉眼鼻，但人物却活灵活现。为什么会这样？丰子恺在《漫画创作二十年》里说，自己曾用简洁的几笔描绘了一个有兴味的幻象，有次提笔详细描画，"结果变成和那幻象全异的一种现象，竟糟蹋了那张画。恍忆古人之言：'意到笔不到'，真非欺人之谈。"他又说："漫画之道，是用省笔法来迅速地描写灵感，仿佛莫泊桑的短篇小说，捉住对象的要点，描出对象的轮廓，或仅示对象底一部分而任读者悟得其他部分。这概略而迅速的省笔法，能使创作时的灵感直接地自然地表现，而产生'神来'妙笔……凭观者的想象其未画的部分，故含蓄丰富，而画意更觉深邃。"

不画眼睛，不只是为了给读者留下意想空间，还与画面的安排有关。比如，连环画大师卢延光绘的《长生殿》里有一个画面："安禄山十分骁勇，一箭又射中了一只野鹿。众将士齐声呐喊，山鸣谷应。"他就故意不画安禄山的眼珠，蔡小容解释说："我们的眼睛所看到的世界，是具象的，合乎空间逻辑的，为了这个空间逻辑，有关联的事物就得分离，你得先看此，再看彼，然后在头脑中把它们联系起来。但卢延光把它们合成，把有关联的事物摆成一个最美丽的组合。"

丰子恺的这种画法还有助于我们理解现在的简化字。在《我与手头字》一文里，丰子恺写到，小时候在自家染坊里帮忙，学了染店账房上所有的简笔字，他后来觉得这些字跟他不写细部仅据大体的画很像。由此他觉得所谓"手头字"也不过是本字的大体轮廓，人依旧能从"意到笔不到"的简写中窥到本字。青年语言学者李倩根据一段单词拼写完全错误却能读懂的英文，谈到了美国眼球运动与认知过程心理学家的发现"对于拼音文字来说，单词的视觉加工，有时候通过文字词汇的外部轮廓和单词的首尾字母就能顺利完成"。她就举了丰子恺推崇"手头字"的观点。这比"知乎"上一些人用贝叶斯理论好理解多了。其实，汉字的笔画断裂或模糊，比英语更容易辨识，网上就有一些片段。

参考阅读：蔡小容《浮生旧梦说连环》，李倩《回锅肉和香菇菜心的语言等级》，黄永玉《给孩子的动物寓言》

54. 辛丰年《乐迷闲话》

推荐理由：中国古典诗学向来主张诗乐一体，李白的诗为什么好？原因之一就是他对乐府下了很大的功夫，在创新的同时还是协律。李调元《雨村诗话》分析说："太白工于乐府，读之奇才绝艳，飘飘如列子御风，使人目眩心惊，而细按之，无不有段落脉理可寻，所以能被之管弦也。若以天马行空，不可控勒，岂五音六律亦可杂以不中度之乐章乎？故余以为学诗者，必从太白入手，方能长人才识，发人心思。王渔洋曾有《声调谱》，而李诗居其半，可谓知音矣。"

中国诗学里对音律的强调更是一以贯之。顾随说："诗之美与音节字句甚有关。追求诗之美，乃无法之法。如余有词云：'篆香不断凉先到，蜡泪成堆梦未回。'原稿'先'字为'初'字，而'初'字发音暗，发哑，改为'先'字。余作诗词主张色彩要鲜明，声调要响亮。此为目的，至于方法如何则识机而变。'初'字不冷不热，用在此处不好，而若小杜之'豆蔻梢头二月初'之'初'字，鲜嫩，用得好。'梦未回'之'未'字，原稿为'欲'

字，'未'字去声，'欲'字亦读去声，或谓'未'字深，'欲'字浅，此尚非主因，主因亦在鲜明响亮，故'未'字较'欲'字好。"又如，姜白石那首《扬州慢》目前通行的版本大都标为"念桥边红药，年年知为谁生"，但是叶嘉莹老主张"念桥边，红药年年，知为谁生"，理由就是"词里边越是长的句子，它的停顿就越重要，不能马虎"。词有"要眇宜修，低徊婉转"的情致，第一个原因就是音律。即使"鱼戏莲叶东，鱼戏莲叶西，鱼戏莲叶南，鱼戏莲叶北"，朱光潜也理解成"换韵"，"这种没有定准的音节恰能描写鱼戏时飘忽不定的情趣。连用平声字收句，最末一句忽然用一个声音短促的仄声'北'字收句，尤足以状鱼戏时忽然而止的神情。"

但中国历代写音乐的名篇却还是比较少。汉唐乐赋之外，诗歌只有白居易《琵琶行》、韩愈《听颖师弹琴》、李贺《李凭箜篌引》等数首，小说中为人乐道的仅有《老残游记》中白妞说书一节。近代以来，文人开始"非乐化"了，能以文字描写音乐之美的更是少得可怜，好在我们还有辛丰年。

辛老谈乐，有两个特点：一是，与音乐专业人士比起来，辛丰年汇集掌故，沟通文乐，能以譬喻感发之，比如，"交响乐慷慨激昂，雄辩滔滔，你被洪流卷走，被说服、征服，自觉渺小，失去了自我，'为乐所有'了。室内乐大都平心静气，朴实无华，是一种知己之间倾心促膝交谈论难之乐。爱因斯坦同提出量子论的普朗克是一对乐友，而且都嗜好巴赫。有一夜，一个拉一个弹，乐而忘倦，直到天快亮！"二是，与一般爱好者相比，他对乐器、乐谱、乐队、乐史等音乐专业的内行和熟络。

像《老残游记》中白妞说书一段，黑妞白妞弹的都是三弦，作者以"字字清脆，声声宛转，如新莺出谷，乳燕归巢"，"五脏六腑里，像熨斗熨过，无一处不伏贴；三万六千个毛孔，像吃了人参果，无一个毛孔不畅快"，形容她们声音的好听，挺精彩的。但却忽略了对三弦音色的细微感受，有人说"三弦的音色朴素粗犷，韵律本身富节奏感，所以评弹中与琵琶合用，既能平衡琵琶的华丽多变，又能以节奏感辅助艺人叙述，调节故事情节的起伏跌宕；加上虽然音色单薄却音质稳健，反而更能衬托出琵琶的玲珑清脆"。可见，三弦是最适合讲故事的乐器，说书必须配三弦。而三弦与笛子的配合也是奇妙，笛子清丽流快，三弦朴素峥嵘，一松一紧，一快一慢，把叙述的张力表现得完美极了。这是《沧海一声笑》和《钟鼓楼》配乐的魅力。

辛老则对乐器很内行。某日，我下午登山归来，下到半山腰时，突然听到了旁边天主教堂传来的钟声，除了六巨声连响，还有一小段圣乐，释放出飘渺的意象，给人一种似涩还甘的美。中国人写钟以韦应物的"秋山起暮钟，楚雨连沧海"最有名，但凄迷暗淡为我所不喜。倒有一些诗僧常写到钟，尽管不算出色，却有禅意。在寺庙里，暮钟一敲，是"大止静"时刻，收摄六根，身心寂静，是打坐念佛用功的时间，也是休息时间。暮钟响起当发愿，愿幽冥众生闻钟脱苦也。西方好听的钟声也与宗教有关，它的重要功用是召唤信徒快上教堂去听布道做礼拜。它可以启人向善之心，且有祛邪之效。我辈乃凡俗之人，钟声为什么好听？还是辛老从音乐本身作的解释最漂亮："钟声的特殊魅力并不是无端而生的，它的发声现象有声学上的独特之处。敲响之后便即衰减，却又引出悠扬的余韵，向各方扩散。尤其有个性的，是那丰富复杂的泛音。一击之下，在其基音上继发一连串泛音。其中有与基音成三度（偏向于小三度）、五度、八度、十二度等泛音。在一口巨钟上，竟会生出上百的泛音，那音域可以扩展到好多个八度。奇妙不过的是，当上面的泛音快要听不见的时候，基音下面忽又生出一种比它低八度的哼音（humming tone）来。它的这种泛音现象又不同于别种乐器。在其他乐器上，泛音与基音相混，一般是听不大分明的。钟则因其余韵悠长，又传送得远，便给了那些泛音以显露的机会，可得而闻了。"

辛丰年之外，当代文乐合一的，李皖勉强算半个，女诗人舒羽的这段文字也不错："这是一个放浪到妖魔化的声音、凌空扭动腰鼓，空气中编织着多少绮思？再配上西班牙女郎特有的身段，鄙夷的眼神，探戈的步子，幽灵的气息，哪怕是一只老鼠也一定会被这只猫吸引的。真真歌有裂石之音，舞有天魔之态。尼德兰谚语中说，像这样的红衣悍妇，就算独闯地狱也不会受到伤害。"

近代以来文人的"非乐化"，是辛先生关心的题目。对懂音乐的作家，先生格外多几分好感。若不懂音乐而先生又尤其喜欢的，就替这位作家惋惜。徐志摩、张爱玲是前者，鲁迅、知堂是后者。在我看来，庄子、唐宋八大家、甚至桐城派的文章都有音乐性，读林纾的《韩柳文研究法》，没有标点也很好读。鲁迅文章也有一些音乐性的，知堂文章则确实反音乐性，这点确实值得研究。

参考阅读：辛丰年《请赴音乐的盛宴》，李皖《五年顺流而下》，舒羽《流水》，刘鹗《老残游记》

55. 方文山《青花瓷》

推荐理由：一首抒情歌曲大概4分钟，160字。你要在这160字内把故事讲完，还须直接诉诸听众情绪，还想给予歌词某种深度，怎么办？方文山的秘诀是，从画面感与时空背景上着力，他的中国风的歌曲因为加入了古典元素的用词，容易产生仿古调性画面，同时也自然地依附着古典时空背景，使词意显得有深度。但我一直怀疑，以古典诗词元素抒发现代情感难免有隔，比如说，现代人的负面情绪有烦恼、忧愁、焦虑、傲娇、惆怅、畏惧、失落、迷茫甚至空虚、无聊、无厘头，这些在古典诗词里都是一个"愁"或"惆"表达，然后借景物烘托比拟，这容易使各种读者感发起来，但感发的精确度和深度是很有限的。现代情感还是直接诉诸现代人生活中熟悉的元素表达才好，比如，林夕《匆匆那年》里那句"如果再见不能红着眼／是否还能红着脸"，就比方文山的花恋蝶好。情人间谁没红过眼红过脸啊。

参考阅读：杨照《想乐：聆听音符背后的美丽心灵》，焦元溥《乐之本事：古典乐聆赏入门》，张晓舟《死城漫游指南》，王小峰《只有大众，没有文化》，田艺苗《穿 T 恤听古典音乐》

56. 李泽厚《美的历程》

推荐理由：1949 年后，汉语哲学的大陆语域发生过一场语式——当然首先是思式革命。纯粹心性式和纯粹学术式的哲学言路被贴上阶级的标签予以消除，取而代之的是一种姑且名之为"社论"式的哲学言述。"社论"语态是一种道义——权力诉求，其特点有：1. "独断论"的语式往往扼杀人的反思能力；2. 语言暴力沉渣四起、"二元性"的敌对思维无处不在；3. 宏大叙事泛滥，以至"类"常常湮灭"个体"，"必然"总是压倒"偶然"。这种特定的言述形式比其指述的内涵——道义权力本身更有制约性。因此，如何挣脱权力话语加之于思想的这一根绳索，就成了新时期以来中国知识人的"必修课"。

80 年代，李泽厚凭着《美的历程》、《批判哲学的批判》、《中国古代思想史论》、《中国近代思想史论》、《中国现代思想史论》等书引领思想潮流，"四五"一代人如痴如醉地阅读李泽厚，与其说是被李氏思想所震撼，不如说是经历过"文革"的他们想从李氏的著作中获得"如何表达自己"的启发。

李泽厚近年来再度走红，其强劲的阅读魅力也证明他不愧是"新时期以来最具原创性的中国思想家"。比如，在说"乐感文化"时，他很喜欢举一个例子，"一人得道，鸡犬飞升"。得道的人在上天之际，所能想到的未来的神仙生活，还是离不开自家的鸡和犬，可见俗世的日常岁月，在他心目中几乎占据了永不可动摇的位置。这跟周作人妙解"不求甚解"可以媲美。

参考阅读：李泽厚《中国古代思想史论》、《中国近代思想史论》、《中国现代思想史论》、《该中国哲学登场了？》，赵士林《李泽厚美学》，刘再复《李泽厚美学概论》，朱光潜《美学书简》，宗白华《美学散步》，高尔泰《美是自由的象征》，蒋勋《美的沉思》

57. 贡布里希《艺术的故事》

推荐理由：该书概括地叙述了从最早的洞窟绘画到当今的实验艺术的发展历程，以阐明艺术史是"各种传统不断迂回、不断改变的历史，每一件作品在这历史中都既回顾过去又导向未来。艺术史对于艺术家来说并不重要，重要的是它增加艺术评论的能力"。贡布里希的这本书所增加的就是这种"能力"。像辣椒面增加了面食的一个种类那样，贡布里希提供了艺术评论的一种观点。

参考阅读：丹纳《艺术哲学》，《傅雷文集》，熊秉明《关于罗丹》、《看蒙娜丽莎看》

58. 蒋勋《手帖：南朝岁月》

推荐理由：蒋勋的才性，擅于生命感悟和美学联想，仅仅因他的一些史实硬伤就否定他，这是不公平的。该书前面写陆机的秃笔，中间写王羲之的喟叹，后面写日本手帖美学，附录写苏轼汪曾祺的酒，都情真意切，哀婉唯美。

我向不喜废墟、教堂和坟场，因为它们死亡的气息过浓。但近年来却喜欢起残荷、苦茶、石雕上的凿痕与灰烬下的余温，因为它们有死的深刻和生的挣扎。近日，读蒋勋《手帖：南朝岁月》，又被"秃笔"迷住了。一定要读台版！不只是因为台版精美典雅，更因为台湾作为中华文化"南渡"的意象太浓郁了。内地文史之学未必输于台湾，台湾那些自由的微弱喘息，有着更让我着迷的性情。"我一方面阅读诸家不同说法，但是晨起静坐，还是与《平复帖》素面相见。细看那一张残纸上墨痕斑驳，秃笔，没有婉转纤细的牵丝出锋，没有东晋王羲之书法的华丽秀美、飘逸神俊的璀璨光彩。但是《平复帖》顽强劲敛，有一种生命在剧痛中的纠缠扭曲，线条像废弃锈蚀的堡垒的铁丝网，都是苍苦荒凉的记忆。'秃笔'、'贼毫'是历来鉴赏者常用来形容《平复帖》的词汇。'秃笔'是没有笔锋的用旧了的秃头之笔，'秃'是一种'老'。'贼毫'是毛笔笔锋的开叉，分岔的线，撕裂开来，像风中枯絮断枝败叶，仿佛天荒地老，只剩墨痕是凄厉的回声。也许还是米芾说的好——'火箸画灰'。仅仅四个字，仿佛严寒的冬天，守在火炉边，手里拿着夹火炭的金属筷子（箸），拨着灰，画着灰。死灰上的线条，却都带着火烫的铁箸的温度，《平复帖》把死亡的沉寂幻灭与燃烧的烫热火焰一起写进了书法。"

止庵看不起董桥，胡文辉看不起张大春，江弱水看不起蒋勋。可后者的书照样大卖，仅仅是营销成功吗？在我看来，内地文人对文本的理解似乎还停留在印刷时代"内容为王"的阶段，而港台文人则已经嗅到互联网时代"形式也是内容""匹配就是王道"的玄机。比如说蒋勋，也许他知识不够丰富，文笔也不够漂亮，但有些美学感悟还是很不错的。我之前无数次为梵高的《向日葵》感动，却说不出道道来，蒋勋说："陶罐里的向日葵带着阳光的冶艳，带着泥土粗犷浓烈的气息。""梵高觉得这些花断了，离开了土地，仍然散着阳光的灿烂和温度。她用明度最高的鲜黄作背景，好像整个画面都是光，强烈的光，使人睁不开眼睛，一片泛白的光，使人目盲。""陶罐里的花，离开泥土太久，花瓣变干，扭曲成更顽强的姿态，好像在对抗死亡，坚持色彩与形状的记忆。""花瓣枯干，更显露出花瓣中央一粒一粒一排一排密密结构的葵花子。葵花子褐褐色，梵高用颜料一层层堆叠，刻意用画笔粘黏厚厚的颜料，形成凸起的颗粒，不像绘画，更像雕塑，可以触摸肌理质感，所有生命在死亡里固执存活的庄严质感。"这话解决了我的困惑，对我就是好书，至于一些知识硬伤，无伤大雅。

参考阅读：蒋勋《汉字书法之美》、《蒋勋破解梵高之美》，奈菲《梵高传》

59. 余秋雨《极端之美》

推荐理由：一直以为余秋雨属于比较矫情和糯的那种，不想论起书法"宋四家"来居然有毒舌风采——"苏（轼）字离气不立"，米芾有术无道，蔡襄"什么都好，就是没有生命强光"，说黄庭坚的草书更绝，"中气不足"，有铺陈的表演感，跟具有酒精精神的颠张醉素比，"酒神不见了，只见调酒师"。我以前用元青花瓷反驳过"厓山之后无中国"的愚蠢言论，元代戏剧也能反驳。儒家讲求中和，反戏剧精神，但却喜欢生活中作礼仪化的扮演，即去表演当个好父亲来获得精神满足，这种"超稳定结构"很难破。只有到了元代，无序、失范、失阶，人们才"更愿意以芥末之身钻进勾栏里看另一番装扮，另一种生活"。

参考阅读：苏立文《中国艺术史》，高居翰《图说中国绘画史》，杨琪《你能读懂的西方美术史》、《你能读懂的中国美术史》，刘恒等《中国书法史》

60. 余辉《隐忧与曲谏：〈清明上河图〉解码录》

推荐理由：该书确实是《清明上河图》研究的集大成之作，不管是对图中时间、地点的断定，还是对创作意图和政治环境的揣摩，都是通过多种方法，立体地进行论证。比如，对该画内容所反映的时间，他就以羊肉价格、服饰、界画水准进行考证。他根据图中羊肉"斤六十足"，即"羊肉每斤足钱六十文"，搜寻《续资治通鉴长编》里的羊肉价格信息，作出曲线图，断定该图反映的是"徽宗朝崇宁末"的事情，实在漂亮。

参考阅读：赵广超《笔记〈清明上河图〉》，野岛刚《谜一样的清明上河图》，周宝珠《〈清明上河图〉与清明上河学》，曹星原《同舟共济：〈清明上河图〉与北宋社会的冲突妥协》，刘涤宇《历代〈清明上河图〉：城市与建筑》，薛凤旋《〈清明上河图〉与北宋城市化》、《中国城市及其文明的演变》，李孝悌编《中国的城市生活》，包伟民《宋代城市研究》

【格物致知类】

61. 郦全民《用计算的观点看世界》

推荐理由：该书主张万事万物都可以通过计算来理解预测。国内发表计算主义论著，李建会比郦还早一点点，但李充其量就是圈了块地搭了个茅草屋，郦则确确实实是建了一座钢筋水泥结构的房子。

郦著以计算主义统摄各种宇宙起源学说，相当精彩。从概念到方法，或条分缕析，或抽丝剥茧，或快刀破竹，结构上更像坦克一样层层推进，既烧脑，又挠心；既有康德哲学的冷静宏阔，又有黑格尔哲学的激情雄辩。

比如，他借用隐喻理论帮助人们理解"计算主义"："在人类认识自然的过程中，许多对象不能被我们的感官和人造的测量仪器所直接或间接的感受到……因此，借助于人们已经熟悉的源域去认识和把握未知的靶域就变得很自然了，也就是把更为熟悉的事物的特点和结构投射到相对陌生的事物上，从而帮助认识后者的特点和结构。这就使隐喻具有了认知的功能。例如，当人类对原子结构尚未获得认知时，物理学家卢塞福和玻尔便运用了'原子是一个微型太阳系'的隐喻。由于太阳系的结构已经为人类所知，所以利用这个隐喻，就可以帮助物理学家给出原子的运行轨道。一方面，这个隐喻为我们提供了一种可以理解的解释。另一方面，当隐喻的解释功能得到科学共同体的成员公认时，隐喻就成了科学理论的组成部分甚至核心。例如，'心智是计算机程序'的隐喻，不但打破了心理学中的行文主义教条，即心智状态不能作为科学探究的合适对象，实现了心理学朝硬科学的转变，而且导致了人工智能和认知科学的诞生和发展，成为认知科学研究纲领的核心。"

自从读《小逻辑》、《批判哲学的批判》以来，很多年没读到过这么激动人心的哲学著作了。相比起来，赵汀阳的东西太虚妄，陈嘉映则有一股教书匠味，思路不够生鲜野辣。

该书后半部分，以计算主义统摄生命起源还是不够圆融，但这似乎不全是作者的问题，而是整个人工智能发展的瓶颈问题。

参考阅读：翟振明《虚拟与现实之间》，李建会《计算主义》，吴军《智能时代》，Charles Petzold《图灵的秘密》，Ray Kurzweil《奇点临近》，霍金斯《人工智能的未来》，李淼《给孩子讲量子力学》，曹天元《上帝掷骰子吗：量子物理史话》

62. 佩特《文艺复兴》

推荐理由：关于蒙娜丽莎的美，什么"薄雾法"，"微笑曲线"，都不如英国唯美主义评论家佩特解释得好："这个吸血鬼比围绕她的岩石还要古老，已经死过多次，熟知坟墓的秘密；她潜游深海，怀着昔日的光辉；她与东方的商客交易奇异的织网。她成为了勒达，海伦之母；成为了圣安妮，玛利亚的娘；一切的一切对她像是里尔琴与长笛过耳。隔居这篇璀璨中她铸出了变幻的锋芒，眼睑与柔指也附上了颜色。恒久生命的华丽，卷带十千经历，度过沧桑；而崭新的精神锻造了人文的理念，唤出思想与生命的每一种形态。"叶芝后来对这段华丽散文体进行删减，使其变成自由体："她比她坐立其中的岩石还要古老；犹如吸血鬼一样，她已经死过多次。她知道坟墓的秘密；她曾在深海中潜水；她能让逝去的日子围绕在身侧……"

佩特的优美解释几乎脱离了客观描绘，运用隐喻手法，很娇很腻，开拓了抽象美，使得绘画的空间与时间得到了无限的扩展。激情的赞誉带有印象的、主观主义的特征，是典型的唯美主义手法。正像佩特说的："既然感觉到了人生经验的异彩纷呈与忽悠无常，我们就要拼尽全力进行观察与接触……"这就决定了佩特的审美观具有反道德、非物质的特点。但这种主观唯美并非随意、率性，而是一种浪漫的、具有普遍性的启蒙精神——必须超越个人印象，具备把握艺术品独特性的能力，即透过作品本身看到创作者的内部精神世界。他把达芬奇看作人性的触动者和自然的解释者，才会有关于蒙娜丽莎这段经典评论。

参考阅读：布克哈特《意大利文艺复兴时期的文化》，洛维特《雅各布·布克哈特》，达恩顿《屠猫记》，格拉夫敦《脚注趣史》，阿利埃斯《儿童的世纪》，熊秉真《童年忆往》，波兹曼《童年的消逝》

63. 王澍《造房子》

推荐理由：这位获得"普利兹克奖"的中国建筑师用元代画家倪瓒的《容膝斋图》来解释自己的建筑哲学："上段远山，一片寒林；中段池水……近处几棵老树，树下有亭，极简的四根柱子，很细，几乎没什么重量，顶为茅草"。这画就体现了古人造园的一种态度：园林，不是像西方那样造个房子，然后再配以景观，而是"如果人可以生活在如画界内的场景中，画家宁可让房子小到只能放下自己的膝盖。"

王澍这观点击中了我的隐痛。我村里十几年前修了两车道的水泥环村公路，本来会车就勉强。渐渐地，公路边的住户不是在门口堆个箩筐当院子用，就是摆个大石墩防车剐蹭……反正别人都侵蚀公路，自己不能吃亏。结果自然是公路变窄，时常堵车，下雨时还积水。更绝的是，有的人家明明建一楼时缩了一尺进去，建二楼时又凸出两尺来，像暴发户挺着丑陋的"将军肚"。

当然，农村房子丑是中国当下的普遍现象，外形多方正如扑克牌，墙壁更千篇一律是马赛克瓷砖。为什么会这样？有人认为，农村是集体土地，农民担心土地被收回，自不会用心经营房子，就好比租房者不会花心思装修房子。但地权的解释也难以一竿通到底。时下开发商拿海子诗句"面朝大海，春暖花开"做海景房广告，却引人反胃，这总与产权无关吧？说白了，海子念叨的是小平房的朴实、温馨，而不是时下海景房的浮夸、狂妄。所以，如何对待房子，实质是如何对待自然、如何对待自我。

参考阅读：彭一刚《传统村镇聚落景观分析》、《中国古典园林分析》

64. 康乐《佛教与素食》

推荐理由：动物权利论的鼻祖辛格主张对动物采用平等的道德考量，他的逻辑很彻底，所有动物都是平等的，因此主张吃素食。可中国爱狗人士却杜撰出"伴侣动物"概念，认为猫狗比其他动物高等，所以，他们经常吃着鸡肉三明治跟人讨论爱猫狗，拿鱼罐头喂猫，辛格说这是动物种族主义歧视，我说这是鸡贼人格。印度社会原来就有"不杀生"观念，大乘佛教引入"轮回观"和"鱼肉不洁"观念后大大推动了素食主张。但不管是大乘佛教还是中国梁武帝，他们推动吃素都与教派斗争有关，即利用"不杀生才慈悲"的群众心理树立一种圣洁的身份标志。这种观念竞争的经验显然值得当下的动物保护主义者学习。康乐对社会行动背后个人动机的分析，很有韦伯的风采。

参考阅读：苏国勋《理性化及其限制：韦伯思想引论》、《韦伯著作集》，辛格《动物解放》、《实践伦理学》，钱永祥《纵欲与虚无之上》

65.邓晓芒《思辨的张力》

推荐理由：老人说"脑子不用会生锈"，所以，阅读不能只找安逸的枕边书，也要读磨脑子的书。磨脑子的书当然首选黑格尔《小逻辑》，我大一时花两个月，每天读十页，读得昏天黑地，去食堂吃饭都一脚高一脚低。黑格尔能让概念充满历史感和生命之火，跟他走一遭后，心智跟被压路机压过的堤坝一样夯实。

"理性"源自古希腊超越的"努斯"冲动与规范的"逻各斯"精神。但现代思想中的"逻各斯"以科学之名打压"努斯"，酿成了弗洛伊德的"力比多"造反。只有黑格尔哲学一直保持着两者的互动张力，因此，瓦格纳的音乐有建筑感，黑格尔的哲学也有建筑感。

参考阅读：邓晓芒《康德〈纯粹理性批判〉句读》、《黑格尔〈精神现象学〉句读》，李泽厚《批判哲学的批判》，王元化《读黑格尔》，张中晓《无梦楼随笔》

66.罗兰·巴尔特《恋人絮语》

推荐理由：世间万物都蕴含着理，宋儒靠静心格物得理，而巴尔特却把世间万物都当成表意符码，用结构主义方法阐述，精彩纷呈。比如，他认为废话并非没有意义，恋人间的废话就很有趣。"恋爱成不成功，就看情侣对废话艺术的领悟能力，很多符号表意，并不是为了表达意义，而是为了占着表意的媒介渠道，与接受者保持接触。""表白之意并不在于吐露爱情，而在乎恋爱关系的形式，即被反反复复，没完没了地议论着的形式。""我用自己的辞藻将对方裹住，抚摸她，竭尽全力延续这类对恋爱关系的议论。"

巴尔特在中国的超级粉丝陆兴华也很有意思。中国学者介绍西方哲学，往往为了"准确"把汉语弄得死气沉沉，陆兴华却例外。比如，他讽刺施特劳斯、刘小枫之类搞微言大义的哲学妄人："他像卖矿泉水的人那样，独霸住那个神秘源头，从此大家都得提着塑料壶，花钱到他那里去打真理，扛回来喝。"他调侃卢梭："人民的普遍意志或者说主权不能分开来用，要用，就要像千元大钞，不找零头的来用。"他打量脱衣舞："是一种叙述，一开始，一种秘密的揭露就被许诺，然后被拖延、悬置，最终被完成、躲避和滑脱，正是限制成全了它。"他将用汉语说哲学的能力恢复到了马一浮时代。

参考阅读：《罗兰·巴尔特文集》，德里达《书写与差异》，梅洛-庞蒂《知觉现象学》、《眼与心》，格尔茨《文化的解释》、《地方性知识》，布迪厄《艺术的法则》、《区分》，陆兴华《让快乐排好队》

67.齐泽克《斜目而视：透过通俗文化看拉康》

推荐理由：齐泽克是拉康的摹本、赝品吗？吴冠军妙语解颐："原本未必强于摹本。这是德勒兹意义的重复，去重复就是重新开始，重复恰恰是形成差异的唯一通道，创造性，就在重复中。"他接着举了印度原版佛教式微、传入中国的却发扬光大为例子。"说白了，用概念比造概念重要，分析要比理论更重要。有人看不起齐泽克的'杂耍'，认为他只是'通过通俗文化看拉康'。试想，如果你谈论《黑客帝国》或《盗梦空间》还不如豆瓣普通用户的分析有力度，脸往哪搁？就是无数徒子徒孙24小时吹捧你都没用，这是大部分学院教授恐惧的，他们的理论与日常生活没有关联，只是一堆毫无生气的符号。"

看看齐泽克多有活力啊，比如，他注意到："人们在进入电梯之后，喜欢不停地按关门键，但关门键并不能加快关门的速度，只是乘客自己产生一种错觉，以为自己的行为富有成效而已。"齐泽克把上当受骗的按关门钮的人与西方自由民主社会中无助的公民相提并论，这些公民觉得自己通过投票参与了政治进程，但是因为两个政党已经在基本问题上达成了共识，这些公民实际上并没有任何选择可言。又比如，德国诗人海涅说："人生最重要的东西就三样：自由、平等、蟹肉汤。"把"自由""平等"这样高大上的理念跟"蟹肉汤"这种小事物放一起，是不是觉得奇怪？齐泽克却慧眼识珠："在这句话中，蟹肉汤是指我们生活中所有精致的乐趣，一旦失去这些小确幸，我们就会变得与恐怖分子无异——我们会沦为抽象观念的信徒，并会丝毫不顾具体情境将这些观念付诸现实。"

参考阅读：《齐泽克文集》，《拉康选集》，吴琼《拉康：阅读你的症状》，吴冠军《第十一论纲》、《现时代的群学》，万书辉《文化文本的互文性书写》

68. 刘小枫《沉重的肉身》

推荐理由：刘小枫的书触碰过我青春的敏感部位。在把宗教当精神鸦片、视公意和历史必然律碾压个体为当然的年代，冬妮娅让我感受到宗教温情，玛丽昂让我明白自由伦理与人民伦理的纠葛，牛虻让我懂得怨恨与社会主义精神的关联。如今，"拣尽寒枝不肯栖"的刘小枫却栖于"国父论"，或许是这个阴性（诗性）气质的大个子需要不停地用各种学术语言包装自己青春期的被羞辱和恐惧吧。

参考阅读：刘小枫《拯救与逍遥》，周国平《尼采：在世纪

的转折点上》，张志扬《创伤记忆》、《幽僻处可有人行？》

69. 赵汀阳《论可能生活》

推荐理由：在哲学被意识形态干扰的时代里，赵汀阳复活了哲学的美感，引起了我的肿胀。他是想通过恢复先秦诸子思维，召唤出健全的、原初意义上的"理性"精神。他因此是个反知识的人物，这点与维特根斯坦相近。他们赓续的是苏格拉底的传统，那就是"一种肆无忌惮、灵活思考的思想传统"。但他最近几年转向政治哲学，就有点搞笑。比如，他喜欢用"阿罗不可能定理"来论证民主与公正的差距，用博弈论模型来论证个人理性无法实现有效合作，这种思维其实与用科学来反科学是类似的。他对哈耶克一路的知识论缺乏理解。

参考阅读：赵汀阳《一个或所有问题》，翟振明《有无之间：虚拟实在的哲学探险》

70. 陈嘉映《说理》

推荐理由：读语言哲学久了，你就对各种词语、概念有了拆解的兴趣和能力。陈嘉映既有英美语言哲学家的清晰，又有欧陆哲学家对"存在"的眷恋与叩问。如果说读赵汀阳像拔火罐，让你心灵激越；那读陈嘉映就像冰敷，让你脑子清醒、常识健朗。比如，针对有人"还有比救黑熊更重要的事情，为什么不去做"的责难，陈教授漂亮解答："我只是说，无论它多重要，都要跟我相连，不仅要跟我的能力相连——制止霍乱重新泛滥极其重要，但我对此无能为力；而且要我有那份缘分去跟它相连。道不远人。"

参考阅读：陈嘉映《语言哲学》、《哲学 科学 常识》、《价值

的理由》、《何为良好生活》，徐友渔《哥白尼式的革命》，蒙克《维特根斯坦传：天才之为责任》

71.《弗洛伊德文集》

推荐理由：弗洛伊德的学说尽管在实证上有争议，但确确实实打开了人类心灵的部分密码。比如，弗洛伊德认为，人格的发展，主要是本能的发展，本能的根源在于身体的紧张状态，多集中在身体的某些部位，称为动欲区。动欲区在发展的早期是不断变化的，首先是口腔，其次是肛门，然后是生殖器。每个时期都有与性有关的特殊的矛盾冲突，人格的差异与个人早期发展中性冲突解决的方式有关。如果某一时期的矛盾没有顺利解决，性的需求没有满足或过度满足，儿童就会在以后保持这个时期的某些行为，即"停滞现象"。

人的第二个发展阶段是肛欲期。这一时期的孩子，能够区分人我，将要学会区分物我。外部世界变得更加复杂，进入他们生活的人会更多。父母不再无条件地给予和关爱，取而代之的是纪律、规则和由此产生的控制感。孩子最先要学会控制的是自己的排泄，体会到自己可以控制、影响自己的行为。很遗憾，中国的父母和幼儿园老师在这一时期既显得严格，又过于放纵。之所以这样讲，是因为他们并不遵循固定的、有序的规则，而是以皇帝对臣民的方式，或溺爱放纵，或严格约束，任意进行且凭个人喜怒为多，身体力行更远远不够。在这种忽左忽右、没有特定规则的成长环境中，孩子很容易感到无所适从，即他所做的一切，仅仅是对权威的服从甚至取悦，这会剥夺成长必需的独立感和安全感，使他们被迫再次依赖（父母），从而被打回口欲期并形成同样的固结。

所以，口欲期人格的特点是什么？首先是通过吃来补偿自己，这不只是体现为吃东西，也体现为"吃得开"，"里外通吃"，即为了满足自己不遵守法律和规则，腐败、走后门都是了；其次是，通过"哭叫"来撒娇，寻找父亲或者母亲替代，为精神家长的和睦、恩爱、风度而自豪；最后，口欲期人格如果得不到欲望满足，就会用嘴"骂"，乃至"咬"，他们对待他人的基本方式是敌对、抗拒，从近来网友对安倍"不远万里来丢人"的挖苦看，这种口欲型人格还真不少。

荣格无疑发展了弗洛伊德的学说，个体潜意识只是冰山露出的一角，集体潜意识才是冰山的主体，所以，荣格天才地描述说："我们要发现一座建筑物并对它做出解释，它的上层建于19世纪，底层上溯至16世纪，对建筑的更细致的考察显示，它是在2世纪的一座城堡的基础上建造的。在地窖里，我们将发现罗马时代的地基，地窖之下还埋藏着一个填满了的洞穴，我们在洞穴的上层发现了燧石器具，在更深的几层发现了冰河期的兽类骸骨。这大致上是我们灵魂的结构。"

我们的意识是怎么回事？荣格的比喻更经典："意识在那种情况下的行动就像一个人可能听到了来自地窖的声音，却冲到楼阁去确认没有小偷，以此确认声音是纯粹的想象。事实上，这些谨小慎微的人从来不敢去地窖冒险。"也就是说，我们内在灵魂结构中有不少过去世纪的残留冲动，比如原始部落的群婚啊、乱交啊、斗狠啊、放肆的狂笑啊，这些原始冲动有部分被转换成了拳击、赛车等体育比赛，还有部分则经过理性化的教育后被掩埋在灵魂结构的"地窖"里了。被掩埋的部分冲动会在我们身心疲劳时（理性放松警惕时）发出响声，我们仅仅在意识的"阁楼"里探望是解决不了问题的，声音造成的疑虑仍在，必须经过催眠做梦之类的办法进行释放才行。

参考阅读:《荣格文集》,奎诺多《读懂弗洛伊德》,欧文·斯通《心灵的激情:弗洛伊德传》,盖伊《弗洛伊德传》

72. 福柯《性史》

推荐理由:"从原则上看,在用拳头打击某人的面部和用阳具插入某人的阴部之间,并无任何区别。"福柯这说法太天才了,这意思不是说强奸不该重罚,而是提醒——把强奸列入一种可归于暴力攻击的犯罪或许更恰当,而不必把它当作性犯罪,因为性犯罪的分类把性器官作为一种优先器官从身体的其他部分中分离出来。在福柯看来,这样的分离在历史上为权力的滋长提供了丰富的土壤。

参考阅读:福柯《规训与惩罚》,米勒《福柯的生死爱欲》,伯科威茨《性审判史》,《李银河文集》,宁应斌《卖淫的伦理学探究》,上野千鹤子《厌女:日本的女性嫌恶》

73. 麦克卢汉《理解媒介》

推荐理由:传播学经典,"媒介是人体的延伸。"任何一种新技术或新媒介的出现,都是人的某种器官的延伸。报纸是视觉的延伸,广播是听觉的延伸,电视是视觉和听觉的延伸,互联网是人的中枢神经和其他感官的延伸,手机作为一种新媒体可以说是人的综合器官的延伸,因为手机综合了几乎所有大众媒介的功能,集视听读写于一体。

参考阅读:麦克卢汉《谷登堡星汉璀璨:印刷文明的诞生》,凯文·凯利《失控》、《必然》,沃尔特·翁《口语文化与书面文化:语词的技术化》,爱森斯坦《作为变革动因的印刷机》,罗伯

特·洛根《字母表效应：拼音文字与西方文明》，格雷克《信息简史》

74. 伯瑞尔《普鲁斯特的盛宴》

推荐理由： 李欧梵曾感叹，现在所有人在吃饭时都疯狂拍照，而不会再有人用文字去描述菜品的美味。而世界上的伟大作家，都会用文字去描摹它的美感。他举出法国作家普鲁斯特的《追忆似水年华》，普鲁斯特可以用几天的时间去写法国小饼干的味道。他曾让人用法文将这部分描写读出来，简直如同音乐一样，那种文字的魔力，即使不会法文的人，也同样会受到震撼。

"凡形状，一旦消退或者一旦黯然，便失去足以与意识会合的扩张能力，连扇贝形的小点心也不例外，虽然它的模样丰满肥腴，令人垂涎，虽然点心的四周还有那么规整，那么一丝不苟的绉褶。但是气味和滋味却会在形销之后长期存在，即使人亡物毁，久远的往事了无陈迹，唯独气味和滋味虽说更脆弱却更有生命力；虽说更虚幻却更经久不散，更忠贞不矢，它们仍然对依稀往事寄托着回忆、期待和希望，它们以几乎无从辨认的蛛丝马迹，坚强不屈地支撑起整座回忆的巨厦。"

美食确实是开启《追忆似水年华》这座精致构筑的迷宫的钥匙，伯瑞尔说："透过这个被大部分人忽略的原始感官：味觉，作者得以重温童年往事，对孩子来说，这个世界上某处矗立着一座雄伟如《一千零一夜》的宫殿，其中的一切，甚至连微尘，都是可以吃的。"正是这种对味觉的执着，构成了普鲁斯特独特的文风：丰富的意象铺张与对细节的极致描绘。

参考阅读： 普鲁斯特《追忆似水年华》，莫洛亚《追寻普鲁斯特》，莱勒《普鲁斯特是个神经学家》，普莱《普鲁斯特的空间》, 贝克特《普鲁斯特论》, 马伊俄《二十岁的普鲁斯特》, 穆斯坦《普鲁斯特的个人书房》,《唐鲁孙作品集》, 袁枚《随园食单》

75. 由美子《高跟鞋的魔力》

推荐理由：虽是小册子，却通俗有趣，而且图文一样精彩。比如，为什么模特要穿高跟鞋走猫步？一是，把内侧脚踝露出来，让小腿长度延伸到脚部，就变得修长好看；二是，重心上移，膝盖到臀部的肌肉拉紧上提，形成臀部的酒窝；三是，臀部和背部的肌肉拉紧，变成背部美人，就会有立体感，"阴影和空间是女性魅力的重要部分，它表达了开朗的典雅，沉静中的坚强，华丽中的纤弱"，穿上高跟鞋，这种魅力被360°呈现。为什么有些跳国标的人笑得很夸张呢？《非诚勿扰》上那个国标男解释说，那是因为舞者往下笑，从远处看就更有立体感。

参考阅读：达内西《香烟、高跟鞋及其他有趣的东西》, 柯基生《金莲小脚》, 维加埃罗《身体的历史》, 李昕《蕾丝：欲望与女权》

76. 韦津利《脏话文化史》

推荐理由：作者认为，人们说脏话的原因无非三种。第一种叫"清涤"，不小心踢痛了脚趾头，你可能会本能的骂一句"王八蛋"！第二种是"恶言"，你看上的停车位被另一名驾驶抢了，于是你咬牙切齿骂声王八蛋。第三种则是"社交"：碰上了好一阵子没见的朋友，你用"你这老王八蛋"招呼对方。法国大革命时期，有个活跃分子埃贝尔所写的每一期《迪谢娜神父》都以"干"、"混蛋"这样的骂人话开头，巴尔特在《写作的零度》里也认为，这些低俗的词没有字面意义，但它具有意指效果，功能是引出语言之外的某个对象。因此，脏话本身没有"原罪"，话脏不脏取决于具体语境。现实中有人讨厌"脏话"，本质上是讨厌"乱说脏话"而已。没有脏话的人生太累了，脏话就像是夜，是让人休息放松的时段。

参考阅读：道格拉斯《洁净与危险》，韩利《近世日本的日常生活》

77. 考特莱特《上瘾五百年》

推荐理由：瘾品与艺术品的差别在哪？有人说，毒品是借来的激情，因为艺术文学等激情享受需操练学习，要靠生产者的想象力去生产。而偷懒者没耐心学，只好通过毒品、电游、购物、看 A 片等新奇渠道去刺激，这不是内生的激情。这里加入经济视角的解释就更完备了：一是，成瘾性是否对身体有害；二是，激情生产的边际效应是否递减，而且递减趋势不可逆。说白了，如果一杯五元的茶汤能让你劳累时解乏，就值；如果出门旅游必须挑起自己的高档茶具一起走，别人的茶具不碰，这喝茶的投入就太高，成了一种负担，就不值了。

参考阅读：吉尔曼《吸烟史》，努里松《烟火撩人》

78. 吴国盛《时间的观念》

推荐理由：反对大妈跳广场舞的网络风气似乎愈演愈烈，美国作家加列特·基泽尔在他研究噪音的著作《噪音书》里，引用了噪音信息交换所的创始人莱斯·布隆伯格的观察结果：每个有关噪音的争论背后，都是一个社区内部的分裂。

这种分裂其实与资本主义时空观的君临天下有关。在前现代社会，人们把自己看作自然的一部分，形成了与自然节律合拍的时间观，过着"日出而作，日落而息"的生活。法国社会学家布迪厄发现，阿尔及利亚土著人的活动没有时间限制，劳动也不过分追求效率。更有趣的是，现代人视迟到为"失礼"，土著人却视匆忙的举动为"没教养"。（见布迪厄《卡比尔人的时间观》）但18世纪出现的机械钟打破了传统的宁静。时间的精确化和标准化使得时间从人的生活空间抽象出来，从此不再内在于人们的具体实践和大自然节律，而是反过来控制人们的社会行为。于是，"人们的休息和劳动，不是由人作为有机体的冲动和需求的节律，而是由机器时间的节奏来支配。"（见马克吉《时间、技术和社会》）

新的时间意识赋予时间经济价值，时间被功利化，也就出现了富兰克林的名言"时间就是金钱"。进而又恶化成"时间的暴政"：各种效率手册、时间管理学，都服务于对技术社会更好地适应。目的在于挤压闲暇，将人编进严密的时间控制之网。虚掷光阴成了万恶之首，休闲娱乐，甚至超过健康所必需的睡眠时间都受到道德谴责。（见吴国盛《时间的观念》）很显然，广场舞酿成了时间冲突：老年人为了娱乐和健身，早上6点起来跳广场舞，契合传统"自然节律的时间观"；而年轻人作为现代生产体系的生力军，天然地认同"认知理性控制的时间观"，他们周末想睡懒觉或者想在9点上班前多睡一会是"为了更好工作"，老年人跳广场舞却是"无法转化为金钱的时间"，因此老年人应该让路。

再看空间冲突。在前现代社会，人们生活在各自的农庄，并不知晓要步行几天以外的地方发生了什么，对空间的把握很微弱、界定也模糊，很多空间都是共同体所有。到了文艺复兴时期，情况起了变化。以透视法学说为基础的精密透视地图产生了一种冷漠几何学的空间感，这些具有很强客观性、实用性和功能性的地图，对土地产权的确定、政治边界的勘定、交通运输的指引产生了"价值"。（见哈维《后现代的状况》）由于现代城市刺激的繁复性，人们不得不养成一种冷漠的人格来抗拒外界的过多烦扰，私权空间的观念兴起了。举个例子，农村死了人，晚上办丧事吵闹，邻居不会觉得权利被冒犯；可在城市小区里，办丧事也不能吵到邻居，否则就会被人打110报警投诉。

所以，广场舞酿成的空间冲突在于：大妈秉承"模糊共享的空间观"认为，广场属于公共空间，周围邻居应该容忍广场舞的噪音；白领则坚持现代"私权分明的空间观"，广场舞噪音干扰他人，大妈应该克制、自重。

自然／理性、共有／私权的角力，本质是两种时空观的冲突。广场舞让城市白领有异己感，就像一个励志减肥的人讨厌自己身上的赘肉。

参考阅读：吴国盛《科学的历程》、《什么是科学》，基泽尔《噪音书》，景天魁、朱红文主编"时空社会学译丛"，周宪、许钧主编"现代性研究译丛"，桑内特《公共人的衰落》，大塚英志《"御宅族"的精神史》，东浩纪《动物化的后现代：御宅族如何影响日本社会》，克拉里《24/7：晚期资本主义与睡眠的终结》，张柠《土地的黄昏》

79.桑塔格《关于他人的痛苦》

推荐理由：马航事件中，媒体为何热衷煽情？通过影像乃至社交媒体去"观看"他人的苦难，容易产生"同情"，但同情需要转化为行动，否则就会枯竭，进而产生无力感和冷漠。但只要我们感到自己有同情心，我就感到自己不是痛苦施加者的共谋，我们就是清白的。这种寻求清白的心理，官方比网友更需要。桑塔格认为，美化是摄影机的经典功能，"把凄惶放大，或许能激使人们多点关怀，但也可能令观者感到人间的苦难太过硕大无朋，太过宏观壮丽"。其实中国文言文也有这种美化功能。

参考阅读：桑塔格《论摄影》，罗兰·巴尔特《明室》，伯格《观看之道》，里奇《摄影之后》

80. 徐敏《现代性事物》

推荐理由：有些分析挺有意思，比如《新闻联播》，它开始时的音乐是由管弦乐演奏，包括一个 C 大调和弦的强调部分和一个辅助性的 a 小调和弦的展开部分。前者有提醒功能，给人庄严稳定崇高感，《东方红》也是这调；后者舒缓上升，提醒观众以平静有所期待的心态进入节目观看，给你一种置身于民族国家的感受。再比如，播音员的表情并非人的面容的自然呈现，而是一种稳定、严肃、庄重的身体形式，具有官方的表演性。观众对播音员过分偏好只会减弱新闻联播的官方性，因此新闻联播要防止偶像或明星诞生，播音员也就不能太漂亮，容颜必须适中，必须是一种人的长相的标准化、平均性及其基本的正确性显现形式。问题意识五星，但对概念没吃透，《香车美女》让我有些失望，缺乏精神分析深度。

参考阅读：汪民安《论家用电器》、《感官技术》、《什么是当代》

【社会科学类】

81. 托克维尔《论美国的民主》

推荐理由：美国民主的原型其实就是乡镇自治。乡镇是一个人日常生活所能够到的物理空间，也是熟人社会，它踩实了个人利益，能涤荡空洞的群众、人民、国家等大词的蛊惑。所以，乡镇自由才会有健全的个人主义，由乡镇自治往上发展到县、市、省、国民主，才是美国的立国思路。美国人施坚雅认为，中国农民生活在一个自给自足的区域社会中，这个社会不是村庄，而是基层市场社区，就是集市，等于现在的乡镇。他能洞见这点，估计是其美国乡镇生活经验所致。这也说明中国传统治理着眼于乡，其实是受了血缘宗法的束缚，这也算保守性。但以现在互联网和城市化的发展，我觉得乡镇单位可以上移到县区，甚至是市。

参考阅读：汉密尔顿等《联邦党人文集》，施坚雅《中华帝国晚期的城市》，王天成《论共和国》，林达《历史深处的忧虑》，索威尔《美国种族简史》，刘瑜《民主的细节》

82. 哈耶克《通往奴役之路》

推荐理由：计划经济为什么必然失败？该书从知识社会学角度给出了让人信服的解答。计划经济是一群超级聪明和超级自信的人发明出来的，他们坚信用自己那双看得见的手，可以操控经济的每一个细节，可实际上做得到吗？

新中国第一任中央财经委员会的主任陈云有次下乡考察人民公社。这个公社靠近黄浦江，过去有许多渔民下午开船到江上去捕鱼，黎明运到上海城里去卖。实行统购统销之后，青浦县禁止渔民私自贩售，捕上的鱼必须运回青浦，卖给国营的县水产公司和下属的收购点，再由它们运到上海去完成供应任务。这样多次来回运输，自然就耽误了时间，把活鱼硬生生运成了死鱼。渔民只好把鲜鱼做成咸鱼上交，从此，上海城里的鲜鱼越来越少，甚至连咸鱼也因为运输费和手续费一加，价格比以前高了不少。陈云了解到这一情况后非常惊讶。他亲自找来县委和水产局的负责人谈话，劝他们准许渔民直接去上海卖鱼。那些负责人很为难，他们说，如果这样做，必须要改变现在的供销社制度。陈云听罢，沉默良久，然后深叹一口气："我一个党中央副主席，连这样一个小问题都解决不了，实在对不起人民。"在其后将近二十时间里，上海市民只能吃到黄浦江里的死鱼。

参考阅读：哈耶克《致命的自负》，穆勒《论自由》，贡斯当《古代人的自由与现代人的自由》，伯林《自由论》、《俄国思想家》，科尔奈《社会主义体制》、《思想的力量》

83. 阿马蒂亚·森《贫困与饥荒》

推荐理由：本书指出，实行民主和言论自由的国家从未有过饥荒的发生，而所有的饥荒都不是因为缺乏食物，而是社会问题造成的。因为信息的透明和言论自由所产生的政治压力，不得不迫使政府去防止严重社会问题的发生，不得不去承担确保人人有饭吃的压力。

参考阅读：杨显惠《夹边沟记事》、《定西孤儿院纪事》，杨继绳《墓碑》，李文海《天有凶年：清代灾荒与中国社会》，郝平《丁戊奇荒：光绪初年山西灾荒与救济研究》

84. 德鲁克《后资本主义社会》

推荐理由：大师之作！天才的预言家，首先得是天才的历史学家。德鲁克勾勒出"道德知识"向"技术知识"的历史过程，以及管理革命的提出，对知识社会学的贡献不下于波兰尼和哈耶克。希特勒1941年敢对美国宣战，就是因为他认为，美国要把武力延伸到欧洲需要庞大商船和精准光学仪器，而美国当时缺少相应的技术工人。但是，运用泰勒的"任务研究"，美国人懂得把完全没有技术的工人，在两三个月内，训练成一流的焊接工和造船技术工人，加上装配线的生产方式，结果制造出的精密光学产品比德国还好。这见识真是石破天惊！

参考阅读：德鲁克《公司的概念》、《管理的实践》，西蒙《管理行文》、《人类活动中的理性》

85. 应星《大河移民上访的故事》

推荐理由：此书最出彩的是"过程—事件分析"方法的运用。描述类名作之前有黄仁宇《万历十五年》，孔飞力《叫魂》，吴思《潜规则》，但黄的描述只是情境理解，吴则有观念先行的毛病。只有受过社会科学方法熏染的孔著与应星有异曲同工之妙。应星后来的《村庄审判史中的道德与政治》和《"气"与抗争政治》，由于没有扎实的田野调查作基础，都是概念演绎大于历史分析，逊色此书很多，有退步的嫌疑。

参考阅读：郭于华《倾听底层》，于建嵘《抗争性政治》，杜赞奇《文化、权力与国家》

86. 金耀基《中国政治与文化》

推荐理由：金耀基不愧是华语世界重要的政治学者之一。其

"行政吸纳政治"说有三要素：一是，政治化程度不高时，政府与精英整合；二是，政治意识觉醒时，发展为精英与民众整合，即民主化；三是，整合以法治保障下的自由为基础。

参考阅读：金耀基《中国社会与文化》，邹谠《美国在中国的失败：1941-1950》、《中国革命再阐释》，丁学良《辩论中国模式》

87. 赵鼎新《社会与政治运动讲义》

推荐理由：本书在批判地介绍和分析西方经典社会学理论流派对社会运动（集体运动、社会运动、革命）的解释与解读之后，提炼出了影响和决定社会运动之产生和发展的三要素：变迁（各种社会变化）、结构（国家与社会）、话语（被社会运动所认可的）。作者认为，一些发达国家都有对社会运动比较强的制度化能力，重要的一点就是他们政权的合法性建立在选举上，政府的危机难以转化为政体危机。而一些威权国家的合法性是建立在政绩和道德上，所以，经济一旦出了问题，人民马上就会要求国家负责，一些在大众眼中的不道德行为（比如贪污）就不再是经济和法律问题而是政治问题。对于中国来说，亟待提升的正是这种制度化的能力。

参考阅读：赵鼎新《民主的限制》、《国家、战争与历史发展》，查尔斯·蒂利《抗争政治》、《集体暴力的政治》，麦克亚当《斗争的动力》，萨托利《民主新论》，萨拜因《政治学说史》，亨廷顿《民主：第三波》

88. 朱学勤《道德理想国的覆灭》

推荐理由：国内法国大革命史研究，以高毅和朱学勤最著名。高毅的《法兰西风格》一书以年鉴学派方法治史，精彩纷呈。历史学家基内曾这样说："法国大革命的天性就是'取消时间'，它什么也不留待明天去做，什么也不付出经年的行动；它甚至不愿给自己七天的工夫来创造一个世界。"法国革命者为什么会产生一种忽略时间的潜意识呢？高毅认为，这首先反映了他们对于时间的一种卢梭式的厌恶感或不信任感。"似乎在革命者的心目中，时间这种东西总是成事不足，败事有余。它能把一切变老、变旧，能把一切送入坟墓、变成历史。人类那无限美好的自然状态就是毁在时间手里的，也正是时间造就了所有令人厌恶的旧传统、旧习惯。因此，更新法兰西民族的伟大革命事业绝不能有时间的参与，必须在革命中废除时间。不仅如此，大革命还要对时间本身进行更新改造——'共和历'的编制似乎就部分反映了这种意图。这种对时间的片面性看法和偏执态度，甚至可以被认为是法国革命激进化的一个重要源泉。"

朱学勤则更长于思想梳理，他用词丰沃肥美，行文大气鼓荡，将英美道路和法俄道路对举，对法俄激进思潮溯源并进行病理剖析，有"唐音学者"的神韵。论起时事来，他往往有把俗词陋句"点石成金"的能力。

参考阅读：傅勒《思考法国大革命》、《马克思与法国大革命》，托克维尔《旧制度与大革命》，柏克《反思法国大革命》，索布尔《法国大革命史》，亨特《法国大革命中的政治、文化与阶级》，诺拉主编《记忆之场：法国国民意识的文化社会史》，邓恩《姊妹革命》，布拉姆《卢梭与美德共和国》，泰纳《现代法国的起源：旧制度》，《顾准文集》，刘军宁《保守主义》，汪晖《现代中国思想的兴起》

89.毕恒达《空间就是权力》

推荐理由：对于空间的内涵，作者多有洞察，比如，人为什么需要旅游？"改变我们每日生活空间的行动本身，就在于赋予一个界定自我的机会。"男厕所的涂鸦壁上为什么喜欢炫耀器官的大小："弗洛伊德认为，男人在成长过程中会有阉割焦虑，所以，男人反而要夸大自己的性能力与性器官，以确信没有被阉割。""细心地去理解分析涂鸦，也许我们可以看出社会价值观的压抑、冲突与禁忌。"

在我看来，现代文学的特点是：价值、时间、空间的割离。比如说艾略特的"空空的教堂，只是风的家"，"希望与绝望的死，这是空气的死亡"，对比下不够现代的果戈理说的"当歌曲跟传说都缄默的时候，只有建筑在说话"，还确实是这么回事。建筑是空间，让建筑放在时间里当"世界的年鉴"，空间就有了价值，这是古典文学的发生学。而现代文学要断裂三者间的连接才能发生，教堂本是人心灵安顿的家，现在不能安顿人了，自然成了风的家，希望与绝望关联时间，它们死亡就是时间被割离，也就是价值死亡，进而造成空间（空气）的死亡，让人窒息。

参考阅读：毕恒达《空间就是性别》、《空间就是想象力》，巴什拉《空间的诗学》，列斐伏尔《空间与政治》，包亚明主编《现代性与空间的生产》，孙江《"空间生产"：从马克思到当代》，刘胜利《身体、空间与科学》

90.刘绍华《我的凉山兄弟》

推荐理由："这是一个关于探险玩耍、为非作歹、吸毒勒戒、艾滋茫然、世代差异、文化冲击和兄弟情谊的故事。"人类学者刘绍华详细记录了诺苏人的生活经验和个人口述历史，呈现出现代化转型时期一个边缘群体的遭遇、认知、思索、接受与挑战，有助于我们思考"边缘群体的现代化问题"，尤其是"全球化浪潮席卷下的经济发展不平等"。贫穷是指对物资资源进行支配和调动能力的匮乏，而贫困则是指在共同体生活的失败，核心是因无力支付在共同体中进行正常社交的成本而遭弃绝的状态。"越给越穷"，往往是对最穷困者施以过度物资和现金资助后，引发邻人嫉妒而恶化了其人际关系，从而剥夺了他改善自己的机会。

参考阅读：何伟（彼得·海斯勒）《甲骨文》、《寻路中国》、《江城》，梁鸿《中国在梁庄》、《出梁庄记》

91. 许烺光《祖荫下：中国乡村的亲属、人格与社会流动》

推荐理由：许氏的理论出发点是这样的：1. 父子同一造成代际衰落；2. 穷人后裔发奋，通过竞争向上登攀。这种微观动力学造就了中国的社会流动，使得长期以来的中国社会保持着健康的上下交流。但自明末以来，由于社会的大变动，导致社会的流动变缓，底层社会上升的通道变窄，积蓄的愤懑成为 19 世纪、20 世纪动乱与社会革命的诱因。

参考阅读：阎云翔《中国社会的个体化》，林耀华《金翼》，费孝通《江村经济》、《乡土中国》，萧公权《中国乡村：论 19 世纪的帝国控制》，杨庆堃《中国社会中的宗教》，贝克《风险社会》

92. 雅各布斯《美国大城市的死与生》

推荐理由：城市相比农村的优势是很明显的，一方面，当一项技术（如印刷）需要依靠价格高昂的基础设备（如印刷机）时，城市就具有了优势。广阔的城市市场很容易弥补这些新技术的固定成本，这也是电话和宽带技术为什么会首先在城市投入应用的一个理由。另一方面，时人感慨"五四"人才群体时说"为什么天才总是成群结队的来"，其中有个因素不可忽视，那就是城市的人口聚集，使得人才间交流成本降低、频度加大。莎士比亚的天才某种程度上建立在与同期伦敦剧作家马洛、琼森等人的交流和学习上。

那我们需要什么样的城市呢？雅各布斯以生动地利用实例道出一个城市之所以成为好城市的秘密：小街区、高密度、功能混合、不同年龄的建筑物并存、保持街头热闹、减少沉闷地带，甚至不要乱建面积过大的公园。这些道理让人茅塞顿开。比如，现在北京为什么这么堵？就是因为北京新都会区建得不够紧密，把面积摊得很大，交通线越拉越长，公共交通又不足，市民唯有自己开车，结果是越修路人们越有期待越买车越塞车。如果街区功能混合，上班处旁边有很多吃饭睡觉的选择，谁还成天开车被堵在路上几个小时，受"朝九晚五"的罪啊。如果说"堵车是汽车时代的阳痿"，那读雅各布斯真是一剂良药。

参考阅读：格莱泽《城市的胜利》，桑德斯《落脚城市》，陆铭《空间的力量：地理、政治与城市发展》、《大国之城》

93. 张五常《经济解释》

推荐理由：最有原创力的中国经济学家。

参考阅读：张五常《卖桔者言》、《佃农理论》，科斯《企业、市场与法律》，米塞斯《社会主义》、《人的行为》，汪丁丁《行为经济学讲义》、《经济学思想史讲义》，罗斯巴德《古典经济学》、《人、经济与国家》，周其仁《城乡中国》，杨小凯《百年中国经济史笔记》，何清涟《现代化的陷阱》，张维迎《博弈与社会》

94. 曼昆《经济学原理》

推荐理由：思路清晰，通俗易懂，入门必备。

参考阅读：萨缪尔森《经济学》，黑兹利特《一课经济学》，索维尔《诡辩与真相》，麦克米兰《重新发现市场》，薛兆丰《经济学通识》

95. 陈志武《金融的逻辑》

推荐理由：不愧是美国名牌大学的金融学教授，给金融下的定义就很犀利："金融的核心是跨时间、跨空间的价值交换。"但他主张法治金融来解决养老问题，我则将信将疑。虽然社会学者郭于华对河北农村养老的分析也证实，由于社会经济结构变迁和意识形态对底层的控制，传统养老中的天理逻辑被公平逻辑取代，这似乎呼应了陈"金融养老"的必然性，但我总觉得这一思路缺乏社群视角，需要大力改进。至于他近些年搞的量化历史研究，则有些扯淡了，因为何炳棣早指出，用社会科学方法治史，很难获得坚实可靠的数据标本。

参考阅读：王健《还原真实的美联储》，格雷厄姆《聪明的投资者》

96. 贺卫方《逍遥法外》

推荐理由：贺卫方也许是胡适之后中国最有风度的教授，不只是因为人长得帅，学问好，而且说理明白，有法律逻辑的力量和美感，而关心起公共问题来又勇敢无畏，真可谓"静若处子，动如脱兔"。

参考阅读：王泽鉴《民法学说与判例研究》，霍姆斯《普通法》

97. 张明楷《刑法学》

推荐理由：21 岁的大学生闫亮因掏隼鸟窝，被以非法猎捕珍贵野生动物罪判处十年徒刑。对于网友"量刑过重"的质疑，律师丁金坤解释说："从法律依据来看，最高人民法院《关于审理破坏野生动物资源刑事案件具体应用法律若干问题的解释》中非法猎捕、收购、运输、出售珍贵、濒危野生动物罪对认定隼类'情节严重'的标准是 6 只，'情节特别严重'的标准是 10 只。故本案判决从形式来看，是成立的。"但丁律师也表示，从实质来看，一个大学生因为 16 只小鸟，而被判如此重刑，还是让人颇感意外，进而他提出了两点建议："其一，要加大对珍贵鸟的识别，以及触犯刑法严重后果的宣传，以发挥刑法的预防功能。第二，就个案而言，要审清楚被告人犯罪的主观故意情况。本案被告人猎捕了两次隼，中间还收购了凤头鹰一只，故第二次是明知而为，容易认定。但第一次掏鸟窝，对这样小的鸟，是否明知是隼？尚需从各方面情况综合认定。一般而言，要有明显的识别特征，让普通人足以辨认受保护的鸟类，方构成犯罪，否则误掏，只能作为普通鸟类处理。此情节，关系到罪重罪轻，务必要审查清楚。"

我们再援引张明楷先生《自然犯与法定犯一体化立法体例下的实质解释》里的观点，从"自然犯"和"法定犯"的区别入手，就豁然开朗了——"杀人、放火、强奸、抢劫、盗窃等'罪与非罪认定非常明显'的犯罪类型被称之为'自然犯'。而刑法第 341 条所规定的猎捕、杀害或者收购、运输、出售野生动物罪与杀人放火是不同的，其违法性可能难以被一般人认识，通常需要借助专业的法律判断，因此这类犯罪类型被称之为'法定犯'。

它的违法与责任程度一般要轻于'自然犯'的违法程度。在外国的刑事立法体例上，'自然犯'被规定在刑法典中，'法定犯'则被规定在附属刑法（行政法、经济法等法律）或者特别刑法中。"

而我国 1997 年修订的《刑法》却是将所有的单行刑法均纳入刑法典，"于是，在相同的刑法条文中，存在行为外表相同但违法与责任程度不同的自然犯与法定犯混同规定并适用相同的法则，有违罪刑相适应原则。进一步说，闫某的问题和捕猎、杀害国家重点保护动物的犯罪团伙显然是不同的。然而根据刑法条款却无法区别。显然立法问题值得商榷。既然现行刑法的立法体例未将自然犯与法定犯分散立法，在坚持罪刑法定原则的同时，通过进行妥当的实质解释也有利于案件的处理公正化、合理化。但显然，司法解释并没有做到。如前文所述，《刑法》第 341 条第 1 款规定了三个量刑档次，即'基本犯'、'情节严重'和'情节特别严重'。《最高人民法院关于审理破坏野生动物资源刑事案件具体应用法律若干问题的解释》在解释的附表中只确定了'情节严重'、'情节特别严重'的数量认定标准。只是简单地以数量为计算标准，而且，没有注意区分法定犯与自然犯的数量标准，没有考虑犯罪的具体手段、方式、情节，而是实行'一刀切'的解释方法，其解释结论过于草率和武断。"分析到这里，普法才算完。

参考阅读：张明楷《刑法格言的展开》、《刑法的私塾》、《责任刑与预防刑》、《犯罪构成体系与构成要件要素》、《行为无价值论与结果无价值论》、《罪行法定与刑法解释》，陈兴良《刑法的启蒙》，邱兴隆《法庭上的刑事法学》，艾伦·德肖微茨《最好的辩护》

98. 苏力《法律与文学》

推荐理由：这个愚人节出生的法学教授有很多争议，但绝对是法学界文笔最好的，问题意识也相当犀利。比如，针对海瑞判案原则中的"事在争产业，与其屈小民，宁屈乡宦，以救弊也。事在争言貌，与其屈乡宦，宁屈小民，以存体也"。他从法律经济学角度释义为："在经济资产的两可案件中，无法明晰的产权应配置给经济资产缺乏的人；以及文化资产的两可案件中，无法明晰的产权应配置给文化资产丰裕的人。这是一个差别保护原则。"他举的例子是，对于比尔·盖茨来说，1000元的额外收益给他带来的边际效用几乎为零；而对于一位进城打工的中国农民，其边际效用会相当大。基于这一考量，将无论判给谁都具备法律公正的这1000元判给农民工，无论对个人或是社会，从效用的角度来看，都是最有效率的财富配置，双方为此再上诉的可能性也小。而同被指控为抄袭，抄袭事实，对一位教授的损害显然要比对一个学生的损害更大，对大学生的损害要比对小学生的损害更大。

参考阅读：苏力《法治及其本土资源》，梁治平《法辩：中国法的过去、现在与未来》、《寻求自然秩序中的和谐》、霍尔兹沃斯《作为法律史家的狄更斯》，郭建《戒石铭与皮场庙：中国古典名著的法眼解读》、《金龙难娶玉堂春：中国传统戏曲的法眼解读》，徐忠明《包公故事：一个考察中国法律文化的视角》，余宗其"法说四大名著"系列，尹伊君《红楼梦的法律世界》

99. 安东尼·刘易斯《批评官员的尺度》

推荐理由：在一个发几句讽刺诗都可能被跨省追捕的地方，了解一下美国是如何划定言论自由界限的很有必要。在霍尔姆斯法官画的红线是：言辞在特定情况下，有可能带来一种明显且即刻的危险，如无端在电影院喊着火了，会引起骚乱，这种言论自由就不保护。至于对官员的批评，布伦南大法官在该案判决书中写道："对公共事务的辩论应当不受抑制、充满活力并广泛公开，它很可能包含了对政府或官员的激烈、刻薄，甚至尖锐的攻击……它显然有权得到宪法保护。"

参考阅读：费斯《言论自由的反讽》，卡尔文《美国的言论自由》，邱小平《表达自由：美国宪法第一修正案研究》

100. 波斯纳《法律的经济学分析》

推荐理由：作者的名言是"对公平正义的追求，不能无视代价"。比如说民主选举，为什么有些地方规定市长候选人要交一定的保证金，如果得票率低于多少就没收保证金，这是限制穷人参选吗？非也，这只是一种筛选机制而已，除非你有民意基础，或者自己有钱，或者能筹到保证金，否则上电视搞演讲就是浪费大家时间嘛。再比如说，古代对通奸是用刑法，处罚比较重，而现在则是用民法，处罚没那么重了。为什么？因为古代农村生活是熟人社会，通奸对社会人际关系网络的伤害太大，而现在城市生活是陌生人社会，伤害就没那么大了。

参考阅读：熊秉元《解释的工具》、《正义的成本》，柯武刚、史漫飞《制度经济学》，诺思《经济史中的结构与变迁》、《制度、制度变迁与经济绩效》

初版后记

这是我出版的第一本书，是我过去十年（2005—2015）的随笔评论集，文章分四辑，"千古文章有孤愤"谈文学、"读史早知今日事"说历史、"自由共道文人笔"论时事、"吾侪所学关天意"评思想，均取自陈寅恪的诗。

书名《快刀文章可下酒》则有两个典故：

一是，据说大才子金圣叹临刑前忍不住高呼："割头，痛事也；饮酒，快事也；割头而先饮酒，痛快痛快！"还有一种说法是，临刑前，金圣叹对行刑的刽子手说："我手中攥着银票，你要是肯先杀我的话，银票就归你。"刽子手听后大喜，便对金圣叹首先行刑。完事后，刽子手急忙扳开金圣叹的手，还真有一张纸条，可打开一看，却只是一张白纸，上面写着几个大字："好快刀也！"

二是，齐白石的篆刻以雄悍直率、生辣猛劲、酣畅淋漓著称，秘诀就在其"单刀法"，他刻印，同写字一样，下笔不重描，一刀下去，决不回刀。他刻时随着字的笔势，顺刻下去，并不需要先在石上描好字形，才去下刀，用他自己的话说："世间事，贵痛快，何况篆刻是风雅事，岂是拖泥带水做得好的呢？"

我仰慕两位前辈高人，虽不能至，心向往之。

在这里，照例要感谢一些人。

首先要感谢的自然是我的父亲邝太石先生、母亲邝俊英女士，家里经济不算太宽裕，但他们从小教我"多读书总是好的"，而且从来没有阻止过我花钱买书，这才使我的阅读欲像野草一样疯长。还要感谢妻子多年来对我脾气的包容，感谢女儿让骄狂的我开始变得柔软和慈悲起来。

感谢我的小学语文老师邝金芙、胡巧佳，初中语文老师李三姣，高中语文老师王堂生，是他们的鼓励让我萌发了对阅读和写作最初的兴趣和野心。

感谢文凯欣然作序，作为南都评论巅峰时期的"带头大哥"，不管是做人还是做事，不管南都评论的兄弟们是啸聚还是星散，文凯的"胡适式人格"一直是这个时代的温暖和亮色所在，也一直是我迷茫时参考的坐标。

感谢"恰同学青年"微信群里的同学们，"神经元因为联结有了智商；人因为有共情能力进化得比其他动物快；我们因为联结互相成为同学的路和桥，成为一个超级大脑，成为强大的情感体"。

收入本书的不少文章都在《南方都市报》、《中国新闻周刊》、《晶报》、《中国经营报》、腾讯·大家、淘皮客、锦麟观察等媒体专栏发表过，在此致谢。

最后，感谢李黎明兄辛苦的编辑工作，他是我的老乡，也是我多年的朋友。正是他的认真和执着，让我放心把书稿交给他。希望我以后能拿出更满意的作品跟他合作。

是为记。

2016 年 2 月 28 日

增订版后记

去年6月，我的第一本书《快刀文章可下酒》出版了。作为一个码字为生的人，说完全不在乎销量，那是自欺欺人。史景迁在《前朝梦忆》里揣摩张岱，"他写完最后一篇作品时，肯定像刚分娩完的麻风女子一样，立刻叫人拿火来，查看他视为心头肉的孩子是否身形健全"。我对于《快刀》一书，自然也有类似的心理。

好在开局还不错，今年4月，出版社的李黎明兄就告诉我，该书的初版即将售罄，准备再版，问我要作什么修订。

我想了几天，修订内容如下：

1. 把当时勉强收入的《从"黄仁宇旋风"到"李开元公式"》、《希腊人的头脑与罗马人的胸膛》、《"美女落葬师"与拿来主义》、《当"到此一游"遭遇"记忆的诅咒"》、《自由与闲暇》五篇文章拿掉了。

2. 增补《老来波俏辛德勇》、《悼陈忠实：以"情欲"推动史诗叙事的作家》、《王强的读书乐》、《十年一觉读经梦，错把人参当饭吃》、《给女儿"喂"几口唐诗宋词？》、《谁杀死了"见字如面"？》、《海德格尔会爱上共享单车吗？》七篇文章。

3. 修订了《"鲁迅风"的传统渊源》、《周辅成何时知道陈寅恪研究柳如是？》、《缘分之书100部》三篇。

4. 大学同学张博收到我的书后，认真阅读，细心校对出《快刀文章可下酒》里的多处错误，还有些是李黎明兄找出来的错误，这里全部接受，并致谢！

以上这些修订内容我都会在我的微信公号【快刀书评】发出来，买了初版的朋友就不用再花冤枉钱买增订版了。

张博的书评，还有一段让我感触很深——

"《'鲁迅风'的传统渊源》一文提到，鲁迅先生的文风与'汉书笔法'若合符契，邝兄也将《汉书》与《史记》作了一些对比，似对《汉书》推崇有加。大概是先入为主，我个人对班固无甚好感，最主要的原因便是生僻字的使用。按说，到班固的时代，文字使用比之司马迁时期应更加'现代化'了，可班固却硬要使用许多早已不再用、不常用的生僻字词，大概是为了彰显其'见多识广'吧。对于这种逆历史潮流而动的文化返祖现象，实在是很难接受。而且，还显得我们特别没学问——老是看不懂啊，动不动就要查大型工具书，然后发现，哦，原来就这个意思啊，何必用这么拗口的说法呢？再加上每次想起班固，总连带想起郑樵的一句名言：'迁之于固，如龙之于猪。'想要有好感也难了。当然，汉书笔法是另一回事，至于鲁迅先生文风上更接近《汉书》，嗯，大约的确是如此的罢。"

《汉书》比《史记》更艰涩难懂，这是事实。魏根深的《中国历史研究手册》第 55 页对两书的用字做了对比：《史记》所用 4932 个字，868 个高频汉字（用字数的 17.6%）构成了整个篇幅的 90%，低频汉字中有 1017 个字仅出现了一次，占用字数的 20.6%；《汉书》则总共 5897 个字，低频汉字中仅出现了一次的有 1301 个，占用字数的 22%。更晚的《后汉书》低频一次字占总字数的 18.4%，《三国志》低频一次字占总字数的 17.2%。

为什么《汉书》在前四史里特别艰涩？历史学界的假想是：

司马迁搞了很多口述史资料，用的多是当时的口语，班固则引用大量先秦原始文献。

由此，龙猪之喻，又让我想起苏轼《答毕仲举书》里的话："佛书旧亦尝看，但暗塞（隐晦）不能通其妙，独时取其粗浅假说以自洗濯（涤除杂念）。若农夫之去草，旋去旋生，虽若无益，然终愈于不去也。若世之君子，所谓超然玄悟者（能领悟玄理的人），仆不识也。往时陈述古好论禅（禅学），自以为至（最高）矣，而鄙仆所言为浅陋。仆尝语述古，公之所谈，譬之饮食龙肉也；而仆之所学，猪肉也。猪之于龙，则有间（差别）矣！然公终日说龙肉，不如仆之食猪肉实美而真饱也。"

张博担心我的书"曲高和寡"，可在这寒潮席卷全国的晚上，我们不也在热烈、会心地谈论这本书吗？该书初版的情况不也说明"吾道不孤"吗？所以，有时候，龙肉也不妨当猪肉吃，反过来说，猪肉也是可以吃出龙肉味的。加上这一补白，东坡的"龙猪"之辩方不堕入强词夺理，才更有"东坡味"。哈哈。

茨维塔耶娃写信给里克尔说"终有一天，我们会重逢"，"倘若我们一同被梦见"。但愿有一天，因为这本书，你我也在梦里重逢。

是为记。

2017 年 4 月 12 日

博采雅集，文苑英华

《大观丛书》

第一辑

《活在古代不容易》（史杰鹏 著）

《快刀文章可下酒》（邝海炎 著）

《时光的盛宴：经典电影新发现》（谢宗玉 著）

《你不知道的日本》（万景路 著）